edition suhrkamp

Redaktion: Günther Busch

Rüdiger Bubner, 1941 geboren, habilitierte sich 1972 für das Fach Philosophie in Heidelberg; seit 1973 ist er Professor in Frankfurt/ Main. Veröffentlichungen: *Sprache und Analysis* 1968; *Was ist kritische Theorie?* 1969; *Theorie und Praxis – eine nachhegelsche Abstraktion* 1971.

Zwischen Dialektik und Wissenschaft herrscht ein spannungsvoller Zusammenhang, der von Hegels entschiedenem Versuch, beides in eins zu setzen, hinüberreicht bis zum modernen Positivismus, dem die Dialektik schlicht als Gegenteil wissenschaftlichen Denkens gilt. Es scheint philosophisch nicht erlaubt, für eines der beiden Extreme umstandslos Partei zu ergreifen; denn jede Stellungnahme muß Gründe vorweisen, deren Rationalität gerade zwischen Dialektik und Wissenschaft strittig ist. Die Einsicht in die Problematik wird jedoch gefördert, wenn man die Wandlungen studiert, die der Wissenschaftsbegriff in seiner Auseinandersetzung mit der dialektischen Position durchmacht. Unter dieser Fragestellung sind hier fünf Untersuchungen zusammengefaßt.

Rüdiger Bubner
Dialektik und Wissenschaft

Suhrkamp Verlag

edition suhrkamp 597
2. Auflage, 9.-12. Tausend 1974
© Suhrkamp Verlag, Frankfurt am Main 1973. Erstausgabe. Printed in
Germany. Alle Rechte vorbehalten, insbesondere das der Übersetzung,
des öffentlichen Vortrags und der Übertragung durch Rundfunk und
Fernsehen, auch einzelner Teile. Satz, in Linotype Garamond, Druck und
Bindung bei Georg Wagner, Nördlingen. Gesamtausstattung Willy
Fleckhaus.

Inhalt

Vorwort 7

Problemgeschichte und systematischer Sinn der
›Phänomenologie‹ Hegels 9

Logik und Kapital 44

Über die wissenschaftstheoretische Rolle der Hermeneutik
Ein Diskussionsbeitrag 89

Wissenschaftstheorie und Systembegriff
Zur Position von N. Luhmann und deren Herkunft 112

Dialektische Elemente einer Forschungslogik 129

Nachweise 175

Vorwort

Zwischen Dialektik und Wissenschaft herrscht ein spannungsvoller Zusammenhang. Er besitzt eine Vorgeschichte in der Philosophie Platos und reicht neuerdings von der restlosen Identifikation, die das System Hegels zwischen Wissenschaft und Dialektik vornimmt, bis zum modernen Positivismus, dem Dialektik schlechthin als das Gegenteil wissenschaftlichen Denkens erscheint. Damit sind freilich nur die Extreme bezeichnet, in deren Zwischenfeld sich jenes spannungsvolle Verhältnis eine Reihe von Spielarten geschaffen hat. Für eine undogmatische Philosophie ist eine einseitige Stellungnahme in dem Streit zwischen Dialektik und Wissenschaft nicht erlaubt, da die Gründe rationaler Entscheidung hier gerade verhandelt werden. Mehr Einsicht gewinnt man durch eine Überprüfung der Theorien, in denen die Spannung von Dialektik und Wissenschaft sich äußert.

Einen solchen Versuch unternehmen die folgenden Studien. Obwohl aus unterschiedlichem Anlaß entstanden, verbindet sie mehr als die nachträgliche Versicherung innerer Zusammengehörigkeit, die man einer Sammlung kontingenter Aufsätze voranzuschicken pflegt. Die erste Studie geht der dialektischen Begründung von Wissenschaft nach, die das Ziel der Hegelschen *Phänomenologie* gewesen ist. Die zweite Untersuchung gilt der Konstitution einer Realwissenschaft, die im Sinne von Marx' *Kapital* dialektisch verfährt und doch gegen idealistische Spekulation gefeit ist. Es folgt ein Diskussionsbeitrag zur wissenschaftstheoretischen Rolle der Hermeneutik und eine Auseinandersetzung mit dem Wissenschaftsbegriff, den Niklas Luhmann vom Boden der Systemtheorie aus vorträgt. Am Schluß steht ein Essay über dialektische Elemente der Forschungslogik, der Ansätze von Karl Popper mitsamt ihrer Weiterentwicklung bei Thomas Kuhn und Paul Feyerabend folgerichtig interpretieren möchte.

Der gegenwärtige Stand der Diskussion erlaubt zumindest die These, daß die alten Positionen von Dialektik und Wissenschaft hinfällig geworden sind. Von dieser Überzeugung gehen die folgenden Arbeiten aus; die Grenzen der Diskussion werden daher auch ihre Grenzen sein. Solange die ferneren Konsequenzen verantwortlich noch nicht abzusehen sind, ist jedenfalls mit dem Versprechen großer Synthesen zurückzuhalten. Statt zu prophezeien, soll Philosophie begreifen.

Heidelberg, September 1972   *Rüdiger Bubner*

Problemgeschichte und systematischer Sinn der ›Phänomenologie‹ Hegels

Vorerinnerung

Daß die schöne griechische Freiheit, die Einheit der Gemeinschaft in einem alle verbindenden Geiste verloren sei, muß das Grunderlebnis Hegels und seiner Tübinger Freunde Schelling und Hölderlin gewesen sein. Die Gegenwart war in den wesentlichen Zügen ganz von der Ferne und der negativen Beziehung auf jenen »Genius der Völker« »aus den Tagen der Vergangenheit« geprägt. Was die Gegenwart ist, steht völlig unter dem Zeichen einer Entzweiung, in der nicht irgend etwas verlorengegangen ist und von der Geschichte davongetragen, worin die eigene, vom Leben geforderte Einheit vielmehr so bestimmt wird, nicht da zu sein.

Dieser Ausgangspunkt der Hegelschen Jugendschriften ist bekannt. Für die Überlegungen, die wir in der Folge anstellen werden, gewinnt er dort seine Bedeutung, wo Hegel aufgrund gewisser Zeiterscheinungen genötigt wird, das zeitlose Ideal ausdrücklich *historisch* zu reflektieren. Dazu sei eine kurze Vorerinnerung gestattet. – Hegels Jugendschriften haben Religion zum Hauptthema und versuchen, sie mit der Kantischen Moralphilosophie zusammenzudenken. Die Religion offenbarte für den jungen Hegel einen Zustand der Positivität, der Unterwerfung unter Autorität und Lehre, der ihrer Deutung nach dem reinen Begriff der Moralität praktischer Vernunft widersprach. Die unmittelbare Ausdeutung des Ideals einer Religion durch Moralität, als deren Widerspruch sich zugleich das Positive fassen läßt, stößt indes auf ihre Grenze, wenn die theologische Verfestigung der Religion sich ihrerseits der kantischen Begrifflichkeit praktischer Vernunft mitsamt der Postulatenlehre bedient und nun eine besonders *hartnäckige Form der Orthodoxie* hervorbringt. Den Tübinger Stiftlern standen noch Beispiele einer Verkehrung der Religion vor Augen, deren Priesterschaft »neuerdings Vernunft heuchelt«, wie das Systemprogramm aus dem Jahre

1796 polemisch im Namen der Vernunft selber sagt.[1] Unter der Assimilation an die Philosophie Kants war das vorläufig letzte Stadium einer Entwicklung erreicht, in der Religion positiv wurde, und es gilt, diese Verkehrung angemessen zu begreifen.

Gegen eine Theologie, die mit den Möglichkeiten ihrer Kritik Schritt hält und sich längst selber auf Vernunft hin auszulegen versteht, ist das Instrument aufklärerischer Religionskritik stumpf geworden, die den vernünftigen, natürlichen Kern der Religion von positiven Inhalten der Superstition reinigen wollte. Der kritische Begriff des Positiven läßt sich also nur halten, wenn er so gefaßt wird, daß er diesen Schwierigkeiten begegnet. Das entsprechend geschärfte, methodische Bewußtsein kommt in einer späten Umarbeitung der einleitenden Abschnitte des Manuskripts zum Ausdruck[2], das unter dem Titel *Die Positivität der christlichen Religion* bekannt ist. Die Erkenntnis verschiedener, auf den Geist ihres Zeitalters jeweils bezogener Formen der Religion verbietet die »in neueren Zeiten« geübte Bestimmung des Positiven nach Maßgabe allgemeiner, abstrakter Begriffe, indem sie begreifen lehrt, daß diese allgemeinen Begriffe am Ende eines langen »Stufengangs von Bildung« erst entstehen und, sofern sie dessen Ergebnis fixieren, Positivität befördern.[3] Die aufgeklärte Kritik ist nachgerade so »leer« und »langweilig« geworden, daß nun ein »Bedürfnis der Zeit« darin zu bestehen

1 Gemeint ist vor allem der Tübinger Theologe C. Ch. Storr. Vgl. Schellings Brief an Hegel von Anfang Januar 1795 und Hegels Antwort vom Ende desselben Monats, weiterhin Schellings Brief vom 4. 2. 95, *Briefe von und an Hegel.* Hrsg. v. J. Hoffmeister, Hamburg 1952. (Bd. 1. 13 f., 16 f., 21). – Vgl. auch: *Hegels Theologische Jugendschriften.* Hrsg. v. H. Nohl, Tübingen 1907. 234 f. (Winter 1795/96). – Die Autorschaft des *Systemprogramms* bleibt umstritten. Der erste Herausgeber, Fr. Rosenzweig, hielt Schelling für den Verfasser des Textes, der freilich in der Handschrift Hegels vorliegt. Die Autorenfrage darf in unserem Zusammenhang unentschieden bleiben, da nach Auskunft der Briefe die kritische Einstellung gegenüber der vernünftelnden Theologie Hegel und Schelling gemeinsam ist. S. inzwischen: *Das älteste Systemprogramm. Studien zur Frühgeschichte des deutschen Idealismus* (Hrsg. v. R. Bubner); *Hegel-Stud.*, Beiheft 9, Bonn 1973.
2 Nohl. 139-151 (geschrieben am 24. Sept. 1800).
3 Ebd. 139 ff., 147.

scheint, die *relative Natürlichkeit und Notwendigkeit* der kritisierten Gestalten abzuleiten.[4] Eine positive Form der Religion nämlich kann ihrem Zeitalter angemessen und in dieser Hinsicht durchaus natürlich sein und von den Subjekten als solche genommen werden. Ihre wahre Positivität zeigt sich erst einem neuen, freiheitlichen Selbstgefühl der Subjekte, bzw. einer »Beurteilung«, der ein entsprechendes »Ideal von Menschheit vorschweben muß«[5].

Die Überwindung einer abstrakten Kritik nach allgemeinen Begriffen versteht sich also aus einem Bedürfnis der Zeit. Die Leerheit einer Kritik, die ihrem Gegenstand unangemessen ist, weil sie ihre Maßstäbe nicht aus ihm nimmt, sondern eine bestimmte Entwicklungsstufe des Gedankens nur allgemein macht, tritt zutage, wenn ein Ideal lebendig wird, dem die gegenwärtige Situation nicht entspricht, das deren Mängel aber desto deutlicher bezeichnet. Die fortgeschrittene Entfernung vom Ideal wird erst einer historischen Ansicht voll überschaubar, die sich nicht mit dem Ausscheiden positiver Inhalte begnügt, sondern Positivität in einer Mannigfaltigkeit von *Formen* thematisiert. Die Differenzierung verschiedener zeitbedingter, für sich legitimer Formen gelingt, wenn das Ideal, statt in seiner unmittelbaren Geltung beansprucht zu werden, sich konkreter in Beziehung zur geschichtlichen Entwicklung expliziert.

Der in dieser Vorerinnerung kurz charakterisierte Text zur methodischen Klärung des Positivitätsbegriffs entstand wenige Monate vor Hegels Wechsel nach Jena und kommt dem philosophischen Selbstverständnis der sich anschließenden Schriften bereits sehr nahe, obwohl er noch unter der *Religionsproblematik* steht. Das gleichzeitig entstandene Systemfragment hatte zwar ebenfalls bestimmt: »Die Philosophie muß mit der Religion aufhören.« Denn nur Religion könne den Menschen über den in der Reflexion eingenommenen Standpunkt des Betrachtens und Denkens sowie die zugehörigen, von der Reflexion produzierten Gegensatzbegriffe des Endlichen und Unendlichen zum unendlichen *Leben* oder zum

4 Ebd. 143.
5 Ebd. 141 f.

Geiste erheben.[6] Im gleichen Zusammenhang wird jedoch eingeräumt, daß Religion nicht an sich absolut notwendig sei, vielmehr nur »irgendeine Erhebung« darstelle, die gegenüber anderen Formen, etwa der vollkommeneren Vereinigung im »glücklichen« Griechenvolke, ihren Vorzug allein in der Entsprechung zur gegebenen historischen Lage besitzt. In solcher *Zeitentsprechung* freilich steht ihr diejenige Erscheinung der Philosophie nicht nach, die das reine Ich absolut über die Totalität der Endlichkeiten erhebt, nachdem die »Vereinigung mit der Zeit« unmöglich geworden ist oder ein falscher Friede wäre.[7]

Der Punkt jedoch läßt sich genau angeben, wo diese Erkenntnisse hinsichtlich ihres *philosophischen* Stellenwerts reflektiert sind und in den Dienst eines neuen Ansatzes treten. Die aus der Überwindung aufklärerischer Kritik erwachsene, historische Fassung des Positivitätsbegriffs und die im Systemfragment vorerst bloß beobachtete, nicht abgeleitete Parallelität, in die religiöse und philosophische Erscheinungen unter der Perspektive historischer Bedingtheit rücken, sind eingangs der Schrift über *Glauben und Wissen* (1802) ganz in einen Zusammenhang philosophischer Selbsterläuterung integriert. »Über den alten Gegensatz der Vernunft und des Glaubens, von Philosophie und positiver Religion hat die Kultur die letzte Zeit so erhoben, daß diese Entgegensetzung von Glauben und Wissen einen ganz anderen Sinn gewonnen hat, und nun innerhalb der Philosophie selbst verlegt worden ist.«[8] Die Vernunft heuchelnde Orthodoxie und das Leerwerden abstrakter, begrifflicher Kritik an positiven Inhalten der Religion werden kurz beschworen, um die sich auflösende Differenz, das Unkenntlichwerden der traditionellen Fronten als Entwicklung der letzten Zeit und als Werk der Kultur zu bestimmen. Entscheidend ist, daß inzwischen Philosophie diese Phänomene voll auf sich bezieht, sich selber historisch begreift und damit eine problematischere Auffassung der Philosophie von Philosophie heraufführt.

Diese Auffassung scheint nun die frühen Arbeiten der Jenen-

6 Ebd. 347 f. (geschrieben am 14. Sept. 1800).
7 Ebd. 350 f.
8 Hegel: *Werke*. Berlin 1832 ff. Bd. 1. 3.

ser Jahre zu prägen. Es soll gezeigt werden, wie sich die ersten kritischen Schriften Hegels vor dem Hintergrund der oben benannten Motive aus der Übergangsphase der theologischen Entwürfe thematisch um eine *philosophische Aufgabe* anordnen, aus der schließlich im Zuge der Ausbildung des Systems die Konzeption einer »Phänomenologie des Geistes« entsteht. Dabei macht sich die vorliegende Studie nicht anheischig, den Weg dieser Entwicklung historisch-philologisch lückenlos zu rekonstruieren.[9] Das dürfte nach Lage der Überlieferung ohnehin unmöglich sein.[10] Uns beschäftigt vielmehr die an sich naheliegende, aber, soweit zu sehen, noch kaum mit genügender Konsequenz verfolgte Frage nach dem systematischen Sinn einer Phänomenologie, soweit er sich in der Vorgeschichte des Werkes von 1807 expliziert und aus der Problemstellung der Jenenser Arbeiten ergibt.

Die Diskussion um den systematischen Standort der Phänomenologie ist neuerdings durch Fuldas Analyse des *Problems einer Einleitung in Hegels Wissenschaft der Logik*[11] wieder intensiver in Gang gekommen. Die stets vermißte Zusammengehörigkeit der *Phänomenologie* von 1807 und der *Enzyklopädie* versucht Fulda, durch eine Radikalisierung des systematischen Gedankens herzustellen. Die konsequente Erörterung aller vom System nur irgend gebotenen Möglichkeiten entfaltet die Problematik einer wissenschaftlichen Einleitung, die für ein unwissenschaftliches Bewußtsein die Er-

9 S. dazu: O. Pöggeler: *Zur Deutung der Phänomenologie des Geistes.* In: *Hegel-Studien.* 1 (1961); *Hegels Jenaer Systemkonzeption.* In: *Philosophisches Jahrbuch.* 71 (1963/64). – H. Schmitz: *Die Vorbereitung von Hegels »Phänomenologie des Geistes« in seiner »Jenenser Logik«.* In: *Zeitschrift f. philosophische Forschung.* 14 (1960). – N. Merker: *Le origine della logica hegeliana, Hegel a Jena,* Milano 1961; eine umfangreiche referierende Darstellung, die allerdings vor der Fülle historischer Kenntnis und Belesenheit kaum zur Durchführung ihres Themas kommt.
10 Weitgehend unbeachtet ist jedoch offenbar Reinholds »Phänomenologie« geblieben, die, wie man vermuten darf, Hegel zu seiner Titelwahl angeregt hat: K. L. Reinhold, *Elemente der Phänomenologie oder Erläuterung des rationalen Realismus durch seine Anwendung auf die Erscheinungen,* in: *Beytr. z. leichtern Übersicht d. Zustands d. Phil. beym Anfang d. 19. Jh.,* Heft 4, 1802.
11 H. F. Fulda: *Das Problem einer Einleitung in Hegels Wissenschaft der Logik.* Frankfurt 1965.

hebung in das reine Denken und die objektive Rechtfertigung des letzteren ineins leisten soll; im Lichte dieser aus
dem Horizont Hegelscher Systematik selbständig entwickelten Sachfrage wird dann die *Phänomenologie* betrachtet.
Fuldas Argumentation ist gewonnen aufgrund einer Pro-
blemauslegung, die das vollendete System voraussetzt, und
bewegt sich mit großer Kunst in dessen Begriffssprache. Davon unterscheidet sich unsere Fragestellung insofern, als die
notwendige Ausbildung der Konzeption einer Phänomenologie im Zusammenhang mit der Artikulation des Systemgedankens überhaupt untersucht wird und Deutungsmodelle
gerade ausgeklammert bleiben, die beider Ausführung von
Anfang an unterstellen. Dies ist andererseits nicht gleichzusetzen mit der Aufklärung der tatsächlichen Entstehung des
Buches *Phänomenologie des Geistes,* den Bedingungen seiner
Abfassung als Schlüssel für seine Gliederung und die Stim-
migkeit seines Aufbaus, wie sie zuletzt den Forschungen
O. Pöggelers zu danken ist.
Das Folgende richtet sich demnach im Gegensatz zu einer
ex-post-Legitimation aus Hegelscher Systematik auf die *Genesis der Phänomenologiekonzeption* und unterscheidet sich
von Studien zur Geschichte und Gestalt eines konkreten Textes durch ein sachliches Interesse, das unter die durchgängig
an Hegel explizierte Frage zu fassen ist: *was heißt Phänomenologie?* Die anhand dieser Frage angestellten Überlegungen gehen aus von der kritisch vorbereitenden Aufgabe der
Philosophie, um dagegen den logischen Charakter der spekulativen Selbstverwirklichung der Philosophie abzuheben. Auf
dem Hintergrund dieser Differenz wird es möglich, den systematischen Sinn und die Leistung einer Phänomenologie
des Geistes, zusammen mit ihrer methodischen Struktur genauer zu bestimmen.[11a]

11a Vgl. neuerdings die einführende Darstellung von W. Marx, *Hegels
Phänomenologie des Geistes. Die Bestimmung ihrer Idee in »Vorrede« und
»Einleitung«,* Frankfurt 1971.

Philosophie als Kritik

Schlichter Texinterpretation der ersten Hegelschen Veröffentlichung, der Differenzschrift von 1801, fällt auf, daß der Begriff der *Bildung* eigentümlich negativ gefaßt wird und mit dem Festhalten von Entzweiung synonym gesetzt ist.[12] Auf den ersten Blick erscheint das gar nicht so selbstverständlich; denn warum sollte Philosophie sich zu Einwänden und Polemik gegen die Bildung genötigt sehen, anstatt sie als vorbereitende Übung auf einer anderen, nicht-philosophischen Ebene des Denkens zu nehmen? Hingegen ist das Verhältnis von allgemeiner Gedankenbildung und Philosophie in Wahrheit durchaus nicht so unproblematisch. Philosophie findet nämlich in der ausgebreiteten Bildung sowohl *Vorbereitung* als auch *Verstellung* ihrer selbst vor. Hegel hat dafür die Formel des »Bedürfnisses der Philosophie« geprägt. Die bestehenden Verhältnisse sind derart, daß sie nach Philosophie rufen, aber keineswegs im Sinne umfassender, teleologischer Ausrichtung auf ihr endliches Auftreten, sondern in der negativen Weise einer aufbrechenden Differenz zwischen dem, was bereits da zu sein scheint, und doch nicht da ist.

So wie die Fülle der Surrogate Befriedigung vorenthält und das Verlangen steigert, hat das Reich der Bildung der Philosophie den Boden bereitet. Hegels Diagnose unterscheidet also zweierlei: die gegebenen historischen Bedingungen im Geist der Zeit und *die* Philosophie, die vorderhand nur durch den Systemcharakter und das Prinzip der Spekulation gekennzeichnet ist. Daß beides auf diese Weise unterschieden wird, daß der gesteigerten gedanklichen Kultur und ihrer philosophischen Affinität einerseits die mit vorgetragenen Entwürfen oder bestimmten Lehrmeinungen nicht identifizierte Einheit einer Idee von Philosophie anderseits entge-

---

12 *Differenz des Fichteschen und Schellingschen Systems der Philosophie,* Hegel: *Werke.* Bd. 1. 172 ff., 186 f., 277, 295. – Der Wortgebrauch ist merkwürdig, nachdem Herder die Bildung des Menschen als Ausbildung der Humanität zu Vernunft und Freiheit verstanden hatte. Mir ist nur eine Anmerkung in Fichtes *Wissenschaftslehre* von 1794 bekannt (*Sämtliche Werke.* Berlin 1845 ff. Bd. 1. 285), wo Bildung einen ähnlich negativen Klang hat wie bei Hegel.

gengesetzt wird, ist für Hegel bereits die erste Antwort auf das erkannte Bedürfnis der Philosophie.

Was ist nun, näher betrachtet, die Bildung? Ein gebildetes Bewußtsein ist ein solches der eingeübten *Reflexion* und Bildung der Titel einer universal gewordenen, zur Herrschaft gelangten Reflexionskultur. Die Reflexion weist eine Tendenz zur Vereinheitlichung auf, insofern ihr jeder Inhalt unterworfen werden kann und folglich jedem anderen Inhalte gleich gilt. Die Zusammenhänge, die Reflexion auf solche Weise schafft, bestehen freilich im rein formalen Beziehen und das Gewebe der Beziehungen stützt sich auf das bloße Getrenntsein der Bezogenen. Diese werden als Bezugspunkte der Reflexion ihrer sachlichen Selbständigkeit enthoben, die genuinen Inhalte verwandeln sich in die Glieder einer von der Reflexion erst geschaffenen Relation, so daß sie nur mehr die allenthalben gleiche Unterschiedenheit und Getrenntheit untereinander bezogener Momente aufweisen. In dieser Unterschiedenheit sind sie freilich einander gleich, und es ist die durchgängige Differenz der Bezugsmomente, die paradoxerweise diejenige Einheit ermöglicht, zu deren Hervorbringung Reflexion befähigt ist. Das reflektierende Beziehen durch Trennen überspielt jeweils die Differenz, die es ständig neu voraussetzt. Unter diesem Scheine der Einheit ist die pure Trennung um so radikaler festgehalten, je sicherer das Geschäft der Reflexion abläuft. Entzweiung besteht gerade deshalb fort, weil man ihrer unmittelbar nicht ansichtig wird und weil die ständig wirksame Reflexion vortäuscht, sie immer schon aufgehoben zu haben.

Wenn Bildung in der Vorherrschaft des Bewußtseins und seiner Reflexion die Lebenszusammenhänge eines ganzen Zeitalters bestimmt[13], dann wird das Leben sich selber fremd; denn der natürlichen Entzweiung aller lebendigen Prozesse hält keine wirkliche Vereinigung mehr die Waage. Das Verhältnis von Entzweiung und Vereinigung ist in sich verkehrt.

13 Die *Vorlesungen über die Geschichte der Philosophie* (*Werke*. Bd. 14. 3, 8 ff., u. ö. vgl. auch 36), die den Bildungsbegriff ganz ähnlich fassen, setzen in historischer Hinsicht die Aufklärung mit der Sophistik parallel, in der »das Prinzip der modernen Zeit« beginne. Ähnlich die *Vorrede zu Hinrichs Religionsphilosophie* von 1821 (*Werke*. Bd. 17. 22 f.).

Die Entzweiung tritt in der Bildung nur unmittelbar übersponnen auf, und unter diesem Schleier ist die Reflexionstrennung in die Wirklichkeit versetzt. Wenn hier das Bedürfnis der Philosophie sich meldet und das Totalitätsstreben der Vernunft die verfestigten, zu selbsttätigem Zusammenschluß unfähigen Gegensätze befreien soll, so kann dies nur die Auflösung der Reflexionssicherheit bedeuten und ein polemisches Verhältnis gegen die Bildungswelt installieren.

Es kommt dabei nicht auf die Ersetzung der bestehenden Denkfiguren durch ein neues, als vernünftig und echt philosophisch deklariertes System an, die Aufgabe der Philosophie fordert zunächst sogar die Vermeidung jeder Art von Koalition mit dem Geist der Zeit. Gerade um dessen Strukturen durchschauen zu können, ist mit systematischen Äußerungen, die vermeintlich die philosophische Szene verändern, zurückzuhalten. In der Tat beginnt Hegel seine Laufbahn als philosophischer Autor bewußt mit *kritischen* Schriften, während seine Zeitgenossen einander mit der Macht neuer Systeme überboten. Die entscheidende Einsicht, die Hegels theoretische Überlegenheit sicherte und bis heute seiner genealogischen Gliederung der Philosophiegeschichte die Faszination verleiht, bestand nämlich nicht im unmittelbaren Ansatz eines höheren und umfassenderen Prinzips der Philosophie, sondern in der Leistung, sichtbar zu machen, welches Verhältnis der Abhängigkeit zwischen den Philosophien der eigenen Gegenwart und dem Geist ihrer Zeit herrschte.

Dabei sind die sogenannten Reflexionsphilosophien Kants, Fichtes und Jacobis nur die gewichtigsten Vertreter, als nicht minder symptomatisch darf K. L. Reinhold gelten, der den Zusammenhang von Philosophie und ihrer Zeit aufgerollt hatte.[14] Da aber seine *Beiträge* für Hegel nur »im Zeitbe-

---

14 Der äußere Anlaß der *Differenz*-Schrift war bekanntlich das 1. Heft von Reinhold: *Beyträge zur leichteren Übersicht des Zustands der Philosophie beym Anfang des 19. Jahrhunderts* (1801). Die Kenntnis der *Beyträge* beschränkt sich aber meist auf Hegels Referat und übernimmt unbesehen dessen kritische Akzentuierung; die späteren Hefte (2-6. 1801-03) sind weitgehend unbekannt. Dabei ist Hegels eigene Schrift dem Tenor nach durchaus Reinholds Betrachtungen zur historischen Situation vergleichbar, die viele Systeme überblicken, ihre Trümmer und die neuen Ansprüche vorfinden und das Aufkommen der Forderung nach wahrer

dürfnis schwimmen«, war eine begründete Theorie jenes Zusammenhangs und, also vorbereitet, eine das Zeitbedürfnis erfüllende Philosophie herausgefordert. Im Bedeutungsverlust, den Reinholds Werk gegenüber seiner Prominenz unter den Zeitgenossen erlitten hat, und im Vergessen, dem besonders seine Schriften nach 1800 anheimgefallen sind, wird man nicht zuletzt Tradition und Wirkung der vernichtenden Kritik in der Differenzschrift zu sehen haben.

Meinten Reinholds *Beiträge* den gegenwärtigen Zustand der Philosophie durch historische Aufarbeitung und Erweiterung der doxographischen Kenntnis übersichtlicher zu machen, um schließlich der wahren Philosophie – und das heißt für ihn nach mannigfachen Allianzen inzwischen der Bardilischen Logik – Eingang zu verschaffen, so ist einmal nicht recht zu sehen, wie dieser Fortschritt vonstatten gehen soll, denn das Aneinanderhalten von Standpunkten gehört seiner Natur nach der Bildung an. Der neue Standpunkt wird so nur einer

Philosophie beobachten (bes.: *Einige Gedanken über philosophische Systeme überhaupt und insbesondere die Wissenschaftslehre*, 2. Heft, 144 ff., dessen Vorwort am 30. 3. 1801 unterzeichnet ist und das Hegel vorgelegen hat, wie die Anmerkung in der *Differenz*-Schrift – Werke. Bd. 1. 278 – beweist). Im übrigen war das von Reinhold namens der Bardilischen Logik stets pauschal genannte und als spekulative »Filodoxie« verurteilte »Fichtisch-Schellingsche System« für Hegel, den damaligen Parteigänger Schellings und Kritiker Fichtes, unmittelbare Nötigung, die »Differenz« beider Systeme darzulegen. (*Werke*. Bd. 1. 161, 164, 273). – Hegel war auch der Aufsatz bekannt (*Werke*. Bd. 1. 278), den Reinhold in der Zeitschrift seines Schwiegervaters Wieland, dem *Neuen Teutschen Merkur*, im März 1801 veröffentlicht hatte: *Der Geist des Zeitalters als Geist der Filosofie*, in dem Fragmente einer ebenfalls von Hegel erwähnten Abhandlung im 2. Heft der *Beyträge* zusammengetragen waren. Reinhold erklärt hier die Spekulation aus dem allgemeinen Zuge der Zeit zu »Selbstsucht« und »Gottvergessenheit«. Unter dem Namen der reinen Transzendentalphilosophie und dem spekulativen Schein der Systeme Fichtes und Schellings verberge sich nur die Lust der »Filosofen namens Peter und Paul« an der freien Willkür ihres individuellen Ich. Ähnlich lauten die Vorwürfe in den *Beyträgen* (z. B. H. 1, 153 f.; H. 2, 58 ff.). – Die moralisierende Diffamierung weist Hegel zwar zurück, räumt aber den Gesichtspunkt ein, daß Philosophien aus ihrem Zeitalter hervorgehen. – Es gibt philosophiegeschichtlich immerhin mehr Berührungspunkte zwischen Reinhold und dem Hegel von 1801, als die verbreitete Auffassung von der Originalität der Differenzschrift zuläßt; deren Polemik hat zu einem ungerechten Bild der Reinholdschen Leistung beigetragen.

neben anderen. Andererseits stellt in Hegels Augen das propagierte Prinzip selber, nämlich das von seiner Anwendung im realen Erkennen abstrahierte Denken als Denken nur eine weitere Gestalt der Verstandes- und Reflexionskultur dar.[15] Das ganze Unterfangen einer geschärften Aufmerksamkeit auf die Zeitlage und der korrespondierenden Verkündigung eines neuen Standpunkts philosophischer Abstraktion gliedert sich den Zusammenhängen der Bildungswelt ein und trägt gerade auch im Momente der Selbsthistorisierung zu ihrer Affirmation bei.

In anderer Weise ist nach Hegels Auffassung *Reflexionsphilosophie* »dem Schicksal ihrer Zeit unterlegen«[16]. Zwar kommt in den damals führenden Systemen das, was die Zeit der allgemeinen Bewußtseinsprägung nach ist, vollendet zum Ausdruck, doch bedeutet diese Angepaßtheit an das Vorhandene und seine Sublimierung im philosophischen Denken für dieses Denken selber eine faktische Einschränkung, welche die absolut freie Tätigkeit der Vernunft behindert. Zwar ist das spekulative Prinzip der Vereinigung des Getrennten in den jeweiligen Ansätzen sehr wohl präsent, jedoch deformiert durch die unüberwindliche Ausrichtung am Reflexionsmodell.

Entsprechend sind die Karrieren der Reflexionsphilosophie in der Epoche mehr vom irrationalen »Glück« und »einer instinktartigen Hinneigung« des Zeitalters getragen, das sein Bedürfnis nach Philosophie nicht im Schaffen eines Systems endgültig befriedigt, sondern sich zu gewissen Erscheinungen der Philosophie hingezogen fühlt, das Gesuchte darin mehr vermutet als findet.[17] Die äußeren Indizien spiegeln das Ausbleiben einer in die historische Situation tatsächlich eingreifenden Philosophie, die derart zugleich ihre in Gestalt der Zeitbedingungen gegebene Seite aufheben würde. Der in der Bildung realisierte Primat der Reflexion greift also auf Philosophie über. Das Mißverhältnis von Reflexion und Spekulation wird immer wieder als Überfremdung und Herrschaft

15 Hegel: *Werke*. Bd. 1. 289, 294 f.; vgl. Bd. 16. 42.
16 *Werke*. Bd. 1. 186.
17 *Werke*. Bd. 1. 165, 200; Bd. 16. 44.

beschrieben[18], das heißt als das unausgewiesene, der Sache
zuwiderlaufende Übergewicht der einen, endlichen Seite, das
nur auf Kosten der anderen und beider Einheit behauptet
werden kann. Daraus resultiert eine systematische Unvollkommenheit und Inkonsequenz, deren verschiedene Formen
Hegel in den Philosophien Kants, Jacobis und Fichtes durchstudiert.[19] Denn erfüllt auch keine dieser Erscheinungen
wirklich das philosophische Bedürfnis, so ist mit ihnen doch
das Prinzip der Bildung durch sein Eingehen in Philosophie
absolut gesetzt worden und die Entzweiung also ins Äußerste
getrieben; zugleich ist dies Prinzip in der Totalität seiner
möglichen Formen verwirklicht und vorgeführt.[20] Mit dem
Höhepunkt der Reflexionsphilosophie ist demnach das Bilden
beendigt und, wie die Schrift über *Glauben und Wissen* re-
sumiert, »unmittelbar die äußere Möglichkeit gesetzt, daß die
wahre Philosophie aus dieser Bildung entstehend und die Absolutheit der Endlichkeiten derselben vernichtend« nun in
Erscheinung trete.

Nehmen wir den Begriff der *philosophischen Kritik*, wie ihn
der erste Aufsatz Hegels im *Kritischen Journal* entwickelt,
zu Hilfe für das Verständnis des bislang so thetisch auftretenden Begriffs von Philosophie. Der Aufsatz *Über das Wesen der philosophischen Kritik überhaupt und ihr Verhältnis
zum gegenwärtigen Zustand der Philosophie insbesondere*
beginnt wie folgt: »Die Kritik, in welchem Teil der Kunst

18 *Werke.* Bd. 1. 201 f., 207, 231 f., u. ö.; vgl. 9 ff., 105, 149; *Wissenschaft der Logik.* Hrsg. v. G. Lasson. Bd. 1. Hamburg 1934. 26.
19 Reinhold hatte das Ende der Transzendentalphilosophie ausgerufen,
indem er sich für den »rationalen Realismus« erklärte (d. i. Bardili:
*Grundriß der ersten Logik, gereinigt von den Irrtümern bisheriger Logi-
ken überhaupt, der Kantischen insbesondere; keine Kritik, sondern eine
medicina mentis, brauchbar hauptsächlich für Deutschlands kritische Phi-
losophen.* Stuttgart 1800). Mit der Parteinahme geht eine Kritik an Kant
und Fichte Hand in Hand, die einige der Schwächen bereits namhaft
macht, auf die auch Hegel abhebt, vgl. besonders *Ideen zu einer Heautogo-
nie oder natürlichen Geschichte der reinen Ichheit, genannt reine Vernunft*
im 1. Heft der *Beiträge.*
20 Hegel: *Werke.* Bd. 1. 187, 5, 12, 155; vgl. *Phänomenologie des Geistes.* Hrsg. v. J. Hoffmeister. Hamburg 1952. 12. – S. auch Reinhold:
*Schlüssel zur Filodoxie überhaupt und insbesondere zur sog. spekula-
tiven.* In: *Beyträge.* Heft 4. 186 (Vorwort vom 21. 3. 1802).

oder Wissenschaft sie ausgeübt werde, fordert einen Maßstab, der von dem Beurteilenden ebenso unabhängig als von dem Beurteilten, nicht von der einzelnen Erscheinung, noch der Besonderheit des Subjekts, sondern von dem ewigen und unwandelbaren Urbild der Sache selbst hergenommen sei.« Wollte philosophische Kritik nicht »in alle Ewigkeit nur Subjektivitäten gegen Subjektivitäten« setzen, so sei »die Idee der Philosophie selbst die Bedingung und Voraussetzung«. Diese Idee ist also nicht bedingt, sie wird in diesem Zusammenhang als das Absolute bestimmt und kann nur Eine sein, denn es gibt nicht mehrere Philosophien.[21] Erst unter Bezugnahme auf jene Idee werden die degenerierten Philosopheme der Neuzeit und die unvollkommenen Systembildungen im Zuge der Reflexionskultur als solche kenntlich, und im Messen ihrer an der Idee wahrer Philosophie besteht Kritik.

Das Kritisieren eingeschränkter Erscheinungen ist keineswegs schon identisch mit wahrer Philosophie, jedoch auch geschieden von dem Niveau des Kritisierten. Kritik ist vielmehr die Form, unter der wahre Philosophie zunächst in Erscheinung tritt, indem sie sich die *Reflexionsgestalt* einer vorausgesetzten Idee gibt. So wichtig es nämlich für Philosophie ist, »die Mannigfaltigkeit der Reflexe des Geistes, deren jeder seine Sphäre in der Philosophie haben muß, so wie das Untergeordnete und Mangelhafte derselben zu kennen«[22], so förderlich ist, die extremsten Formen der Entzweiung in ihrer Absolutsetzung durch Reflexionsphilosophie der Reihe nach zu studieren[23] – es bedarf umgekehrt auch hinsichtlich des *Auftretens der Philosophie in ihrer Zeit* spezifischer Vorbereitung. Denn Unfreiheit und Beschränktheit, welche die Philosophie an den Erscheinungen der Epoche bemängelt, drohen ihr selbst nicht minder, sofern sie sich auf ihren geschichtlichen Punkt hinausbegibt. Gegen das unkontrollierte Einbringen vorgegebener, latent philosophischer oder pseudophilosophischer Elemente sichert weder die allgemeine Erkenntnis solcher Einflußtendenzen noch auch eine entspre-

21 Hegel: *Werke.* Bd. 16. 33 ff.
22 Ebd. 37 f.
23 Ebd. 44.

chende verbale Distanzierung. Erforderlich ist die tätige Auseinandersetzung der wahren Philosophie mit ihren eigenen historischen Gegebenheiten im Sinne der Kritik. Aus diesem Grunde bleiben unmittelbare systematische Aussagen zunächst zurückgestellt, und Philosophie erscheint primär als vorausgesetzte Idee im Verhältnis zu vorliegenden Systemen und deren philosophischen Prätentionen. Sie sucht in diesem Vorstadium, die ganze Mannigfaltigkeit des Beschränkten als solchen zu erfassen und zu sichten, die vorhandenen Erscheinungen in ihrer Bedingtheit zu begreifen und »die Eingeschränktheit der Gestalt aus ihrer eigenen echten Tendenz [...] [zu] widerlegen«[24]. Sie entwickelt ein *Bewußtsein der Zeit*[25], indem sie deren Phänomene auf sich bezieht, das heißt in vorhandenen Entwürfen und Gedankenbildungen nur sich selbst, die eine Philosophie wiederzuerkennen strebt und derart kritisch in ständigem Blick auf diese Idee das gesamte Feld der Beschränktheiten absteckt.

Die Reflexionsform der Kritik ist die Weise, in der wahre Philosophie in ihrer Zeit auftritt, gerade um nicht eine Erscheinung neben anderen darzustellen, sondern Zeitbedingungen für sich aufzuheben. Das Verhältnis von Geschichte und System wird philosophisches Thema, insoweit es gelingt, das historische Material des Geistes kritisch in die Form des echten Systems zu überführen.[26] Deshalb aber ist *Kritik noch*

24 Ebd. 37 f.
25 Es ist ein Topos innerhalb der gängigen Urteile über die Hegelsche Philosophie, daß sie ein solches Bewußtsein gerade vermissen lasse. So schreibt etwa M. Horkheimer (*Zum Problem der Wahrheit.* In: *Zeitschrift f. Sozialforschung.* 6, 1935, 331 f.), daß Hegels Ansicht, sein System sei die Vollendung der Wahrheit, ihm die »Bedeutung des zeitbedingten Interesses« verhülle. »Weil Hegel die bestimmten historischen Tendenzen, die in seinem eigenen Werk zum Ausdruck kommen, nicht erkennt und festhält, sondern sich beim Philosophieren als der absolute Geist vorkommt«, gewinne das Werk häufig Züge von Willkür und enger Verbundenheit mit den politischen Zuständen der Zeit. – Diesem und verwandten Urteilen wird man aufgrund unserer Überlegungen kaum beipflichten können. Vgl. zur Hegeldeutung von M. Horkheimer und J. Habermas vom Verf.: *Was ist Kritische Theorie?* In: Apel u. a., *Hermeneutik und Ideologiekritik,* Frankfurt 1971.
26 Pöggelers Ansatz zur Deutung der philosophischen Aufgabe der *Phänomenologie des Geistes* orientiert sich offenkundig an Heidegger, wenn er davon ausgeht, daß Hegel die Erfahrung und das Problem der Ge-

nicht Spekulation. »Es muß notwendig an die Möglichkeit einer solchen wirklichen Erkenntnis [...] geglaubt werden« – so versteht sich der Aufsatz über philosophische Kritik –, »wenn eine wahre Wirkung von einer Kritik, nämlich nicht ein bloß negatives Zerschlagen dieser Beschränktheiten, sondern von ihr eine Wegbereitung für den Einzug wahrer Philosophie erwartet werden soll.«[27]

Man wird sich erinnern, daß die Einleitung zur *Phänomenologie des Geistes* eben dies als die Aufgabe bestimmt: die Wissenschaft, und das heißt wahre Philosophie, ist von dem Erscheinungscharakter zu befreien, der ihr allein dadurch zuwächst, daß sie auftritt und sich neben andere Erscheinungen stellt, ohne bereits in ihrer Wahrheit ausgeführt zu sein. Gegen diesen Schein des unwahren Wissens in anderen Gestalten oder der eigenen Vergleichbarkeit mit ihnen genügt für die Wissenschaft kein trockenes Versichern ihrer Superiorität, sie muß sich in der Tat gegen den Schein wenden und eine wissenschaftliche »Darstellung des erscheinenden Wissens« aufbieten.[28] Die dabei anzuwendende Methode wird als ein kritisch prüfendes Verhalten der Wissenschaft zum erscheinenden Wissen gekennzeichnet. Auf die logische Struktur der

schichte »in die Mitte der Metaphysik« hineintrage, um so »die *Wahrheit selbst* als eine Geschichte, und damit in gewisser Weise auch als ein ›Streben‹ und als ›problematisch‹ zu sehen« (*Hegels Jenaer Systemkonzeption* [s. o. Anm. 9]. 316 f., 311, 308). Die Auslegungsrichtung übersieht jedoch, daß es Hegel, wenn er das Problem der Geschichte in das System hineinträgt, nicht darum geht, die Wahrheit geschichtlich und damit bedingt zu machen, sondern aus der Erfahrung der Geschichte und der Macht des Zeitgeistes auch über Philosophie ein Begreifen solcher Abhängigkeit in allen ihren Formen anzustrengen, um die Wahrheit der einen, zeitunabhängigen Philosophie vor der Historisierung und denjenigen philosophischen Unvollkommenheiten zu bewahren, an denen die vom Geist ihrer Zeit geprägte Reflexionsphilosophie scheitert (vgl. etwa *Phän.* 558). – Heidegger selber hatte in seiner Interpretation der Einleitung zur *Phänomenologie des Geistes* das *Erscheinen* des Geistes nur deshalb zur Parusie des Absoluten als der eigentlichen Weise der Anwesenheit des Seins positiv umdeuten können, weil er die Funktion der Phänomenologie im Hinblick auf das System undiskutiert ließ (*Hegels Begriff der Erfahrung.* In: *Holzwege.* Frankfurt 1950), obwohl er in der Sache sehr deutlich den Zusammenhang zwischen dem Auftreten der Wissenschaft und der Darstellung des erscheinenden Wissens hervorhebt (128 ff., vgl. 181, 189).
27 Hegel: *Werke.* Bd. 16. 48.
28 *Phän.* 66 f., vgl. 26.

Prüfung kommen wir noch zu sprechen; für den Augenblick sollte nur antizipatorisch auf das erklärte Selbstverständnis der *Phänomenologie* verwiesen werden.

Philosophie, die aus dem Zwang der Reflexionskultur sich befreien will und die Beirrung der Reflexionsphilosophie durchschauen, stellt sich fürs erste auf die eigentümliche Struktur des *entgegensetzenden* Denkens der Reflexion ein. Sie setzt freilich nicht inhaltliche Bestimmungen gegeneinander, um deren scheinbare Vereinigung im Reflexionsbezug dann als Prinzip der Philosophie aufzunehmen. Sie setzt im Gegenteil sich selbst als Philosophie den mit Schein behafteten Philosophien gegenüber, welche die Einheit nur um den Preis von Entzweiung produzieren. Solche Entgegensetzung hat nichts mit dem berüchtigten Reinholdschen Verfahren hypothetischen Philosophierens[29] zu tun, das es einmal mit einem bestimmten Prinzip versuchen möchte bis zum Erweis von dessen Richtigkeit. Die prüfende Philosophie probiert nicht zum Zwecke der Verifikation einen beliebig unterstellten systematischen Ansatz durch[30] und verharrt ihm gegenüber in der »Subjektivität des Reflektierens«. Angesichts solcher Versuche sieht Hegel die »Einfalt« Spinozas, die *Philosophie mit der Philosophie selbst anzufangen*, wieder zu Ehren kommen.[31]

Allerdings fängt prüfende Philosophie mit Philosophie an, aber nicht im Sinne der absoluten Unmittelbarkeit. Sie beginnt mit Philosophie als ihresgleichen, wozu sie sich selbst in ein Verhältnis bringt, indem sie sich nicht mit philosophischem Aussehen und Erscheinen zufrieden gibt, Anspruch vielmehr gegen Ausführung hält und daher möglichen Schein gerade anhand der von ihm prätendierten Sache deutlich macht. Die Struktur der Entgegensetzung ist in dieser anfänglichen Phase bewußt auf die Philosophie angewandt, anstatt, wie etwa in der Reflexionsphilosophie, ein ganzes System unkontrolliert von Grund auf zu prägen. Die bewußte

---

29 Hegel hat freilich später (*Logik* [ed. Lasson]. Bd. 1. 55) Reinhold in seinem echten Interesse am spekulativen Problem des philosophischen Anfangs Gerechtigkeit widerfahren lassen.

30 Vgl. Reinhold: *Beyträge*. Heft 1. 90 f.

31 Hegel: *Werke*. Bd. 1. 190, 285 f.

Anwendung der Struktur der Entgegensetzung bewirkt zweierlei: einmal wird die kritische Prüfung ermöglicht, zum andern aber bereitet wahre Philosophie sich selber ihr eigentliches Auftreten vor. Gerade der Umstand, daß Philosophie so mit sich anzufangen versteht, daß sie einen Unterschied in sich legt, läßt die in geprüften Gestalten vorhandene, aber übersponnene Entzweiung erneut aufbrechen. Der dort geknüpfte Zusammenhang scheinbarer Einheit hält nicht stand, wenn es gelingt, ihn selber wieder mit dem entgegensetzenden Denken der Reflexion zu behandeln. Die Möglichkeit, den Gegensatz in die vermeintliche Einheit wieder einzuführen, ohne daß diese sich dagegen als resistent erwiese, zeigt die in Wahrheit vorhandene Denkstruktur und deckt das Scheinhafte weitergehender Ansprüche auf. Gleichzeitig versichert anfangende Philosophie sich dergestalt ihrer Überlegenheit, d. h. der Freiheit von den Unvollkommenheiten und Bedingtheiten des Kritisierten. Die Fähigkeit, sich dem bewußt auszusetzen, woran die vorliegenden Erscheinungen der Philosophie versagten und ihre Grenze fanden, garantiert einen umfassenderen, systematischen Ansatz.

Philosophie als Kritik ist bislang stets *Vorbereitung* des wahren, philosophischen Wissens im Sinne des Systems genannt worden, ohne daß dieser etwas vage Begriff seinerseits systematisch zureichend bestimmt worden wäre. Die Vorbereitung wird nicht von außen geleistet; sie besteht in dem Verhältnis, worein Philosophie sich zu philosophischen Erscheinungen als dem Resultat der Bildung ihrer Zeit setzt, und wenn auch diese kritische Auseinandersetzung nicht das Innerste der Philosophie, ganz als sie selber genommen, zu sein scheint, so ist doch offenkundig, daß die kritische Leistung nur eine uneingeschränkt philosophische sein kann und Philosophie darin ihrer vollen Mittel gewiß sein muß. Da aber, wie behauptet, die sich selber vorbereitende Philosophie auf diesem Wege allein die wahre Höhe ihrer Einsicht erreichen soll und der Forderung systematischen Wissens ohne Abstriche genügen, fragt es sich, wie die »Vorbereitung« überhaupt von so etwas wie einer »Durchführung« unterschieden ist, ja, was eigentlich sachlich noch folgen kann, wenn die Philosophie als Kritik sich ganz zu ihrem philosophischen Wesen entwickelt hat. Kurz, in welcher Beziehung steht *die* Philosophie zu ihrer Vorbereitung und wie läßt sich diese Beziehung angeben? – Die Erörterung dieser Frage soll jetzt den Versuch der Spezifikation des systematischen Sinnes einer Phänomenologie, zusammen mit der Analyse ihrer eigentümlichen Struktur am Ende erleichtern.

Logik oder Phänomenologie?

Stets wird Hegels Brief an Schelling vom 2. November 1800 als Zeugnis für die Wendung zitiert, in der sich das »Ideal« der Jugendarbeiten in die Form des Systems umzusetzen begann[32]. Während der folgenden Jahre ist Hegel neben den kritischen Schriften mit der Ausarbeitung seines Systems beschäftigt, das zunächst Logik und Metaphysik umfaßte. Dennoch tritt er 1807 mit dem Ersten Teil eines Systems der Wissenschaften an die Öffentlichkeit, das er *Phänomenologie des Geistes* nennt. Hier liegt nicht nur ein historisch-genetisches Problem, zu dem Rosenkranz im großen und ganzen wohl den richtigen Aufschluß gegeben hat, wenn er die literarische Entstehung der späteren *Phänomenologie* aus den didaktischen Modifikationen des Systems herleitet, den Vorlesungseinleitungen nämlich, in denen Hegel »das Bedürfnis der Philosophie, ihre absolute Berechtigung und ihren Zusammenhang mit dem Leben und den positiven Wissenschaften ansprechend dargestellt«[33].

Gewichtiger ist das sachliche Problem, das Wesen der systematischen Philosophie in der Spekulation zu begreifen und die *spekulative* Leistung von der *kritischen* Leistung zu unterscheiden. Zugleich hängt daran die Frage, was das Erste der Philosophie ist. – In der Philosophie hat die Vernunft es nur mit sich zu tun, sie richtet sich auf sich und erkennt sich selbst. In dieser Einheit von Subjekt und Objekt ist sie Spekulation und hat die entgegensetzende Reflexion überwunden. So faßt die Differenzschrift das Tun der Philosophie und

---

32 *Briefe von und an Hegel.* Bd. 1. 59.
33 K. Rosenkranz: *Hegels Leben.* Berlin 1844 (Nachdruck Darmstadt 1963), 179, 202; vgl. auch die genannten Arbeiten von Pöggeler.

bestimmt von hier her in einem ersten Schritt das Wesen der *Logik* als das Begreifen der Vernunft in sich.[34] Die Logik wird nicht schlechthin mit Philosophie identifiziert, obwohl die Bezugnahme auf Logik als den Ort unmittelbaren Erweisens der spekulativen Natur der Philosophie im Hinblick auf die Reinholdschen Versuche mit dem rationalen Realismus der Logik Bardilis formuliert ist. Die dort nämlich implizierte Identifikation von Logik und Metaphysik sollte Bardilis Absicht zufolge die subjektivistischen Verkürzungen der Transzendentalphilosophie kurieren, und Reinhold ficht mit diesen Mitteln seinen Kampf gegen das, was ihm als die Kulmination des subjektiv-transzendentalen Prinzips unter dem Schein des Absoluten vorkommt, die »spekulative Philodoxie« von Fichte und Schelling. Hegel erkennt, daß der zugrunde liegende Ansatz bei der Abstraktion eines *Denkens als Denken* seinerseits von undurchschauten Voraussetzungen ausgeht und die formale Entgegensetzung, die dabei geübt wird, nicht wahrnimmt.[34a] In der Formalität der Logik hat sich also die Wahrheit der Spekulation zunächst zu erweisen, hier entscheidet sich bereits, ob Verstandesgegensätze wirklich oder nur vermeintlich überwunden sind, und das ist durchaus nicht ein zufälliges, von Polemik diktiertes Exempel, wenngleich Hegel in der Differenzschrift die eigentlich positive Erkenntnis des Absoluten noch deutlich an das ein Jahr zuvor erschienene *System des transzendentalen Idealismus* von Schelling und dessen Postulat der transzendentalen Anschauung anlehnt.

Eine philosophische Logik hätte folglich die Aufgabe, das in den Abstraktionen des Reflektierens geübte, aber nicht wahrgenommene Entgegensetzen als solches zu erfassen. Nicht ist wie bei Bardili die leere Wiederholbarkeit Ein und Desselben nach dem Vorbilde des Rechnens das oberste Gesetz der Logik, sondern *Antinomie* und *Widerspruch*[35]. Der verdeckt vorhandene Gegensatz tritt, ins Extrem des Widerspruchs

---

34 Hegel: *Werke*. Bd. 1. 169, 171, 181 (!).
34a Zur logischen Struktur der Voraussetzung und ihrer Bedeutung für eine dialektische Logik siehe die Bemerkungen im folgenden Aufsatz, S. 63 ff.
35 Ebd. 280, 194.

versetzt, voll hervor und muß sein festes Bestehen aufgeben. Die Reflexion, die auf einem durchgängig vorausgesetzten Gegensatz gründet, kann sich nicht länger im jeweiligen Beziehen einer fixierten Seite auf die andere unentschieden aufhalten und durch solche Beweglichkeit an einem Festen den Schein von Vereinigung erzeugen. Die Auflösung des festen Gegensatzes *im* Widerspruch bringt erst mit der Bewegung, in die das ganze Verhältnis gerät, wirkliche Einheit hervor. Die tiefere Zusammengehörigkeit dessen, was einander gegenüberstand, zeigt sich, indem die Unmöglichkeit des Fortbestehens im Gegensatz nur deutlich macht, daß noch gar keine Einheit da ist. Der im Widerspruch hervortretende Gegensatz des Gegensatzes zur Einheit hebt den Reflexionsschein auf und läßt den Gegensatz als das weitergelten, was er ist, nämlich Gegensatz und *nicht* Einheit, um zugleich mit dieser Bestimmung ihres Gegenteils Einheit zu schaffen. Die formale Struktur bedeutet für die Reflexion, daß das in Akten des Reflektierens aufgehende Denken in Gegensätzen diese Gegensätze denken muß, d. h. sich als verständige Reflexion selber vernichten, um sich als vernünftige Reflexion zu erhalten.

Die Spekulation erfüllt sich logisch mithin im *Begreifen* dessen, was *Reflexion in Wahrheit* ist. Da dasjenige, was Reflexion in Wahrheit ist, nicht unmittelbar bereits ihrem Dasein im Verstandesdenken entspricht, da sie sich als Reflexion nicht erkennt oder nicht auf sich reflektiert, wenn sie reflektiert, zerstört Spekulation deren unmittelbare verständige Formen. Sie nötigt ihnen nämlich durch den Widerspruch den zugrunde liegenden Gegensatz so unerträglich auf, bis Reflexion ihn zu ertragen lernt. In dem Maße, wie Reflexion den Schein von Einheit, der auf stillschweigend vorausgesetzten Gegensätzen beruht, selbst aufzugeben versteht, gewinnt sie die Einheit, die auch den Gegensatz umfaßt, und wird Vernunft. Das Begreifen der Wahrheit der Reflexion ist also das Selbstbegreifen der Reflexion, und das bedeutet die selbsttätige Einsicht in den Derivatcharakter der eigenen, unmittelbar vorhandenen Formen. Nichts anderes aber ist letztlich der Gegenstand der Logik, und zu diesem logischen Selbstverständnis der Spekulation hat Rosenkranz ein wichtiges

Fragment aus Hegels Vorlesungen in Jena mitgeteilt, das folgendermaßen argumentiert.

Wissenschaftliche Philosophie sieht das »unendliche Erkennen oder die Spekulation«, worin sie sich zu bewegen hat, dem »endlichen Erkennen oder der Reflexion« gegenüber und erkennt in der letzteren nur die Abstraktion der ersten und im Gegensatz beider etwas nicht Endgültiges, Unwahres. »Der Gegenstand einer wahren Logik wird also der sein: die Formen der Endlichkeit aufzustellen, und zwar nicht empirisch zusammengerafft, sondern, wie sie aus der Vernunft hervortreten, aber, durch den Verstand der Vernunft beraubt, nur in ihrer Endlichkeit erscheinen. – Sodann müssen die Bestrebungen des Verstandes dargestellt werden, wie er die Vernunft in Produktion einer Identität nachahmt, aber nur eine formelle Identität hervorbringen kann. Um jedoch den Verstand als nachahmend zu erkennen, müssen wir zugleich das Urbild, das er kopiert, den Ausdruck der Vernunft selber immer vorhalten. – Endlich müssen wir die verständigen Formen selbst durch die Vernunft aufheben, zeigen, welche Bedeutung und welchen Gehalt diese endlichen Formen des Erkennens für die Vernunft haben. Die Erkenntnis der Vernunft, insofern sie der Logik angehört, wird also nur ein negatives Erkennen derselben sein. – Ich glaube, daß von dieser spekulativen Seite allein die Logik als Einleitung in die Philosophie dienen kann, insofern sie die endlichen Formen als solche fixiert, indem sie die Reflexion vollständig erkennt und aus dem Wege räumt, daß sie der Spekulation keine Hindernisse in den Weg legt und zugleich das Bild des Absoluten gleichsam in einem Widerschein vorhält, damit vertraut macht [. . .]«[36]

Das vernünftige Begreifen des endlichen Verstandes bedeutet die Überwindung der Selbstsicherheit seiner Reflexionsnatur und im gleichen Zuge die Einräumung der Spekulation. Dies geschieht durch Beziehen der endlichen, d. h. in Entgegensetzung befangenen Formen auf ihr unendliches Urbild und vollständiges Durchmustern aller Formen, herabgesetzt zu endlichen Erscheinungen, die auf diese Weise zugleich das nachgeahmte Unendliche in einem Widerschein zurückgeben.

36 Rosenkranz: *Hegels Leben.* 190 f.; wir vernachlässigen die Hinweise auf den dreiteiligen Aufbau der Logik.

Die Reflexionsformen werden als verselbständigter Schein aufgefaßt[37], der Einheit bloß kopiert und sich in einem formell übersprungenen Gegensatz befindet. So wird es möglich, den Verstand zur Vernunft als seiner eigenen Wahrheit zu bringen, indem logisch der unter der Scheineinheit der Reflexion fortbestehende Gegensatz in denjenigen Gegensatz übersetzt wird, der zwischen Einheit und ihrer Kopie herrscht. Da dies kein echter Gegensatz mehr ist, geht er als Behinderung der spekulativen Einheit unter, um als Gegensatz in bezug auf Einheit erhalten zu bleiben. Mit anderen Worten: die entgegensetzende Reflexion und das Verstandesdenken werden in allen ihren Formen auf die eine Vernunft bezogen, die Totalität der Bezüge erweist die Vernunft nicht als irgendeinen Bezugspunkt, vielmehr als die eigenste Einheit aller dieser Formen und damit umgekehrt die für sich seienden Formen als Abstraktionen. Die zwei Seiten dieses Erweises, das Herstellen wahrer Einheit und die Negation der festgehaltenen Formen, spiegeln den Prozeß der Überführung von Reflexion in Spekulation. Dieses »Denken *des* Denkens«[38], an sich betrachtet, ist indes die Selbstbewegung der Gedankenbestimmungen der Logik. Die Kennzeichnung der Logik als spekulativer Einleitung in Philosophie bezieht sich auf jene Überführung des endlichen in das unendliche Denken als das Erste des wissenschaftlichen Systems und primäre philosophische Leistung. Der Begriff der *Einleitung* wird offenbar noch in einem recht allgemeinen Sinne gebraucht und darf an dieser Stelle wohl nicht von der entfalteten Problematik des späteren Systemverbandes her überbewertet werden.

Wir haben uns oben auf das bei Rosenkranz wiedergegebene Bruchstück zur Logik trotz seiner geringeren Authentizität stützen können, da einmal die erhaltenen Texte aus jener Zeit nichts von vergleichbarer Deutlichkeit zu enthalten scheinen – der Anfang der Manuskripte der *Jenenser Logik* ist bekanntlich verloren –, vor allem aber weil das dort exponierte Selbstverständnis der Logik durchaus auch jenem der späteren Ausarbeitungen entspricht, insbesondere was das

37 Vgl. auch Hegel: *Werke.* Bd. 1. 137, 176.
38 *Enzyklopädie.* § 19.

Verhältnis von Reflexion und Spekulation angeht. So sieht die *Wissenschaft der Logik* den Absprung der spekulativen Erhebung des Denkens zur Vernunft in der antinomischen Zuspitzung der Bestimmungen des reflektierenden Verstandes. Andererseits aber schreckt der Verstand, solange er sich der Philosophie »bemächtigt« hat, vor der Verwicklung in den Widerspruch gerade zurück und versucht gegen die Vernunft die »Meinungen« des gewöhnlichen Bewußtseins und den Standpunkt des gemeinen Menschenverstandes durchzusetzen.[39] »Aber diese Vorurteile, in die Vernunft übergetragen [...], sind sie die Irrtümer, deren durch alle Teile des geistigen und natürlichen Universums durchgeführte Widerlegung die Philosophie ist, oder die vielmehr, weil sie den Eingang in die Philosophie versperren, vor derselben abzulegen sind.«[40]

Ist die spekulative Philosophie in der Gesamtheit des Systems und seiner Teile demnach nichts anderes als die *Widerlegung der Irrtümer* eines absolut gesetzten Reflexionsstandpunktes durch seine Aufhebung in die Wahrheit der Vernunft oder bilden die von ihm produzierten Ansichten, Vorurteile und Meinungen eine *Verstellung der Philosophie,* die zuvor beseitigt werden muß, wenn Philosophie im Ernste soll beginnen können? Die ambivalente Formulierung der *Wissenschaft der Logik* spielt im gleichen Zusammenhang auf die *Phänomenologie des Geistes* an, wenn jene Ansichten und Vorurteile der Eigenart des »erscheinenden« Bewußtseins zugeschrieben werden; jedoch enthält die Alternative der Widerlegung von Irrtümern *durch* die Philosophie bzw. der Ablegung von Vorurteilen *vor* der Philosophie ein offenes Problem, das wir jetzt in der wechselseitigen Differenzierung von Logik und Phänomenologie diskutieren müssen. Wir besinnen uns damit auf die zu Anfang dieses Abschnitts gestellte Frage und versuchen, sie mit der ursprünglichen Thematik der Philosophie als Kritik zusammenzubringen.

Die kritische Aufgabe der Philosophie gegenüber den philosophischen Erscheinungen ihrer Zeit im Gefolge der Bildung hatte der Philosophie selber das Auftreten als spekulatives

39 *Logik.* Bd. 1. 26.
40 Ebd. 25.

System vorzubereiten. Solche Vorbereitung wurde nötig angesichts des geschichtlich herrschend gewordenen Reflexionsdenkens, das auch die zeitgenössischen Entwürfe der Philosophie in ihren Prinzipien präformierte und in dieser Gestalt Ansprüche auf das Gebiet der Philosophie erhob, den Schein von Systemen produzierte, während es in Wirklichkeit die Vereinigung im vernünftigen Denkzusammenhang hintanhielt. Das hierdurch gesteigerte Bedürfnis der Philosophie forderte Spekulation oder wahres Begreifen des vorhandenen Denkens der Reflexion und erfüllte sich in der Logik als dem Denken des Denkens, mit der philosophische Wissenschaft im Sinne des Systems beginnt.

Die Vorurteile oder die Meinungen des gewöhnlichen Denkens, hinter dem sich Reflexion verbirgt, oder auch die Positionen, die der sogenannte gesunde Menschenverstand einnimmt[41], sind nicht dasjenige, womit es Logik zu tun hat. Für sie, die spekulativ denkt, treten jene Vorurteile nur auf, sofern sie in die Vernunft übertragen werden und dort nun die zu widerlegenden Irrtümer der Beharrlichkeit des reflektierenden Verstandes darstellen. Es geht der Logik gar nicht um die Meinungen an sich, sondern um ihre Beseitigung als Hindernis vernünftiger Spekulation. Die philosophische Wissenschaft der Logik verbindet mit dem unwissenschaftlichen Bewußtsein ganz allgemein nur den Verstand und das Denken überhaupt[42], wobei die überlegene Wissenschaft dem Verstande seine relative Bedeutung für die Vernunft zuweist, die Züge eines sich aufspreizenden Verstandes aber einfach vernichtet. Damit schlägt sie freilich bloß nieder, was das primäre Denken, ganz unabhängig von der Wissenschaft und ohne Kenntnis seiner Rolle in derselben, über sich vermeint.[43] Das Denken des unwissenschaftlichen Bewußtseins ist nämlich *auf unmittelbare Weise für sich* und daher gegenüber dem absoluten Fürsichsein der Wissenschaft durchaus *selbständig*. Der spekulativen Bewegung gilt diese Selbständigkeit nur als Erstarrung und Hemmnis, sie verhält sich dem-

41 Vgl. *Differenz* ... (*Werke*. Bd. 1. 183 ff.) und die Krug-Rezension *Wie der gemeine Menschenverstand die Philosophie nehme* (Bd. 16. 50 ff.).
42 *Phän.* 17.
43 Vgl. ebd. 25, 67.

nach ihr gegenüber auch nur negativ. Sie schafft sich ihre eigene Selbständigkeit auf Kosten der Selbständigkeit des vor ihr vorhandenen Denkens. Die Selbständigkeit der Wissenschaft bleibt daher abstrakt, solange das unwissenschaftliche Bewußtsein wiederum ihr gegenüber auf seiner unmittelbaren Gewißheit beharren kann; und in der Tat kehrt es hierzu ja unter den alten Klagen über die Abstraktheit aller Wissenschaft und Philosophie regelmäßig zurück.

Diese Situation ist offenkundig für das unwissenschaftliche Bewußtsein weniger prekär als für die Wissenschaft, da es ohne sie sehr wohl auskommt, nicht aber umgekehrt. Nur um den Preis fortdauernder Abstraktheit und beständiger Verunsicherung ihres eigenen Ansatzes kann Philosophie sich diesen Tatbestand verheimlichen. Wenn Philosophie mit dem Anspruch auf Wissenschaftlichkeit dem unabhängig von ihr existierenden Denken anfänglich gegenübertritt, so darf solcher Anspruch sich nicht auf das einseitige Wissen gründen, die fremde Selbständigkeit für sich aufgehoben zu haben, und ebensowenig auf die tautologische Behauptung, diese Einsicht werde jedermann zuteil, vorausgesetzt, er begäbe sich auf denselben Standpunkt und dächte, wie die Philosophie denkt. Das überlegene Wissen, das Philosophie nur für sich und gegen das unwissenschaftliche Bewußtsein hat, trägt ideologischen Charakter.

Die Gefahr der Abstraktheit und Verzerrung wird nun dadurch nicht geringer, daß Philosophie die Selbständigkeit des Bewußtseins zwar anerkennt, aber gleichzeitig zur schlichten, auf Wissenschaftlichkeit bereits angelegten Naivität umdeutet. Was das Bewußtsein von der Wissenschaft unterscheidet, reduziert sich somit auf die Unvollkommenheit der Ausbildung. Ist die Selbständigkeit des Bewußtseins für die Wissenschaft nun noch ein Problem, so allein in der Form einer vom Bewußtsein erhobenen Forderung, ihm sei, wenn es schon nicht Wissenschaft ist, wenigstens der Weg zu dieser zu zeigen.[44] Freilich hat die Selbstinterpretation der *Phänomenologie des Geistes* dieser Auffassung Vorschub geleistet, und man liest die *Phänomenologie* gemeinhin als den von

44 Ebd. 17, 25.

der Wissenschaft dem unwissenschaftlichen Bewußtsein ge-
wiesenen Weg in sie oder als eine Einleitung[45], die dem gewöhnlichen Bewußtsein die Notwendigkeit des philosophischen Standpunkts andemonstriert. – Indes enthält diese Les-
art eine Schwierigkeit, falls sie als gegeben ein gleichgültiges
Nebeneinanderbestehen von einer durch die Unwissenschaft-
lichkeit des Bewußtseins nicht betroffenen Wissenschaft und
einem auf Wissenschaft angelegten Bewußtsein unterstellt,
das nur der Hinleitung bedarf. Ein derartiges Modell übersieht die Bedeutung, welche eine phänomenologische Auseinandersetzung mit dem Bewußtsein nicht nur für dessen Wis-
senschaftlichwerden und auch nicht allein für den an ihm
vollzogenen Nachweis der Notwendigkeit eines an sich bereits vorhandenen, philosophischen Standpunkts besitzt, sondern für das *Gewinnen* dieses Standpunkts überhaupt und
damit das Sein der Wissenschaft als Wissenschaft.
Entscheidend ist nämlich, daß das Verhältnis von unwissen-
schaftlichem Bewußtsein und Wissenschaft als eine Opposition beschrieben wird, in der jede Seite für die andere das
»*Verkehrte*« zu sein scheint[46], so daß eine Entscheidung
über Wahrheit oder Unwahrheit auf dieser Stufe nicht ohne
weiteres möglich oder höchstens willkürlich zu fällen ist. Die
Selbständigkeit des gewöhnlichen Denkens muß als eine kon-
kurrierende Macht ernstgenommen werden, der gegenüber es
nicht genügt, wenn die Wissenschaft für sich selber die Unwahrheit der anderen Seite aufhebt, indem sie dem dort vorhandenen Denken einen logischen Stellenwert in der Bewegung des eigenen Begriffs zuweist. Ebensowenig ist angesichts
der konkurrierenden Macht selbständiger Positionen der Versuch einer schlichten Hinleitung auf das Niveau des absoluten
Wissens am Platze, die einen in seiner Wahrheit unberührten
philosophischen Standpunkt und ein williges »plastisches«
Bewußtsein voraussetzte. Vielmehr muß es gelingen, das fak-

---

45 Fulda (s. o. Anm. 11) hat diese These umfassend in ihren systematischen Implikationen erörtert und sich dabei vor allem an der späteren,
in der Logik und Enzyklopädie vertretenen Deutung der Phänomenologie
als Nachweis der Notwendigkeit des von philosophischer Wissenschaft
eingenommenen Standpunkts orientiert. (S. *Logik*. Bd. 1. 29 f.; *Enzyklopädie*. § 25 A.).
46 *Phän*. 25, s. auch 67.

tisch herrschende *Oppositionsverhältnis* zwischen Wissenschaft und konkurrierenden Positionen abzubauen, denn
dieser Gegensatz ist künstlich[47]. Solange die eine Seite
in der anderen nur das Verkehrte sehen kann, obwaltet ein
*Schein, der den Einsatz wissenschaftlicher Philosophie schlecht-
hin beirrt.* Philosophie muß sich dieses Scheines erwehren und
die entgegenstehenden Positionen zu einer Erscheinung ihrer
selbst depotenzieren, d. h. sie muß auf den Schein eingehen
und das Bewußtsein zur Aufgabe seiner Positionen nötigen,
nicht um des Bewußtseins und seiner wissenschaftlichen Belehrung bzw. Überzeugung willen, sondern um ihrer eigenen
Möglichkeit als Philosophie willen.

In dem Grade, in dem die Opposition, der Philosophie sich
zunächst gegenübersieht, von sich aus nachläßt, wird der
Raum für Wissenschaft frei. Daß die Prätentionen und For-
derungen, die der Wissenschaft unmittelbar vorgehalten werden, allmählich zurückweichen, geht nicht auf einen Tribut
zurück, den Wissenschaft ihnen in Anerkennung ihrer Berechtigung zollt, um sie zufriedenzustellen. Im Gegenteil ist es
die Probe auf die wahre Überlegenheit der philosophischen
Wissenschaft, daß sie es versteht, den *Zweifel,* den sie selber
in die Berechtigung der Ansprüche setzt, auch den jeweiligen Positionen zuzumuten, die solche Ansprüche vertreten.
Von der Seite des gewöhnlichen Denkens und des Bewußtseins wird somit derselbe Prozeß als »sich vollbringender
Skeptizismus«[48] zu beschreiben sein, der hinsichtlich der philosophischen Wissenschaft als phänomenologische »Vorbereitung«[49] den wahren Standpunkt des Geistes erst eröffnet.
Bis dahin manifestiert Philosophie sich nur als kritische Aus-

47 Vgl. *Jenenser Realphilosophie* I. Hrsg. v. J. Hoffmeister. Leipzig
1932. 266: Anm. II zum Fragment »Die Wissenschaft«.
48 *Phän.* 67 f. – Der Gedanke ist schon in Hegels Habilitationsthesen
von 1801 enthalten: »VI. Idea est synthesis infiniti et finiti et philosophia
omnis est in ideis. VII. Philosophia critica caret ideis et *imperfecta est
Scepticismi forma.*« (Rosenkranz: *Hegels Leben.* 158 f.) – Ähnlich nennt
die Differenzschrift eine der Spielarten einer Philosophie, in der sich das
philosophische Bedürfnis nicht wirklich erfüllt, »echten Skeptizismus«
(*Werke.* Bd. 1. 295 f.). S. auch den Aufsatz *Verhältnis des Skeptizismus
zur Philosophie,* (Bd. 16, bes. 98, 106 f. u. 81, 85) sowie *Enzyklopädie*
§§ 78, 81 A.
49 *Phän.* 31.

einandersetzung mit dem Schein einer Opposition, worin sie sich dem Bewußtsein gegenüber befindet, und ihr Wissenschaftscharakter äußert sich dabei höchstens formal als methodische Notwendigkeit[50].

Zur phänomenologischen Struktur

Mit der Hervorhebung der Rolle, welche die phänomenologische Auseinandersetzung mit dem unwissenschaftlichen Bewußtsein für das Selbstsein der Wissenschaft spielt, sind mehrere Fragen konkreter Analyse der *Phänomenologie* aufgeworfen, die wir keineswegs alle zureichend werden beantworten können. Fürs erste haben wir bislang reichlich allgemein von den der Philosophie entgegenstehenden Positionen gesprochen und sie das gewöhnliche, vorhandene Denken oder auch das Bewußtsein genannt. Diese Charakterisierung bedarf der Klärung. Für Hegel ist das Medium der Philosophie der Geist, und folglich sind die mit Philosophie konkurrierenden Formen mittels entsprechender Kategorien, wenngleich in uneigentlichem Sinne zu bestimmen. Was dasjenige ist, das da der Philosophie gegenübersteht, muß von der Art des Geistes sein, und zwar in einem spezifischen Modus von Unwahrheit. Ontologisch werden jene konkurrierenden Formen angesehen als erste *unmittelbare Existenz des Geistes*, so daß sie sich von Anfang an als Erscheinung beziehen lassen auf die totale Selbstvermitteltheit, in der es der philosophischen Wissenschaft erst möglich wird, sich frei zu bewegen. Die »Philosophie des Geistes« aus dem enzyklopädischen Zusammenhang der Realphilosophie[51] hat die systematischen Mittel und Materialien geliefert, mit deren Hilfe sich die der Wissenschaft entgegenstehenden Positionen unter dem ontologischen Präjudiz, Geist zu sein, interpretieren und kritisieren lassen. Ihr in der Opposition und Konkurrenz zur philosophischen Wissenschaft fixierter Scheincharakter[52] wird nunmehr auflösbar in das Reflexionsverhältnis der Erschei-

50 Ebd. 74.
51 Vgl. *Jenenser Realphilosophie I*, 195 ff., bes. 201 f.
52 Z. B. *Phän.* 314.

nung, worein der absolut bei sich seiende Geist sich zerlegt hat, sofern er in der Weise der Unmittelbarkeit da, und d. h. unwahrer Geist ist.

Der erscheinende Geist heißt *Bewußtsein,* und hierunter sind die verschiedenen, bereits aufgetauchten Formen unseres gewöhnlichen Denkens, des gesunden Menschenverstandes, der Bildung sowie die entsprechenden Philosopheme, die von einem Bildungsstand je abhängigen, unvollkommenen Systemansätze[53] subsumiert. Die Inhaltlichkeit der Strukturanalyse eines Bewußtseins, das stets Wissen von etwas ist, nämlich Bewußtsein eines Gegenstands und Bewußtsein seiner selbst, verführt dazu, die eigentliche Funktion des Bewußtseinsbegriffs der Phänomenologie zu vergessen[54]. Nicht soll nämlich, wie innerhalb der Geistphilosophie der *Enzyklopädie,* positiv entwickelt werden, was Bewußtsein in Wahrheit ist – dies käme seiner sachlichen Überführung in den Geist gleich[55] –, vielmehr soll allen Formen des Bewußtseins jeweils selbst die Unwahrheit, die in ihrem eigenen Selbstverständnis liegt, nachgewiesen werden. Mithin muß das Bewußtsein den in seiner puren unkritisierten Existenz gründenden Schein der Andersheit gegenüber dem Geist ablegen und gibt, als dessen Erscheinung aufgefaßt, die vermeintliche Selbständigkeit zugunsten des Hervortretens seines wahren geistigen Wesens auf, so daß nun erst das Niveau erreicht ist, wo eine Wissenschaft des Geistes statthat.[56]

Wenn diese Abhebung des Bewußtseinsbegriffs im Sinne spekulativer Geistphilosophie von seiner phänomenologischen Funktion gilt, dann ergeben sich hinsichtlich der Phänomenologie daraus gewichtige methodische Probleme. Man übersieht diese Probleme leicht, besonders dann, wenn man sich vorwiegend im reichen Material der *Phänomenologie des Geistes* aufhält und darüber immanent räsonniert. Das *phänomenologische Verfahren* kann zunächst einmal als kritisches nicht schlechthin mit dem spekulativen gleichgesetzt

53 Vgl. etwa *Enzyklopädie* § 415 A.
54 Bereits an dem Kapitel »Phänomenologie des Geistes oder Wissenschaft des Bewußtseins« der Nürnberger Propädeutik zu beobachten.
55 Vgl. *Enzyklopädie* § 387 A.
56 Vgl. *Phän.* 75.

werden, das die Logik paradigmatisch exponiert. Doch auf welche Weise läßt sich eine Differenz noch angeben, wenn die wissenschaftliche Philosophie doch wesentlich Spekulation übt?[57] Meist wird nach einer Korrespondenz logischer und phänomenologischer Bestimmungen gesucht, um dieser Frage zu begegnen. Wenn es also darum geht, in einer allgemeinen Orientierung die den Gang der Phänomenologie leitende Begrifflichkeit auf die reinen Gedankenbestimmungen der Logik abzubilden, wird man sich zunächst auf die *Logik des Wesens* als des in das Andere der Reflexion übergegangenen Seins besinnen.[58] In der Tat scheint sich die phänomenologische Bewegung in der Sphäre der Einheit von Ansich- und Fürsichsein abzuspielen. Freilich wird sogleich deutlich, daß damit äußerst wenig gesagt ist, insofern sich nämlich einer

57 Dazu hat H. F. Fulda scharfsinnige Überlegungen angestellt. Er geht in der Hauptsache aus von dem bekannten Satz am Ende der Phänomenologie, daß jedem abstrakten Moment der Wissenschaft eine Gestalt des erscheinenden Geistes entspreche (*Phän.* 562). Während er ursprünglich diese Frage auf die der Phänomenologie von 1807 folgende Nürnberger Logik innerhalb der Propädeutik beziehen wollte (*Problem einer Einleitung . . .* 142 ff.), da die erhaltene Jenenser Logik von 1804 bei der Abfassung der Phänomenologie nicht mehr verbindlich gewesen sei, hat er inzwischen diese »etwas schematische« Bezugnahme revidiert (*Zur Logik der Phänomenologie von 1807.* In: *Hegel-Studien.* Beiheft 3, 1966, bes. 98 f.) und sucht gegenüber der spekulativen Logik dem spezifisch Logischen der Phänomenologie nun durch konkretere Einsicht in ihre Technik und methodische Gestalt beizukommen. Das läuft insgesamt auf eine subtile Ausdeutung jenes Begriffs der *Entsprechung* hinaus. – Der Ansatz bei einer Untersuchung der Formalstruktur der Phänomenologie scheint auch mir der richtige zu sein. Es fragt sich allerdings, ob man das Urteil auf eine resümierende, formelhafte Bemerkung gründen sollte, wie jenen Satz aus dem Schlußkapitel der Phänomenologie, der, im letzten Stadium der Niederschrift entstanden, eine Art Beschluß des Ganzen und zugleich Ausblick auf die folgende Wissenschaft darstellen sollte. Kurz, die Frage nach der Logizität der Phänomenologie ist durch ihre Instrumentierung am Modell einer Entsprechung zur Wissenschaft der Logik im allgemeinen oder einer ihrer Ausführungen abstrakt verengt, ohne sehr viel weiter zu führen (dazu jedoch Fulda: *Zur Logik . . .* 79 f.). – Der bislang gründlichste Versuch, hinter jeder Gestalt der Phänomenologie ein entsprechendes Moment der Logik aufzuspüren, stieß nicht zufällig nach dem dritten Kapitel der Phänomenologie auf seine Grenze; s. W. Purpus: *Zur Dialektik des Bewußtseins nach Hegel.* Berlin 1908 (eine erste Durchführung von 1905 beschränkte sich auf die »sinnliche Gewißheit«).

58 *Enzyklopädie* § 414.

Applikation der einzelnen Momente größte Schwierigkeiten in den Weg stellen. Zwar hat Hegel das Reich der Bewußtseinsgestalten im genannten Sinne als Erscheinungen auf die Wahrheit des Geistes bezogen. Angesichts dessen trägt aber gerade der reine Relationsbegriff einer Entsprechung zu Momenten der Logik oder Teilen des wissenschaftlichen Systems wenig zur Kennzeichnung des Spezifischen der Phänomenologie und ihres Verfahrens bei.

Der Zugang zur methodischen Struktur der Phänomenologie würde sich viel eher einer Aufmerksamkeit auf die Funktion phänomenologischer Kritik im Hinblick auf das System ergeben. Geht man demnach von der Konzeption einer phänomenologischen *Vorbereitung* der Wissenschaft aus, so liegt das Gewicht der Leistung, die von der Phänomenologie zu erwarten ist, auf der Kritik der sich gegenüber wissenschaftlicher Philosophie selbständig dünkenden Bewußtseinsstandpunkte und dem Abbau des unechten Oppositionsverhältnisses. Zu diesem Zwecke müssen das Selbstverständnis und die Meinung des jeweiligen Bewußtseins ernst genommen und angehört werden[59], während die Spekulation beides in der Bewegung vernünftigen Wissens vernichtete und untergehen ließ. Die einzelnen phänomenologischen Gestalten, die sich stets überschwenglich im Sinne einer Totalität auslegen und je beanspruchen, die Wahrheit zu sein, sollen auch tatsächlich zum Vorschein kommen, damit die Kritik ihren vollen Gegenstand findet. Das darstellende Verfahren im Fortgang der Phänomenologie besitzt insofern zu Anfang regelmäßig einen statischen Zug, dem dann eine ruckartige Bewegung durch Umspringen des Blickpunkts die Waage hält. Das zunächst entfaltete Selbstverständnis eines Bewußtseinsstandpunkts wird *unserer* Reflexion als derjenigen des Betrachters unterzogen, oder: das Für-es des Bewußtseins wird daraufhin untersucht, was an sich daran ist und für uns Geltung hat.

In Ansehung des Wissens heißt das Für-es *Gewißheit,* das An-sich *Wahrheit,* während die das Bewußtsein konstituierende Nichtkoinzidenz beider im Begriff der *Meinung* zu fas-

---

59 Vgl. in diesem Zusammenhang auch R. Wiehl: *Der Sinn der sinnlichen Gewißheit.* In: *Hegel-Studien.* Beiheft 3.

sen ist. Das Erkennen der Nichtkoinzidenz heißt dem Bewußtsein *Erfahrung*. Das etwas wissende Bewußtsein muß dieses von ihm verschiedene Etwas, auf das es sich als auf das Wahre und Ansichseiende verlegt hatte, als seinen eigenen Gegenstand reflektieren; doch war gerade das nicht der Sinn von Gegenstand, den es ursprünglich meinte. Der erfahrene Verlust des ansichseienden Gegenstands bedeutet eine Korrektur der Meinung und also eine Vermittlung von Wahrheit und Gewißheit, bzw. einen Schritt, in dem das Ansich für es wird.

Allerdings fällt solches durch Erfahrung verbesserte Wissen sogleich wieder dem *Vergessen* anheim[60]; damit ist in der Sprache des Bewußtseins nicht mehr beschrieben als die erneute Unmittelbarkeit eines Standpunkts, und wiederum hat die phänomenologische Methode ihn als das zu nehmen, was er qua Bewußtsein ist: seiner selbst gewisses Vermeinen des Wahren. Auch hier wird die Reflexion seitens der Phänomenologie für uns das an sich vorliegende Verhältnis klären, um die Überwindung des Zwiespalts zwischen dem, was an sich das Wahre ist, und dem, was das Bewußtsein dafür hält, einer Erfahrung zu überlassen, die das Bewußtsein an sich selber macht. Dieser Prozeß setzt sich fort, solange weitere Standpunkte des Bewußtseins im Sinne des Vergessens bereits gemachter Erfahrung einzunehmen möglich sind. Diese Möglichkeit endet da, wo Gewißheit und Wahrheit zusammenfallen, weil das Bewußtsein sich auf keine anderen Gegenstände mehr verlegen kann als auf sich selbst.[61] Mit der Widerlegung des Bewußtseins aus sich ist ein absolutes Niveau des Wissens erreicht, auf welchem philosophische Wissenschaft ungehindert als sie selber beginnen kann, insofern es ein Bewußtsein, das sich von ihr unterschiede, nicht mehr gibt.

Die Leistung der phänomenologischen Methode besteht also darin, einem Bewußtsein, dem anfänglich sein auf Gewißheit und Versicherung[62] gegründetes Recht eingeräumt wird, die Reflexion, die ursprünglich namens des phänomenologi-

60 Z. B. *Phän.* 86, 94, 127 f., 177.
61 Vgl. *Jenenser Realphilosophie I*, 267.
62 Z. B. *Phän.* 177 f.

schen Betrachters geübt wird, selber anzusinnen. Das Bewußtsein vollzieht diejenige Reflexion für sich, die von der Phänomenologie an es bereits herangebracht wurde. Der unmittelbare Anschein der *Äußerlichkeit* phänomenologischer Reflexion verschwindet sukzessive durch die Identifizierung, in welcher der erste Standpunkt des Bewußtseins in den Standpunkt des phänomenologischen Betrachters übergeht. Nun war der phänomenologische Standpunkt nur insofern überhaupt ein Standpunkt, als das Bewußtsein ihm gegenüber seinen eigenen Standpunkt bezog und damit das Auftreten philosophischer Wissenschaft in den Schein eines Oppositionsverhältnisses von Standpunkten verwickelt wurde. In Wirklichkeit verbirgt sich hinter dem, was unmittelbar wie ein phänomenologischer Standpunkt aussieht, die sich selber vorbereitende Philosophie, und der phänomenologische Modus, in dem Philosophie zunächst auftritt, verliert um so mehr den Charakter eines Standpunkts, als die beschriebene Identifikation des Bewußtseinsstandpunkts damit realisiert ist. Die Überführung der Standpunkte läßt schließlich nur noch einen Standpunkt, den des absoluten Wissens, übrig; freilich ist das eigentlich kein Standpunkt mehr, sondern die voll in Erscheinung getretene Philosophie.[63]

Ist schon der phänomenologische Standpunkt unwahr und hat nur Geltung mit Rücksicht auf sein Gegenüber, so ist dieses, der entgegengesetzte Bewußtseinsstandpunkt, nicht minder unwahr und nur der Ausdruck der nicht vollzogenen Reflexion und des sich breitmachenden Meinens und Behauptens. Die nicht vollzogene Reflexion bedeutet die bloße Gewißheit oder die Unmittelbarkeit des Für-es des Bewußtseins und ist die *Form,* in die mannigfache Inhalte eingehen können, deren man unterschiedslos gewiß ist. Das an ein beliebiges Etwas verlorene Gewißsein des Bewußtseins wird mit der leeren, unbestimmten *Andersheit* all jener Inhalte er-

63 Neuerdings hat J. Habermas (*Erkenntnis und Interesse,* Frankfurt 1968, 30 f.) die oft geäußerte Skepsis gegen einen in der Phänomenologie dogmatisch vorausgesetzten Endpunkt eines »absoluten Wissens« nachdrücklich wiederholt, ohne zu bemerken, daß er eine vom Maßstab philosophischen Wissens isolierte Phänomenologie gerade der kritischen Möglichkeiten beraubt, um derentwillen er sich auf sie beruft. Vgl. dazu meine oben (Anm. 25) genannte Arbeit: *Was ist Kritische Theorie?*

kauft. Aus der Unvermitteltheit der Inhalte mit der bloßen Form der Gewißheit resultiert jeweils ein dogmatisierter Standpunkt, der, insoweit er alle Wahrheit bei sich glaubt, das ihm zugrunde liegende Verhältnis des Bewußtseins zum Gegenstand verkennt. Der Vollzug der Reflexion auf das An-sich, die der phänomenologische Betrachter vorexerzierte, befreit das konstitutive Für-es von der Unmittelbarkeit und setzt gegen die Beharrlichkeit eines Standpunkts die eigentliche Reflexionsnatur des Bewußtseins durch. Auf Kosten seines fixierten Scheins wird das Bewußtsein, was es ist, nämlich Reflexion. Die Wahrheit des Bewußtseins liegt nicht im Selbsterkennen einer bestimmten Gestalt, sondern in der durch alle Formen der Unmittelbarkeit bei Zerstörung aller festen Standpunkte hindurch verfolgten Möglichkeit des Fürsichwerdens. Das Bewußtsein erkennt, daß es Reflexion ist, und ist damit nicht länger bloß eine ihrer Gestalten.

Der Vollzug der Reflexion, womit das Bewußtsein sich in sein Wesen bringt, ist jedoch gleichzeitig die Anerkennung der Reflexion, die seitens des phänomenologischen Standpunkts bereits vorliegt. Falls das Bewußtsein die Reflexion vollzieht und sich aus seinem Standpunkt löst, gleicht es sich folglich einem Standpunkt an, der mit eben jener Unmittelbarkeit zunächst als der phänomenologische bezeichnet wurde. *Ein und dieselbe Reflexion, auf verschiedene Standpunkte verteilt,* erweist das Scheinhafte in deren Gegensatz. Die Standpunkte haben nicht länger Geltung in sich, sondern relativ zu jener Reflexion, die in ihnen erscheint. Die Entgegensetzung ist also hier nicht die Form, deren ein Reflexionsdenken sich bedient, bis es selber von der Spekulation in eben diese Form gebracht wird und antinomisch Einheit bekennt. In phänomenologischer Methode ist der Gegensatz vielmehr die Form, die eine einheitliche Reflexion annimmt, um einem Denken, das mehr zu sein vermeint, sein Wesen zurückzugeben und seine falschen Prätentionen zu nehmen. Mit anderen Worten: *dem Bewußtsein wird sein Wesen auf seinem eigenen Niveau klargemacht.* Was Reflexion ist, zeigt sich noch völlig unter dem Vorzeichen der für Reflexion charakteristischen Entgegensetzung, wenngleich alles in Gegensätzen fixierte Denken dabei aufgehoben und über sich belehrt wird. Freilich liegt gerade hier die Differenz zum vernünftig-spekulativen Begreifen der Reflexion, wie wir es anhand der Logik beschrieben haben. Die Möglichkeit, sich auf eine ihr selber gerade nicht eigentümliche Denkform einzustellen, gestattet es der Philosophie, den Kontakt mit vorhandenen Reflexionsgestalten zu wahren, ohne sich deren Stil zu unterwerfen, und zugleich eine Distanz zu sichern, ohne in falscher Opposition zu erstarren.

Dem Bewußtsein, das sich seine Reflexionsnatur durch unmittelbaren Ausbau von Positionen verbirgt, dem Bewußtsein also der Bildung, wie wir sie eingangs erörterten, tritt Philosophie in der Weise seines ihm eigentümlichen Denkens als Reflexion gegenüber. Vor der eigenen Wahrheit, die ihm so gegenübertritt, vermag das Bewußtsein Standpunkte, die ein fremdes Gegenüber und einen festen Gegensatz voraussetzen, nicht länger zu halten. Die phänomenologische Kritik der einzelnen Bewußtseinsgestalten ist der Weg, auf dem Philosophie einem versteiften und der Selbsterkenntnis unfähigen Bewußtsein dazu verhilft zu sein, was es ist, nämlich Reflexion, weil sie nur so sich selber, der Philosophie, die Möglichkeit bereiten kann zu sein, was sie ist, nämlich Spekulation. Unter dem Titel der Phänomenologie erscheint Spekulation als Reflexion, weil sie anders nicht das vorhandene Denken treffen und den Schein, als der es im Bewußtsein und dessen Standpunkten vorherrscht, zur Erscheinung ihrer selbst herabsetzen kann. Befreiung vom Schein heißt deshalb gerade soviel wie die *Unfähigkeit der Philosophie, sich ohne ausdrücklichen Bezug auf vorhandenes Denken oder den Geist der Zeit zu definieren.*[64] Es ist diese Hegelsche Einsicht, die sich in der *Phänomenologie des Geistes* verwirklicht.

64 S. meinen systematischen Versuch, der an diese Überlegungen anknüpft: *Philosophie ist ihre Zeit in Gedanken erfaßt,* zuerst erschienen als Beitrag zur Gadamer-Festschrift (*Hermeneutik und Dialektik* I, Tübingen 1970).

Logik und Kapital

Zur Methode einer ›Kritik der politischen Ökonomie‹

> πυρὸς ἀνταμοιβὴ τὰ πάντα
> καὶ πῦρ ἁπάντων ὅκωσπερ
> χρυσοῦ χρήματα καὶ
> χρημάτων χρυσός.
> Heraklit, Fragment 90

Mitten in der Arbeit an seiner Kritik der politischen Ökonomie schreibt Karl Marx aus Anlaß eines Buches von Ferdinand Lassalle an Friedrich Engels das Folgende. »Es kommt ein Spruch des ›Herakleitos des Dunkeln‹ vor, wo er, um das Umschlagen aller Dinge in ihr Gegenteil klarzumachen, sagt: ›So verwandelt sich Gold in alle Dinge, und alle Dinge verwandeln sich in Gold‹. Gold, sagt Lassalle, ist Geld hier (c'est juste) und Geld Wert. Also das Ideelle, Allgemeinheit, Eine (Wert), und die Dinge das Reelle, Besonderheit, Viele.« Marx fügt hinzu: »Ich sehe [...], daß der Kerl vorhat, die politische Ökonomie hegelsch vorzutragen [...]. Er wird zu seinem Schaden kennen lernen, daß es ein ganz anderes Ding ist, durch Kritik eine Wissenschaft erst auf den Punkt zu bringen, um sie dialektisch darstellen zu können, als ein abstraktes, fertiges System der Logik auf Ahnungen eben eines solchen Systems anzuwenden.«[1]
Damit ist zweierlei gesagt. Einmal wird bekräftigt, daß die

[1] Brief vom 1. 2. 1858. Im *Kapital* taucht das Heraklit-Zitat wieder auf: I 120 (*MEW* 23). Bei dem Buch von Lassalle (*Die Philosophie Herakleitos des Dunklen von Ephesos,* 1858) handelt es sich um die Ausarbeitung eines Manuskripts, das als Doktorarbeit geplant war, aber bereits 1846 abgebrochen wurde und zu dessen Redaktion Lassalle wegen seiner politischen und juristischen Tätigkeit erst später Zeit fand.
Lenin exzerpiert die von Marx angesprochene Stelle aus Lassalles Buch und bemerkt dazu: »Bei dieser Gelegenheit spricht L. über den Wert (und über die Funktion des Geldes), wobei er ihn auf hegelsche Art (als ›herausgesetzte abstrakte Einheit‹) entwickelt und hinzufügt: ... Daß diese Einheit, das Geld, nichts Wirkliches, sondern etwas nur Ideelles ist, ...« – falsch (Idealismus von Lassalle).« (*Phil. Hefte, Werke* 38, 325). – Wie die später veröffentlichten Manuskripte der Jenenser Realphilosophie Hegels zeigen, hat Hegel selber in seinem Begriff des Geldes keinem fal-

ökonomische Untersuchung dialektisch vorzugehen habe. Zum andern aber wird die Voraussetzung eines solchen Verfahrens in der Kritik des vorgefundenen Zustands der ökonomischen Wissenschaft gesehen. Zwischen beiden Seiten, der dialektischen Darstellung und der Kritik der Wissenschaft, herrscht ein nicht voll geklärtes Verhältnis, um dessen zureichende Bestimmung neuerdings wieder eine lebhafte Diskussion entbrannt ist.[2] Die Diskussion um die logische Struktur von Marx' *Kapital* setzt das Buch regelmäßig in eine Beziehung zur *Logik* Hegels. Dabei werden einige bekannte Äußerungen von Marx[3] und auch von Lenin über die methodisch bedeutsame Rolle der spekulativen Logik für die Analyse der sozial-ökonomischen Wirklichkeit des Kapitalismus in Erinnerung gebracht. Freilich ist es bei derlei Hinweisen weitgehend geblieben und eine wirklich begriffliche Klärung des Verhältnisses von Logik und Kapital steht noch aus. Dazu können auch an dieser Stelle nur einige recht allgemeine Überlegungen angestellt werden.

System und Kritik

Geht man von der Erklärung in der genannten Briefnotiz aus, so scheint zumindest sicher, daß die dialektische Darstellung der ökonomischen Sachverhalte nicht der äußeren An-

schen Idealismus gehuldigt. Er bestimmt die in der Bewegung des Tauschs sich herstellende Allgemeinheit, die von Produzieren, Gebrauch, Bedürfnis absieht, als die abstrakte Einheit des Wertes, der als Geld dingliches Dasein gewinnt (*Jen. Realphil.* I 238 f., II 256 f., Leipzig 1932).
2 Genannt seien die Arbeiten von J. Zelený, *Die Wissenschaftslogik und ›Das Kapital‹*, Frankfurt 1969; M. M. Rosental, *Die dialektische Methode der politischen Ökonomie bei K. Marx*, Berlin 1969; H. Reichelt, *Die logische Struktur des Kapitalbegriffs von K. Marx*, Frankfurt 1970, die freilich unterschiedliches Gewicht besitzen. – Soeben erscheint von W. Becker eine *Kritik der marxschen Wertlehre* (Hamburg 1972), auf deren Voraussetzungen und Motiv ich hier nicht eingehen kann. Die im Vorwort angekündigte Auseinandersetzung mit Marx' Behandlung der Dialektik beschränkt sich leider auf ein knappes Verdikt (65 ff.).
3 So das Nachwort zur 2. Aufl. des *Kapitals*, Briefe an Engels vom 14. 1. 1858, 11. 1. und 7. 11. 1868, an Kugelmann vom 6. 3. 1868, 27. 6. 1870, s. a. Brief an Lassalle vom 22. 2. 1858.

wendung eines logischen Instrumentariums auf gegebenes Material entspringt. Die Kritik der politischen Ökonomie ist etwas anderes als die Projektion spekulativer Logik auf inhaltliche Kategorien. Es geht also nicht um eine Art Hegelianisierung von Ricardo[4]. Das gilt es auch im Auge zu behalten angesichts zahlreicher Stellen in Marxschen Texten, wo ökonomische Terminologie in dialektischem Gewande erscheint. Die bloße Benutzung hegelscher Schlüsselvokabeln und dialektischer Redefiguren hat häufig die rhetorische Funktion des Paradoxon, der Ironie, der Didaktik und beweist für die genuine Logik des *Kapital* als Kritik der politischen Ökonomie daher noch nicht allzuviel.

Die ökonomischen Lehrgehalte sollen nicht nur in dialektischer Sprache angeboten werden. Eher sieht es so aus, als fiele die Kritik, die eine Wissenschaft auf den Punkt bringt, wo deren dialektische Darstellung möglich wird, mit einer solchen Darstellung in Gestalt eines Systems zusammen. Der Anspruch würde dann lauten, daß die Kritik der vorliegenden Entwürfe politischer Ökonomie überhaupt erst Ökonomie als eine systematische Wissenschaft durchführt. Die Kritik greift also nicht von außen ein und trägt entsprechende Maßstäbe, über die sie allein verfügt, heran, um damit den Stoff zu sichten und entwickelte, historisch vorliegende Theorien zurechtzurücken. Die geübte Kritik organisiert das Material vielmehr so, daß es systematischer Darstellung fähig wird und die Bedingungen von Wissenschaft erfüllt.

Der traditionelle Begriff des Systematischen ist gekennzeichnet durch Universalität und methodische Selbstgewißheit. Aber solche Maßstäbe stehen offenkundig nicht einfach abrufbar zur Anwendung bereit, sondern kommen erst durch die kritische Perspektive wirklich ins Spiel. Die Kritik der politischen Ökonomie wäre folglich identisch mit einer systematischen Wissenschaft der sozialen und ökonomischen Realität. Diese Gleichsetzung muß überraschen, denn aufgrund der methodischen Überlegung erscheint das kritische Moment über die Stellung eines bloßen Appendix zur dogmatischen Abhandlung der Volkswirtschaftslehre hinausge-

4 Vgl. die Kritik, die Marx in diesem Sinne an Proudhon übt: *Das Elend der Philosophie*, 1847, bes. II § 1.

hoben. Kritik tritt ins Zentrum der inhaltlichen Darstellung selber.

Wenn das aber gilt, so muß man annehmen, daß jene Lehrstücke politischer Ökonomie, auf die Kritik sich richtet, um deren Falschheit zu erweisen, keine korrekturbedürftigen Fehler, sondern konstitutive Elemente der sachbezogenen Darstellung selber sind. Kritik bemängelt nicht falsche Theorien anhand besserer Einsicht in den wahren Sachverhalt. Die Wahrheit über den Sachverhalt erfährt man nur auf dem Wege über Kritik seiner falschen Darstellung in Theorien. Es gibt die Wahrheit dieses Sachverhalts gar nicht ohne jene Kritik. Mithin gehört das kritisierte Falsche zum Sachverhalt selber als ein Moment und fällt nicht auf die Seite fehlerhafter Darstellung. Deren Korrektur setzte nämlich im Prinzip die Möglichkeit richtiger Darstellung voraus, die eine Kritik erübrigte. Die konstitutive Bedeutung einer Kritik der politischen Ökonomie für die systematische Darstellung der Wissenschaft selber wird dagegen nur verständlich, wenn man das kritisch aufgedeckte Falsche, die Verzerrungen der ökonomischen Theorie, mit zum Gegenstand der fraglichen Wissenschaft zählt.

Hier mag ein Vergleich mit Kants Begriff philosophischer Kritik weiterhelfen. Die kantische Transzendentalphilosophie hat Vernunftkritik zum wesentlichen Thema, insofern sie die ursprüngliche philosophische Aufgabe darin sieht, das Vermögen der Vernunft hinsichtlich ihrer Leistungen und ihrer Grenzen zu überprüfen. Der Prüfung steht nun kein anderer Gerichtshof, wie Kant sagt, zur Verfügung als die Vernunft selber. Mithin bestimmt sich Transzendentalphilosophie als die Kritik der Vernunft durch Vernunft, als vernünftige Selbsterkenntnis. Kritik rückt rechtens ins Zentrum einer systematischen Untersuchung, wo Vernunft sich prüfend auf sich bezieht. Prüfer, Geprüftes und Prüfungsmaßstab sind nämlich identisch und vermitteln ihre Differenz im Geschäft der Kritik derart, daß Vernunft aus sich einen Maßstab entwickelt, an den sie ihre dogmatischen Manifestationen halten kann.

Ganz anders liegen die Dinge offenkundig bei einer Kritik der politischen Ökonomie. Wieso wird Kritik zum Haupttitel einer systematischen Untersuchung der kapitalistischen Gesellschaft anhand einer Auseinandersetzung mit deren theoretischer Repräsentation? Eine Kritik, die sich über Ökonomie auf Gesellschaft bezieht, hat in dem letzten Bezugspunkt sowohl den Maßstab, den Kritik an die vorhandenen theoretischen Darstellungen legt, als auch den Gegenstand einer Forschung, der erst durch die Theorien hindurch auf dem Wege ihrer Überwindung zugänglich wird. Was vermittelt dann die Kritik mit dem Kritisierten und dem entsprechenden Maßstab? Wenn die Gewinnung des Maßstabs zugleich mit der umfassenden Erkenntnis der gesellschaftlichen Realität zusammenfallen soll, diese Erkenntnis aber erst kraft Anwendung des Maßstabs zu haben ist, ergibt sich die Paradoxie, daß der Maßstab nur zur Verfügung steht, sofern er bereits angewendet wird, aber doch nicht angewendet werden kann, sofern er nicht schon zur Verfügung steht.

Die Paradoxie nimmt Marx' Konzeption einer Kritik der politischen Ökonomie uneingeschränkt auf sich. Den Maßstab der Kritik gilt es erst noch zu erarbeiten, während er allein im Vollzug der Kritik erarbeitet werden kann. Auf diese Formel läßt sich die Identifikation systematischer Darstellung des Kapitalismus mit der Kritik seiner Theoretiker bringen.

Die historische Prämisse des Kapitalismus

Der Zusammenhang, der die gesellschaftliche Realität und ihre theoretische Wiedergabe verbindet, muß als ein herzustellender aufgefaßt werden. Das Bewußtsein von dieser Aufgabe verleiht der Kritik die in Rede stehende zentrale Position. Der Aufgabenstellung liegt eine negative Prämisse zugrunde, die besagt, daß der fragliche Zusammenhang noch nicht besteht. Die Prämisse von der ungeklärten Beziehung der Ökonomie auf die Realität enthält die Bedingung der inneren Falschheit und Verzerrung der ökonomischen Theorie. Die Prämisse legitimiert die Kritik und weist ihre Betätigung an im Namen und zum Zwecke besserer und richtiger Theorie. Daher kann die Prämisse ihrerseits nicht noch einmal in das kritische Geschäft, das sie trägt, aufgelöst werden. Wie läßt sich dann aber die Prämisse begründen?

Ein Grund für die Prämisse von dem erst noch herzustellenden, d. h. nicht voll geklärten Zusammenhang zwischen Theorie und Realität läßt sich nicht in rein theoretischen Grundsatzüberlegungen finden, geht es doch gerade um den Verdacht der Falschheit, dem Theorie unterliegt. Es nützt auch gar nichts, in dieser Lage eilfertig von »Praxis« zu reden. Wenn damit nicht nur eine Vokabel durch eine andere ersetzt werden soll, so ist sachlich erst noch zu klären, welche Funktion der Praxisappell für eine Methodenfrage übernimmt. Solange diese Funktion aber nicht begründet ist – und das kann nur in Theorie geschehen –, bleibt die *Metabasis eis allo genos* von Theorie zu ›Praxis‹ ein willkürlicher Sprung und bringt die entscheidende Frage nach dem Grund jener die Kritik tragenden Prämisse keinen Deut weiter.

Marx selber ist auch keineswegs der Methodenfrage durch Praxisappelle ausgewichen. Er hat vielmehr die Prämisse deutlich als solche ausgesprochen, das Bedürfnis ihrer Begründung anerkannt und in einem kurzen, aber gewichtigen Stück Methodologie erörtert. Er stellt die Prämisse in den Rahmen einer historischen Diagnose, die zwar nicht theorieabstinent ist, sondern wie alle historischen Aussagen ihrer Struktur nach theoretisch. Dennoch sagt die historische Diagnose zugleich etwas über Theorie selber aus und besitzt also den besonderen Status einer theoretischen Aussage, in der Theorie in ein bestimmtes Verhältnis zu sich tritt.

Erinnern wir uns, daß die strittige Theorie die herrschende Nationalökonomie ist, deren Kritik die systematische Darstellung gesellschaftlicher Wirklichkeit erschließt. Hegel hatte in seiner *Rechtsphilosophie* (§ 189) die politische Ökonomie wie folgt charakterisiert.[5] »Es ist dies eine der Wissenschaften, die in neuerer Zeit als ihrem Boden entstanden ist. Ihre

---

5 Ganz ähnlich schon im *Naturrechtsaufsatz* von 1802 (*Werke* I, 487 f.): »Das System der allgemeinen gegenseitigen Abhängigkeit in Ansehung der physischen Bedürfnisse und der Arbeit und Anhäufung für dieselben – dieses als Wissenschaft: das System der sogenannten politischen Ökonomie«. Dagegen müsse die wahre Totalität des Staates sich negativ verhalten, damit dieses System der Realität sich nicht fälschlich gegen das sittliche Ganze festsetze.

Entwicklung zeigt das Interessante, wie der *Gedanke* (s. Smith, Say, Ricardo) aus der unendlichen Menge von Einzelheiten, die zunächst vor ihm liegen, die einfachen Prinzipien der Sache, den in ihr wirksamen und sie regierenden Verstand herausfindet. – Wie es einerseits das Versöhnende ist, in der Sphäre der Bedürfnisse dies in der Sache liegende und sich betätigende Scheinen der Vernünftigkeit zu erkennen, so ist umgekehrt dies das Feld, wo der Verstand der subjektiven Zwecke und moralischen Meinungen seine Unzufriedenheit und moralische Verdrießlichkeit ausläßt.«

Im naturwüchsigen System der Bedürfnisse vermittelt der Einzelne seine in der materiellen Bedürftigkeit manifeste Vereinzelung über die Bedürfnisse Anderer und deren wechselseitige Befriedigung mit einer Allgemeinheit. Auf der elementaren Stufe der Bedürfnisse bleibt die Allgemeinheit abstrakt, so daß die Vermittlung sich wie von Natur einstellt und nicht kraft autonomer Vernunft verwirklicht ist. In dieser Sphäre Ordnung und Gesetzmäßigkeit zu entdecken, bedeutet das gedankliche Herausarbeiten von Rationalität, und darin ist die Leistung der Ökonomie zu würdigen. Gleichwohl kann es sich hier nur um abstrakte Verstandesprinzipien handeln. Im System der Bedürfnisse läßt sich höchstens ein Schein von Vernunft entdecken, deren Wahrheit und substanzielle Gestalt erst der Staat als Formation des objektiven Geistes ist. Dem Schein von Vernunft und dem abstrakten Moment der Versöhnung im Bereich politischer Ökonomie stehen unversöhnt und unzufrieden das Recht partikularer Interessen ebenso wie die Prinzipienstrenge von Moralforderungen gegenüber. Beides ist auf dieser Ebene nicht zum Ausgleich zu bringen.

Marx setzt die Kritik der politischen Ökonomie genau hier an. Dem Schein der Vernünftigkeit läßt er allerdings nicht bloß den mäkelnden Verstand gegenübertreten, um schließlich das System der Bedürfnisse, worein Vernunft nur hineinleuchtet, in das Reich realisierter Vernunft aufzuheben und von dieser Sphäre her jenes Vorstadium in seiner Unvollkommenheit zu relativieren. Marx bindet die These vom Schein der Vernunft vielmehr an den historischen Boden der neueren Zeit zurück, in der Hegel zufolge die politische Ökonomie wurzelt, und gründet darauf die Kritik. Die Entwicklung der neueren Zeit hat die kapitalistische Gesellschaftsform als das einzig über den Markt vermittelte System der Bedürfnisse hervorgebracht. Diesem bestimmten historischen Stadium entspricht die Theorie, die in gedanklicher Abstraktion Ordnung und Gesetzmäßigkeit konstatiert und sich daher mit dem bloßen Schein der Vernünftigkeit begnügt. Den Schein als Schein zu klassifizieren setzt nicht den Entwurf eines Reiches der Vernunft voraus, das allein im philosophischen Staatsbegriff und nicht in der historischen Wirklichkeit seinen Ort hat. Der Schein ist als Schein zu durchschauen, wenn man ihn auf die historische Gesellschaft bezieht, in der er faktisch herrscht. Dann ist jene Theorie, die dem Schein aufsitzt, als Spiegelbild der bestimmten historischen Lage erkannt und in dieser Relativität kritisierbar geworden.

Die Prämisse, die eine ins Zentrum systematischer Darstellung versetzte Kritik trug, lautete auf den ungeklärten, erst herzustellenden Zusammenhang ökonomischer Theorie und gesellschaftlicher Realität. Die historische Diagnose der neueren Zeit als der Epoche des zu vollkommener Herrschaft ausgebildeten Kapitalismus hat den fraglichen Zusammenhang namhaft gemacht, sofern unter dem Titel des Kapitalismus die Konkretion eines nur über den Schein der Vernünftigkeit, nämlich nur abstrakt vermittelten Systems der Bedürfnisse verstanden wird. Die vorhandenen ökonomischen Theorien entsprechen, ohne sich darüber Rechenschaft abzulegen, gerade diesem historischen System. Ist der Zusammenhang einmal erkannt und damit kritisch die historische Relativität der Theorien begriffen, so liegt der Weg für eine systematische Darstellung der sozialen Wirklichkeit unter der Herrschaft des Kapitals frei.

Keineswegs ist damit schon der detaillierte Entwurf einer anderen, nicht vom Kapital geprägten Gesellschaftsordnung grundgelegt. Allen Versuchen dieser Art muß vielmehr der radikale Ideologieverdacht gelten, den Marx gegen Hegels philosophischen Staatsbegriff[6] als Überwindung des Systems der Bedürfnisse anmeldet. Die *Kritik der politischen Öko-*

6 *Kritik des hegelschen Staatsrechts* (1843), in: *Frühe Schriften I* (ed. Lieber), 1962, z. B. 265 f., 338 f.

nomie beschreibt die Wirklichkeit des Kapitalismus und ist in diesem Sinne *Realwissenschaft*[7]. Sie entwickelt höchstens einige Perspektiven, die sich aus den immanenten Widersprüchen des Kapitalismus und der Zuspitzung seiner Krisen ergeben und auf eine innere Überwindung dieses Systems hinauslaufen.[8] Perspektivisch wird der Abbau von Entfremdung und die Einrichtung rationaler Kontrolle über Produktion und Verteilung ins Auge gefaßt: die Gesellschaft soll über die Prozesse, in denen sie sich selbst reproduziert, auch selbst bestimmen können. Von revolutionärer Veränderung und der Vorstellung einer Gemeinschaft freier Menschen ist jedoch im gesamten *Kapital* nicht eigentlich die Rede. »Das Reich der Freiheit beginnt in der Tat erst da, wo das Arbeiten, das durch Not und äußere Zweckmäßigkeit bestimmt ist, aufhört; es liegt also der Natur der Sache nach jenseits der Sphäre der eigentlichen materiellen Produktion.«[9]

Exkurs über Althusser

Der Anspruch der *Kritik der politischen Ökonomie* auf den Status einer Realwissenschaft, den Marx mannigfach durch irreführende Vergleiche mit Naturwissenschaften, ihren Forschungsweisen und Gesetzesaussagen zu untermauern sucht[10], hat neuerdings zu einer Kontroverse geführt, die auch die Methodologie der *Kritik der politischen Ökonomie* wesentlich betrifft. Die Pariser Schule von Louis Althusser stellt im

7 Einer der wenigen Autoren, die sich um die Methodologie einer Realwissenschaft im Rahmen des Marxismus überhaupt gekümmert haben, ist A. Sohn-Rethel (*Geistige und körperliche Arbeit*, Frankfurt 1972). Er will die *Kritik der politischen Ökonomie* mit der Aufgabe der *Kritik der reinen Vernunft* zusammenbringen. Die von Sohn-Rethel vertretene Materialisierung Kants läßt sich freilich ebenso gut als Transzendentalisierung der marxschen Warenanalyse lesen. Das Programm gerät streckenweise in hoch spekulative Bereiche. Dazu verführt vor allem Sohn-Rethels Formbegriff (38, 241 ff. u. ö.).

8 Z. B. *Kapital I* 92 ff., 512, 789; III 252, 260, 274, 277, 454, 457, 827 (MEW 25); *Grundrisse der Kritik der politischen Ökonomie*, Berlin 1953, 112, 237, 365, 414 f.

9 *Kapital III* 828.

10 *Zur Kritik der politischen Ökonomie* (1859), Vorw.; *Kapital*, Vorw. z. 1. Aufl. 1867, vgl. I 327, 335, III 324.

Widerspruch zu allen humanistisch-ideologisch ausgerichteten Marxinterpretationen einen radikalen Bruch zwischen den Frühschriften, deren Anthropologie solcher Deutung am ehesten eine Basis bietet, und dem streng wissenschaftlichen Vorgehen des *Kapital* fest.[11] Gegen eine objektivistische Verwissenschaftlichung des *Kapital* ist von Sartre, Goldmann u. a. alsbald Protest angemeldet worden, dem sich in Deutschland Alfred Schmidt angeschlossen hat.[12] Zwar ist die Warnung berechtigt, das szientistische Selbstverständnis des *Kapital* repräsentiere nicht den »ganzen« Marx und vernachlässige dessen emanzipatorische Intentionen. Auch lassen sich bei Althusser leicht schultypische Vorurteile des Strukturalismus auffinden. Vor allem muß sein positiver Wissenschaftsbegriff, dessen historischen Ursprüngen bei Bachelard u. a. Schmidt erfolgreich nachgegangen ist, ausdrücklich in Frage gestellt werden – für Paul Feyerabend etwa ist er noch »im dunkelsten Mittelalter des Denkens befangen«[13]. Dessen ungeachtet erscheint es aber sinnlos und unbegründet, den Anspruch auf Realwissenschaft, den das *Kapital* zu erheben nicht müde wird, einfach zu leugnen. Entsprechend kurz und in den Textverweisen dürftig fällt denn auch die Widerlegung der strukturalistischen These über den Gegenstand des *Kapital* bei Schmidt aus.[14]

Die strukturalistische Betonung des Wissenschaftscharakters der *Kritik der politischen Ökonomie* trifft bei aller polemischen Überspitzung ein für das Selbstverständnis des späten Marx wesentliches Moment. Andererseits geht der strukturalistische Versuch dort fehl, wo er die wissenschaftliche Methodik des *Kapital* ganz unabhängig von *Hegels Dialektik* machen will.[15] Die Methode wird dann auf einen auto-

11 *Für Marx*, Frankfurt 1968, *Lire le Capital*, Paris 1965, 1971³. Dt. Übers.: *Hamburg 1972 (Rowohlts deutsche Enzyklopädie)*.
12 *Der strukturalistische Angriff auf die Geschichte,* in: Schmidt (Hrsg.), *Beiträge zur marxistischen Erkenntnistheorie* (edition suhrkamp 349), Frankfurt 1969; *Geschichte und Struktur,* München 1971.
13 *Von der beschränkten Gültigkeit methodologischer Regeln.* In: *Neue Hefte f. Phil.* 2/3, 1972, 157.
14 *Beitr. z. marxist. Erkenntnistheorie* 204 ff.
15 Althusser, *Lire le Capital* I 59; vgl. M. Godelier, *System, Struktur und Widerspruch im Kapital.* In: *Intern. Marxist. Disk.* 8, Berlin 1970.

nomen Strukturbegriff gegründet, der ebenso vage bleibt, wie er wortreich umschrieben wird. Einer willkürlichen Ablösung der marxschen Methode von Hegel stehen jedenfalls die Erklärungen der Texte zur Kritik der politischen Ökonomie eindeutig und geschlossen entgegen.

Die neusten Arbeiten von Althusser[16] geben inzwischen Anlaß zur Revision des Urteils. Man wird von strukturalistischer Geschichtslosigkeit nicht länger sprechen können, nachdem Althusser den wissenschaftlichen Fortschritt von Marx gerade in einem bestimmten Geschichtsbegriff sehen will und darin die Hauptschuld der Theorie des reifen Marx gegenüber Hegel anerkennt. Althusser nimmt seine alte These auf, indem er an diesem Punkt den Schnitt ansetzt zwischen dem Marx des *Kapital* und dem der *Pariser Manuskripte*. Die letzteren schlägt er dem Anthropologismus des materiell verstandenen Menschenwesens à la Feuerbach zu, worin der dialektische Geschichtsbegriff Hegels eben geleugnet sei.[17] Das Erbe der strukturalistischen Subjektlosigkeit aber macht sich wieder deutlich bemerkbar, insofern Geschichte als dialektischer »Prozeß ohne Subjekt« begriffen wird. Diese These orientiert sich entgegen geläufigen Hegelinterpretationen an der Selbständigkeit der Bewegung der Logik[18], denn in der Tat lassen sich etwa aus dem Schlußkapitel von Hegels *Wissenschaft der Logik* über die absolute Methode gute Gründe beibringen für den anonymen Prozeßcharakter der Dialektik.

Die Neubewertung der hegelschen *Logik* erhält natürlich besonderes Gewicht angesichts der Frage nach der Methode des *Kapital*. Althusser zufolge muß der aus der *Logik* gewonnene Prozeßbegriff nur von einer Restvorstellung des inhärenten Subjekts in Gestalt einer teleologischen Tendenz befreit werden und man hält den marxschen Grundbegriff in Händen: Il soutient Le Capital tout entier.[19] In diesem Sinne

Godelier argumentiert allerdings differenzierter. S. a. sein Buch *Rationalität und Irrationalität in der Ökonomie*, Frankfurt 1972.
16 *Sur le Rapport de Marx à Hegel; Lénine devant Hegel;* beide in: *Lénine et la Philosophie* etc., Paris 1972.
17 A.a.O., 52 f., 63 ff.
18 67 ff., 87 ff.
19 70.

wird auch Lenins berühmter Aphorismus bei der Beschäftigung mit Hegels *Logik* gedeutet, daß man das *Kapital* nicht begreifen könne, ohne die ganze *Logik* durchstudiert zu haben.[20]

Eine Lektüre der *Logik*, die von allen verhüllten Gottesvorstellungen absieht, kein absolutes Subjekt mehr hypostasiert und ganz auf die Selbständigkeit des logischen Prozesses als eines solchen achtet, erscheint mir völlig legitim. Sie läßt nur eine Aporie offen: wie nämlich diese Würdigung der *Logik* mit der materialistischen Umstülpung zu vereinen sei, auf die Althusser so großen Wert legt. Er zieht sich aus der Affaire mit Hilfe einer überstrapazierten strukturalistischen Kategorie des »Lesens« als Wiederlesen im Sinne verbesserten, auch textimmanente Dunkelheiten durchdringenden, ungestellte Fragen eröffnenden Verstehens.[21] Das ist in der Sache gute Hermeneutik. Die materialistische Wendung, die solches Lesen aber im Falle der leninschen Lektüre der hegelschen *Logik* annehmen soll[22], kann sich nur mehr auf das Rascheln des Papiers beim Umblättern beziehen.

Methodologie einer Realwissenschaft

Das berühmte Methodenkapitel aus der von Marx nie veröffentlichten Einleitung[23] zur *Kritik der politischen Ökonomie* führt skizzenhaft das bisher entwickelte Programm einer Kritik nach seiner methodologischen Seite durch. Dabei wird der Punkt der Anknüpfung an Hegels Dialektik besonders deutlich, während Marx gleichzeitig seine Distanz zu Hegel präzisiert. Jede Wissenschaft scheint gut daran zu tun, »mit dem Realen und Konkreten, der wirklichen Voraussetzung zu beginnen«. Nun zeigt die Geschichte der Ökonomie, daß nicht eindeutig ist, was als konkrete Voraussetzung zu gelten hat. Die ältere Ökonomie beginnt mit der Bevölkerung, dem politischen Körper, und dringt analytisch bis zu abstrakten,

20 Lenin, *Philosophische Hefte*, WW 38, Berlin 1968, 170.
21 Vorwort zu *Lire le Capital*.
22 *Lénine devant Hegel* 80 ff.
23 1857 geschrieben. Abgedruckt in: *Grundrisse* 21 ff.

allgemeinen Kategorien wie Arbeit, Austausch und Kapital vor. Die klassische Ökonomie von Smith bis Ricardo, der Marx seine Kritik widmet, setzt umgekehrt mit abstrakten Bestimmungen ein und schreitet von hier zum Aufbau konkreter Zusammenhänge voran.

Marx erklärt die letzte Methode für die »wissenschaftlich richtige« und beruft sich auf Hegels Dialektik. Hegel hatte dialektische Methode verstanden als die schrittweise geregelte Bildung konkreter Begriffe aus abstrakten Gedankenbestimmungen auf dem Wege der Vereinigung des in der Abstraktion Getrennten. Die Konzeption dialektischer Methode übernimmt Marx, um zugleich ein Mißverständnis abzuwehren, das dem philosophischen Bewußtsein naheliegt. »Hegel geriet auf die Illusion, das Reale als Resultat des sich in sich zusammenfassenden, in sich vertiefenden und aus sich selbst sich bewegenden Denkens zu fassen, während die Methode, vom Abstrakten zum Konkreten aufzusteigen, nur die Art für das Denken ist, sich das Konkrete anzueignen, es als ein geistig Konkretes zu reproduzieren. Keineswegs aber der Entstehungsprozeß des Konkreten selber.« Es gilt, den reproduktiven Grundzug jener Methode zu erkennen, in der das auf Abstraktion angewiesene Denken sich die konkreten Inhalte aneignet, die in der Wirklichkeit als Konkretion bereits vorliegen und mitnichten vom Denken erst geschaffen werden.

Die Methode darf reproduktiv heißen, wenn eine Wirklichkeit vorausgesetzt wird, die erfaßt werden soll und die nicht mit einer Produktion des Denkens in schlecht idealistischem Sinne verwechselt werden darf. Indes ist mit dem Verweis auf die reale Voraussetzung noch nicht darüber befunden, ob und wieso jene Methode jener Wirklichkeit eigentlich angemessen ist, vielmehr stellt sich die Frage nach dem ›quid juris‹ der Methode jetzt erst ein. Einem Hegel, der aus der absoluten Vermittlung von Denken und gedachtem Inhalt eine spekulative Logik konstruiert, deren dialektisch-methodische Struktur wir noch betrachten müssen, stellt sich die Frage nicht, denn der Zusammenfall von Methode und Inhalt in der spekulativen Logik beantwortet auch alle Fragen nach dem Recht der Anwendung dialektischer Methode in den realphilosophischen Teilen des Systems. Der von Marx angedeuteten Karikatur eines Idealisten, dem alle Wirklichkeit aus seinem Kopfe herausspaziert, stellt sich die Frage erst recht nicht, denn er entwickelt im widerstandslosen Gange seiner Projektionen nicht einmal ein Methodenbewußtsein.

Ernst wird die Frage nach dem *quid juris* einer dialektischen Methode, die wissenschaftlich sein will, gerade angesichts der elementaren Voraussetzung einer konkreten Wirklichkeit, die noch dazu so bestimmt wird, daß sie der idealistischen Verwechslung mit Denkinhalten widerstrebt. Marx bringt an dieser Stelle seiner Methodologie die oben erörterte Prämisse vom entwickelten Stadium des Kapitalismus als historischer Existenz von Abstraktion ins Spiel. »In der modernsten Daseinsform der bürgerlichen Gesellschaft [...] wird die Abstraktion der Kategorie ›Arbeit‹, ›Arbeit überhaupt‹, Arbeit sans phrase, der Ausgangspunkt der modernen Ökonomie, erst praktisch wahr. Die einfachste Abstraktion also, welche die moderne Ökonomie an die Spitze stellt und die eine uralte und für alle Gesellschaftsformen gültige Beziehung ausdrückt, erscheint doch nur in dieser Abstraktion praktisch wahr als Kategorie der modernsten Gesellschaft.«[24]

Damit sei schlagend gezeigt, daß »die abstraktesten Kategorien trotz ihrer Gültigkeit – eben wegen ihrer Abstraktion – für alle Epochen, doch in der Bestimmtheit dieser Abstraktion selbst ebensosehr das Produkt historischer Verhältnisse sind und ihre Vollgültigkeit nur für und innerhalb dieser Verhältnisse besitzen«. Die historische Diagnose der Gegenwart des Kapitalismus als der faktischen Herrschaft von Abstraktion stützt die Legitimation der Anwendung dialektischer Methode in wissenschaftlicher Absicht. Wenn die Wirklichkeit von der Prävalenz des Abstrakten geprägt ist, dann ist ein mit abstrakten Kategorien einsetzendes Verfahren gedanklicher Rekonstruktion vorausgesetzter Wirklichkeit dieser Wirklichkeit angemessen.

Doch bliebe diese Stützung der methodologischen Frage *quid juris* auf eine historische Diagnose dogmatisch, wenn sich Methode und Geschichte nicht weiter vermittelten. Die ge-

24 A.a.O , 25, vgl. *Kapital* I 89.

nannte Diagnose muß ihrerseits methodisch abgesichert sein, andernfalls wäre in ihr eine bloße Behauptung zu sehen, der man eine andere Behauptung zur Seite stellen könnte, die eine inhaltlich differente Diagnose enthielte und möglicherweise dann die Funktion einer Rechtfertigung der Methode nicht übernehmen könnte. Die Diagnose des Kapitalismus liefert nach Marx aber nicht irgendeine Aussage über die wesentlichen Züge seiner Epoche. Sie impliziert auch ein teleologisches Moment, insofern die Abstraktion in den Strukturen kapitalistischer Gesellschaft zur vollen Entwicklung gelangt ist, so daß nun rückläufig alle vorangehenden, weniger entwickelten Gesellschaftsformen aus dem historischen Stadium vollendeter Abstraktion strukturell abgeleitet werden können. In der Wirklichkeit sind nun alle Kategorien vorhanden und damit wird eine genetische Erklärung möglich, entsprechend der Maxime, daß »in der Anatomie des Menschen ein Schlüssel zur Anatomie des Affen« liege.[25]

Bei aller Wertschätzung, die Marx den historischen Leistungen des Kapitalismus als unerläßlicher Vorbereitung eines letzten Schrittes zur Vollendung der Gesellschaft entgegenbrachte, haftet dem teleologischen Modell doch ein entscheidender Fehler an. Der genetisch-anatomische Vergleich verdeckt nämlich den radikal negativen Charakter der Stufe voller Entwicklung. Den Menschen setzt man als Höherentwicklung und Vollendung in ein Verhältnis zum Affen. Die vollentwickelte und in die Wirklichkeit eingebrachte Abstraktion, die den Kapitalismus kennzeichnet, will Marx aber gerade als Höhepunkt der Entfremdung und Zuspitzung falscher Vergesellschaftung gewertet wissen. Die methodologisch bedeutsame Konvergenz von Gedanke und Wirklichkeit kündigt nicht in einem Hegel verwandten Sinne das Zeitalter des zu sich gekommenen Geistes und der realisierten Vernunft an, sondern brandmarkt die Epoche des Fetischismus als des absolut verhärteten Scheins von Vernunft.

Diese Bewertung der historischen Diagnose des Kapitalismus kann freilich nicht mehr aus einer Methodenüberlegung und auch nicht aus einem historischen Vergleich herausgeläutert

25 Grundr. 26.

werden. Sie geht auf anthropologische Grundannahmen über die materielle Selbstreproduktion der Gattung zurück, die Marx zur Zeit seiner Feuerbachrezeption, insbesondere in den *Ökonomisch-philosophischen Manuskripten,* entfaltet hatte. Aus den Grundannahmen folgt die primär gesellschaftliche Einschätzung produktiver Arbeit, der gegenüber das historische Stadium privat vereinzelter Arbeit, die sich nur über den Warenaustausch mit dem gesellschaftlichen Ganzen vermittelt, als die vollkommene Entfremdung erscheint. Ich möchte auf diese bekannten inhaltlichen Analysen nicht als solche eingehen, sondern betrachte im gegebenen Rahmen nur ihre Folgen für die Methodenfrage.

Das spekulative Prinzip des Widerspruchs

Das methodologische Problem der Legitimation einer Anwendung dialektischer Methode auf vorausgesetzte und durch dialektisches Denken nicht produzierte Wirklichkeit war von Marx deutlich gesehen und mit einer historischen Diagnose bewältigt worden, welche die Wirklichkeit, die Gegenstand methodischer Untersuchung sein soll, in die historische Dimension einer negativen Teleologie rückt. Die gesellschaftliche Wirklichkeit ist nicht nur durch vordrängende Abstraktionen gekennzeichnet, die es erlauben, methodisch mit gedanklicher Abstraktion hieran anzuknüpfen. Die Herrschaft der Abstraktion über Gesellschaft bezeichnet, wenn man Gesellschaft inhaltlich richtig versteht, auch das Stadium vollendeter Falschheit von Gesellschaft überhaupt. Denn das strukturelle Übergewicht der Abstraktion vor dem Konkreten bedeutet Entzweiung und Verzerrung. Die gesellschaftliche Ganzheit und die Einzelnen stehen zueinander in einem fundamentalen Widerspruch, der nicht erst in der begrifflichen Analyse zutage tritt, sondern durch die ganze Breite sozialer Phänomene in allen Gestalten und Verhältnissen einer so bestimmten Gesellschaft real zum Ausdruck kommt.
Es ist dies Moment negativer Teleologie in der Bewertung der historischen Diagnose des Kapitalismus, das nun die Einführung der hegelschen Logik in die Methodologie des marxschen

Kapital begründet. Denn die Falschheit der wissenschaftlich zu erfassenden Gesellschaft kann logisch nach dem Modell des inneren Widerspruchs gefaßt werden. Die immanente Widersprüchlichkeit, die die ganze Gesellschaft durchzieht, kommt wissenschaftlich im System der inhaltlichen Widersprüche zu Gesicht, die alle konkreten sozialen Beziehungen bestimmen. Das System der Widersprüche stellt die ganze Gesellschaft strukturell dar und der systematische Zusammenhang der Widersprüche untereinander ergibt sich aus der spekulativen Methode der hegelschen Logik. Denn für Marx ist »der hegelsche Widerspruch die Springquelle aller Dialektik.«[26]

Wenn die hegelsche Logik als ein System der Widersprüche vorgestellt wird, so erhebt sich leicht der Zweifel, wie beide Bestimmungen sich sollen vertragen können. *System* und *Widerspruch* scheinen einander gerade auszuschließen, insofern aller systematische Zusammenhang Einheit und synthetische Leistungen bedingt, die der Widerspruch gerade unwiderruflich sprengt. Indes ist das Ineinanderführen von Einheit und Widerspruch gerade das spekulative Prinzip, dessen erstes Auftreten in seiner Reinheit mit dem Anfang der *Logik* identisch ist[27] und dessen Durchführung die gesamte *Logik* ausmacht. Versteht man nämlich unter Widerspruch das Sprengen von Einheit, so zeigt sich, daß in dieser allgemeinsten Definition indirekt von Einheit Gebrauch gemacht wird. Ohne Bezug auf Einheit ist Widerspruch gar nicht zu begreifen, wenn er doch auf Sprengung der Einheit zielt. Es bedeutet kein Verwischen des Unterschieds, wenn man im äußersten Gegensatz zur Einheit einen Bezug auf Einheit erkennt, der den Gegensatz erst zu dem macht, was er ist, nämlich der gegen alles Einheitliche sich richtende Widerspruch. In dieser logischen, von allen inhaltlichen Komponenten absehenden Reinheit genommen offenbart der Widerspruch einen spannungsgeladenen, inneren Zusammenhang mit seinem Antipoden, der Einheit. Auf dem Zusammenhang, der sich rein logischer Betrachtung eröffnet, baut das System der hegelschen *Logik* auf.

26 *Kapital* I 623.
27 S. Hegel, *Logik* I (ed. Lasson) 59, vgl. II 59 f.

Daß die Abstraktion von Inhalten nicht dazu führt, inhaltliche Widersprüche in ihrer jeweiligen Bestimmtheit zu fassen, ist richtig und liegt auf der Hand. Nur kann daraus kein Einwand gegen den Versuch abgeleitet werden zu begreifen, was man meint, wenn man von Widersprüchen redet. Denn alle Kennzeichnung von etwas Bestimmtem als Widerspruch oder widersprüchlich bedient sich jenes logischen Schemas, das eine Einheit in der besonderen Weise unterstellt, daß ihre vollkommene Abwesenheit oder das Herrschen ihres Gegenteils konstatiert wird. Diese dialektische Struktur des Widerspruchsbegriffs gibt aber das Mittel systematischer Verknüpfung frei, um das es Marx ging, als er in der Methode auf Hegels *Logik* zurückgriff. Die Kennzeichnung bestimmter ökonomischer Gegebenheiten in der Kategorie des Widerspruchs liefert zugleich ein Gerüst systematischer Darstellung des Ganzen, wozu eine bloße Sammlung von Fakten und die Wiedergabe des Augenfälligen nie fähig wäre.

Die Verträglichkeit von System und Widerspruch, die Marx sich methodisch zunutze macht, war in der hegelschen Logik nur erreicht dank der Bestimmung der logischen Sphäre im Sinne reiner Begriffsverhältnisse. Der Eintritt in diese Sphäre hat jene methodisch bedeutsame Verträglichkeit zum Ergebnis. Wie aber tritt man in eine Sphäre ein, die dem Denken so ausgezeichnete Möglichkeiten eröffnet? Im Eintritt selber muß sich Entscheidendes vollziehen, wenn die Besonderheit der Sphäre durch den Eintritt in sie charakterisiert wird.

Diese Frage ist als das Problem des Anfangs der spekulativen Logik von Hegel selbst aufgeworfen[28] und seither viel erörtert worden.[29] Dabei hat sich die Diskussion vornehmlich auf das erste Kapitel der Seinslogik gerichtet, das aus dem allgemeinsten und leersten Widerspruch von Sein und Nichts die Aufhebung im Begriff des Werdens konstruiert.[30] Die

28 Womit muß der Anfang der Wissenschaft gemacht werden? (*Logik* I, 51 ff.)
29 Vgl., D. Henrich, *Anfang und Methode der Logik*, in: *Hegel im Kontext*, Frankfurt 1971 (edition suhrkamp 510).
30 Hierzu hat H. G. Gadamer (*Die Idee der hegelschen Logik*, in: *Hegels Dialektik*, Tübingen 1971, 60 f.) die erwägenswerte und durch den Text gestützte Interpretation vorgeschlagen, den Widerspruch von Sein und Nichts als »uneigentlichen« zu lesen und das Werden für die erste genuin

Natur des Anfangsproblems, das dem Problem des Eintritts in die Sphäre spekulativer Logik gleichkommt, schließt aber nicht aus, prinzipiell in jedem Kapitel der *Wissenschaft der Logik* den gleichen Vollzug am Werke zu sehen[31], der fixierte Widersprüche in rein logischer Betrachtung auf die implizierte Einheit hin durchsichtig macht.

Der Eintritt in die Sphäre der Logik, an dem so viel zu hängen schien, wird erworben auf dem Wege der Reinheit logischer Betrachtung von Begriffsverhältnissen. Die Reinheit logischer Betrachtung entspringt aber keinem subjektiven Entschluß, sondern bemißt sich nach der sachlichen Nötigung, konsistent nicht weiter denken zu können, es sei denn um den Preis der Aufgabe fixierter Bestimmungen. Erst dort, wo im Gange des Denkens weiteres Festhalten einer Bestimmung unmöglich scheint, kommt der Widerspruch ins Spiel. Der Widerspruch aber, rein strukturell betrachtet im erzwungenen Absehen von der je festgehaltenen Bestimmung, gibt den Blick auf jene Einheit frei, die er als Widerspruch noch hintanhält, die er aber, da er nur gegen sie Widerspruch ist, zugleich auch ansetzt. Die Überwindung des Widerspruchs erfolgt im Erkennen einer Einheit, in bezug auf welche der Widerspruch sich als solcher definiert, um sich von ihr radikal zu distanzieren.

Es bedarf also des Widerspruchs, damit die Dimension einer Einheit erreicht wird, die nicht nur dem Widerspruch entgegensteht, sondern beider Zusammenhang begreift. Freilich ist solche Einsicht auf der Ebene des schlicht aufbrechenden Widerspruchs nie zu haben. Die Differenz zwischen dem Widerspruch, sofern er Einheit verhindert, und dem Widerspruch, der in Relation auf Einheit gesehen wird, hat Hegel

logische Bestimmung zu nehmen. Die notwendige und von Hegel unterstrichene Leerheit und Abstraktion des ersten logischen Gedankens, der Sein heißt, aber nur hinsichtlich seiner Anfangsstellung als das unbestimmte Unmittelbare überhaupt qualifiziert werden kann, läßt keinen wirklichen Widerspruch entstehen. Die Antithese, in die das Sein zum Nichts tritt, kollabiert sogleich im Moment ihres Entstehens. So kann Hegel sagen, daß die widersprüchlichen Anfangsbestimmungen nicht ineinander übergehen, sondern immer schon übergegangen sind (*Logik* I 67, vgl. II 241).

31 Vgl. *Logik* I 56.

im Begriff der *Spekulation* gefaßt. Sie bezeichnet die Schwelle des Eintritts in die rein logische Betrachtungsweise. Man erkennt leicht, daß die Differenz sich nicht ein für allemal wird abtun lassen, sondern stets neu entsteht mit jedem Widerspruch, der sich ausbildet und überwunden werden muß. Die spekulative Differenz reduziert sich also nicht auf ein einmaliges Problem des ersten Anfangs der Logik, denn sie durchzieht die ganze Logik, falls diese zurecht ein System der Widersprüche heißt.

Die logische Struktur der Voraussetzung

Die Dialektik der spekulativen Differenz läßt sich nach zwei Seiten mit Aussicht auf Klärung weiter entfalten. Man kann sie auf ihre Voraussetzung hin ansehen und auf ihr Ergebnis. Die Spekulation als Überwindung von Widersprüchen im Sinne des Erkennens der ihnen unbegreiflichen Einheit setzt ständig etwas voraus, ohne das sie gar nicht wäre, was sie ist. Wenn Spekulation aber die Überwindung von etwas Vorausgesetztem ist, so leistet sie mit der Überwindung dessen, was sie jeweils voraussetzt, nicht notwendig bereits die Überwindung des Voraussetzens selber. Vielmehr scheint sie immer neu Voraussetzungen machen zu müssen, ohne sich dieses für sie konstitutiven Sachverhalts ihrerseits bewußt zu werden. Hegel hat diese Schwierigkeit genau reflektiert und auf doppelte Weise zu lösen versucht. Einmal hat er in der Anlage seiner Systemarchitektonik die *Phänomenologie des Geistes* der *Logik* vorgeschaltet. Zum andern ist die *Logik* selber nach dem Modell der Einholung von Voraussetzungen aufgebaut, was sich besonders im Verhältnis von Seinslogik und Wesenslogik zeigt.
Bekanntlich erfüllt die *Phänomenologie* Hegels die systembegründende Funktion[32] einer umfassenden Aufarbeitung jener Folge von Gestalten, in denen der Geist bloß erscheint und noch nicht er selbst ist. Alle Formen des weltlichen Bewußtseins, das auf Gegenstände als auf ein von ihm unter-

32 Vgl. dazu: *Problemgeschichte und systematischer Sinn der Phänomenologie Hegels* (in diesem Band).

schiedenes Anderes geht, sind nicht daraufhin anzusehen, was sie in dieser Gegenstandorientierung zu sein meinen, sondern was sie sind, ohne es noch zu wissen. Das Bewußtsein vermittelt sich mit seinem jeweiligen Gegenstand und begreift daher nicht die Vermittlungsleistung als solche, in der es sich in seinem Verhältnis zu dem ihm Anderen überhaupt erst konstituiert. Die phänomenologische Analyse entdeckt in allen etablierten Bewußtseinsgestalten die Kraft reiner Vermittlung, die jeweils noch mit ihr selbst zu vermitteln ist. Die Auslegung der Bewußtseinsgestalten auf den Begriff des Geistes hin hebt sukzessive alle Positionen des erscheinenden Geistes auf, die sich nicht mehr gegen das reine Sichselbstwissen behaupten können, wenn sie einmal erkannt haben, daß sie nur dessen veräußerlichte Erscheinung sind.

Als Resultat dieses Prozesses ergibt sich eine Stufe des Wissens, von dem man behaupten kann, daß ihm nichts Anderes mehr entgegensteht, auf das es sich wissend bezieht, daß es vielmehr sich selbst ganz Inhalt geworden ist. Hegel spricht daher vom absoluten Wissen und läßt mit ihm das System philosophischer Wissenschaft beginnen. Die phänomenologische »Vorbereitung«[33] hat durch den Abbau alternativer Positionen des erscheinenden Geistes den Absolutheitsanspruch des Systems auch auf historischer Ebene erwiesen. Die Wissenschaftlichkeit des Systems wird nicht zuletzt danach beurteilt, daß es von Argumenten historischer Bedingtheit nicht mehr tangiert wird. Die historische Verwurzelung des erscheinenden Geistes ist gerade voll bewußt gemacht und gibt keinen Einwand gegen ein absolutes Wissen her, das erst am Ende der Aufarbeitung historisch bedingter Gestalten seinen Platz hat.

Unterstellt man einmal, das phänomenologische Programm sei überzeugend, so wird die nötige Selbstvergewisserung des Wissens abhängig vom Gelingen einer Subsumtion aller der Gestalten, in denen Wissen vorliegt und historisch auftritt, ohne mit dem absoluten Wissen identisch zu sein, unter eben dieses Wissen. Aber auch wenn das gelingt, ist das für die hegelsche Logik grundsätzliche Problem der *Voraussetzung*

33 *Phänomenologie des Geistes* (ed. Hoffmeister), Hamburg 1952, 31.

nicht beseitigt. Die Phänomenologie als Vorbereitung philosophischer Wissenschaft hatte die Aufhebung und Integration der dem Wissen relevanten Voraussetzungen auf historischer Ebene zum Thema. Innerhalb der Logik aber kehrt dieselbe Schwierigkeit wieder, daß Voraussetzungen gemacht werden müssen und doch nicht gemacht werden dürfen. Hegel hat diesem Problem im logischen Medium Rechnung getragen, indem er das Verhältnis ihrer Teile wesentlich als das *Einholen* notwendiger *Voraussetzungen* verstehbar machte. Dazu gibt das operative Begriffspaar Unmittelbarkeit und Vermittlung einen Schlüssel an die Hand.

Die Logik möge in der beanspruchten Absolutheit anfangen, die durch keine unbedachte Voraussetzung eingeschränkt ist. Sie sei voraussetzungslos nach außen, so schafft ihr absoluter Anfang doch eine Voraussetzung innerer Art, unter der alles Folgende steht. Daß man nicht die ganze Wahrheit der Logik mit einem Schlage präsent machen kann, in einem einzigen Worte gleichsam umschlossen, bringt alle ihre Schritte und Entwicklungen untereinander in ein Verhältnis der Voraussetzung. Eine Gedankenbestimmung folgt nur auf eine andere und setzt jene in sich also voraus. Dennoch ist ihre Wahrheit nicht abhängig von jener Voraussetzung, da alle reinen Begriffe als Begriffe gleich wahr sind. Hegel hat das innere Voraussetzungsverhältnis der verschiedenen Stadien logischer Begriffsexplikation in die Dialektik von *Unmittelbarkeit* und *Vermittlung* aufgelöst. Der Ort, wo die beiden Begriffe, die operativ in der gesamten Logik Anwendung finden können[34], in ihrem reflexiven Verweisungszusammenhang am ehesten thematisch werden, ist die Wesenslogik[35].

34 S. *Logik* I 52: »Was die wissenschaftliche Erörterung betrifft, so ist es jeder logische Satz, in welchem die Bestimmungen der Unmittelbarkeit und der Vermittlung und also die Erörterung ihres Gegensatzes und ihrer Wahrheit vorkommt.«
35 Vgl. die subtile Untersuchung von *Hegels Logik der Reflexion* durch D. Henrich, der eine ähnliche Perspektive verfolgt (in: *Hegel im Kontext,* a.a.O.), Ich würde allerdings denken, daß die Beobachtung, die Henrich als eine strategische »Bedeutungsverschiebung« im Begriff der Unmittelbarkeit am Anfang der Wesenslogik interpretiert (111 ff.), auch gedeckt wird durch die hier vorgeschlagene Auszeichnung der operativen Bedeutung des Verweisungszusammenhangs von Unmittelbarkeit und Vermittlung.

Im jeweiligen sachlichen Unterschied festgehalten, könnte man dagegen die Seinslogik als Sphäre der Unmittelbarkeit und die Begriffslogik als Sphäre der Vermittlung bezeichnen. Der wechselseitige Verweisungszusammenhang bindet beide Begriffe derart aneinander, daß Unmittelbarkeit allein die noch ausstehende Vermittlung anzeigt und der Vollzug der Vermittlung als Aufhebung der Unmittelbarkeit wieder nur auf ihr Gegenteil beziehbar bleibt. Das Verhältnis beider Begriffe zueinander ist daher selber eines, das durch die Doppelung von Unmittelbarkeit und Vermittlung geprägt wird. Keiner der Begriffe ist selber ganz unmittelbar und keiner ganz vermittelt, beide sind sowohl das eine als auch das andere, zugleich sie selbst und auf ihr Gegenteil bezogen. Der reflexive Verweisungszusammenhang von Unmittelbarkeit und Vermittlung gehört als solcher auf keine der in ihm enthaltenen Seiten.

Er eignet sich daher, das immanent logische Voraussetzungsproblem zu bewältigen. Im Wechselverweis von Unmittelbarkeit und Vermittlung ist der Umstand reflektiert, daß ein Begriff in seinem Auftreten bereits etwas voraussetzt, in bezug worauf sein Auftreten sich bestimmt, und daß das Vorausgesetzte doch gleichgültig wird, insofern der auftretende Begriff uneingeschränkt als er selbst da ist, wenn er einmal auftritt. Die jeweilige inhaltliche Konkretion eines bestimmten Begriffs, der im Gange der Logik Vorläufer eines anderen ist und mithin als das Vorausgesetzte erscheint, verschwindet in der Reflexion, die im Verhältnis Unmittelbarkeit–Vermittlung nur noch das Voraussetzen überhaupt übrig läßt. Nicht was ein Begriff faktisch voraussetzt, ist hier erhalten, sondern daß Begriffe überhaupt im Medium des Voraussetzens zueinander stehen.

Ein allgemein logischer Charakter kommt also zum Ausdruck, wenn ein Begriff als unmittelbar in bezug auf Vermittlung oder umgekehrt als vermittelt in bezug auf Unmittelbarkeit gekennzeichnet wird. Der Austausch der beiden äquivalenten Kennzeichnungen wird dadurch möglich, daß jede Vermittlung wieder eine neue Unmittelbarkeit zum Ergebnis hat[36]. Vermittelt heißt ein Begriff nur in bezug

36 Vgl. *Logik* II 494 ff.

auf eine aufgehobene Unmittelbarkeit, so daß er von diesem Bezug befreit und für sich genommen in die Stellung der Unmittelbarkeit und damit in bezug zu einer weiteren Vermittlung gerät. Das Geflecht dieser Bezüge hat allgemeine Geltung für die ganze Logik. Mithin unterscheiden sich Begriffe darin nicht mehr voneinander, daß ihrem Setzen das Mitsetzen eines Moments eigentümlich ist, ohne welches auch das Setzen nicht erfolgen könnte, und das doch im Akt des Setzens immer schon als ein vorausgesetztes zurückgelassen ist.

Die Analyse des inneren *Verweisungszusammenhangs von Unmittelbarkeit und Vermittlung* gibt ein Instrument an die Hand, mit dem für den Absolutheitsanspruch der Logik zunächst fatalen Sachverhalt fertig zu werden, daß kein Begriff vom Himmel fällt. Die tiefgreifende Einschränkung, die die logische Reinheit und Begriffsautonomie durch das unabdingbare Voraussetzen erfährt, wird unschädlich, indem sie in ein selber noch logisch zu begreifendes Verhältnis übersetzt wird. Damit sind Voraussetzungen nicht etwa geleugnet, sie werden im Gegenteil begrifflich anerkannt. Nur bilden sie keinen Ballast mehr, der die Freiheit des reinen Denkens hindert.

Die begriffliche Transposition von Voraussetzungen stellt sogar erst das logische Geflecht her, innerhalb dessen verschiedene Begriffe zur Einheit einer Logik zusammentreten. Die Begriffe weisen einander wechselweise ihren Platz in dem Geflecht an, ihre Unterschiede werden im Zusammenhang erst präzisierbar. Man muß daher in gewissem Sinne sagen, daß die Begriffe sich überhaupt nur im Kontext mit anderen Begriffen bestimmen.[37] Was genau unter einem Begriff zu denken sei, ergibt sich in rein logischer Bestimmtheit aus der jeweiligen Relation und Ordnung, in der dieser Begriff zu seinen Nachbarn steht. Begriffe, wenn sie rein gedacht und dennoch inhaltlich bestimmt und untereinander different sein sollen, stellen also keine Sachen vor, sondern geben Verhältnisse an. Die Verhältnisse, die in begrifflicher Bestimmtheit zum Stehen gekommen sind, können aus demselben Grunde auch unablässig ineinander übergehen. Die hegelsche Logik

37 Vgl. *Logik* II 56.

ist nichts anderes als das *System der untereinander bestimmten, rein begrifflichen Verhältnisse,* die sich je zu einem bestimmten Inhalt verfestigen und ebenso im Kontinuum der Übergänge verflüssigen.

Es wird deutlich, daß das logische Strukturproblem der Voraussetzungshaftigkeit von Begriffen zu einem grundlegenden Faktor des systematischen Begriffszusammenhangs umgedeutet wird. Voraussetzungen werden dann logisch unschädlich, wenn sie in die wechselseitig definierten Positionen von Unmittelbarkeit und Vermittlung eingeordnet werden können. Sie übernehmen sogar eine positive Funktion und liefern das Grundgerüst eines systematischen Zusammenhangs von Begriffen, wenn sie sich als die Bedingungen der inhaltlichen Bestimmung reiner Begriffe untereinander verstehen lassen. Begriffe sollen Verhältnisse wiedergeben, Verhältnisse lassen sich aber nur mit Rücksicht auf Bezugspunkte definieren, die vorausgesetzt werden müssen, um in der Verhältnisbestimmung in eine Relation zu treten, in der sie von sich aus nicht stehen. Die Bestimmung von Verhältnissen bedient sich also stets solcher Voraussetzungen.

Wesen und Schein

In besonderer Deutlichkeit treten die genannten Strukturmomente, die für den inneren Aufbau der hegelschen Logik konstitutiv sind, beim Übergang der Seinslogik zur Wesenslogik hervor. Hier werden die Rolle der logischen Voraussetzung, ihre begriffliche Umwandlung in den Verweisungszusammenhang Unmittelbarkeit-Vermittlung und ihre positive Aufnahme als Bedingung der Begriffsentwicklung im Sinne von Verhältnisbestimmungen auf exemplarische Weise thematisch[38]. Wir deuten die ersten Schritte der *Wesenslogik* kurz an, um das bisher Gesagte zu veranschaulichen und um dann in die Erörterung der Rezeption der hegelschen Logik im Aufbau von Marx' *Kapital* zurückzuleiten.

Die Logik des Wesens wird insgesamt nur verständlich auf-

---

38 S. dazu wieder den Aufsatz von D. Henrich *Hegels Logik der Reflexion* (a.a.O.).

grund der vorausgesetzten Logik des Seins. Die Konzeption, die auf die vollendete Seinslogik überhaupt noch etwas folgen läßt und die Spezifität des Folgenden aus der Eigenart der Folge selber bestimmt, arbeitet ausdrücklich mit dem Modell der Voraussetzung und ihrer begrifflichen Einholung. »Erst indem das Wissen sich aus dem unmittelbaren Sein erinnert, durch diese Vermittlung findet es das Wesen.«[39] Hierin unterscheidet sich der Beginn der Wesenslogik deutlich vom Übergang in die Begriffslogik, bei dem zwar auch die Reflexion von Voraussetzungen eine Rolle spielt, aber nur im Sinne ihrer vollendeten Aufhebung und Rückführung in den absoluten Grund.[40]

Was Wesen heißt, ergibt sich dagegen allein aus der Aufhebung der Unmittelbarkeit des Seins, die als Voraussetzung erstmals erkannt und als wesentlich anerkannt wird. Durch die positive Einholung legt die Voraussetzung den ihr zunächst anhaftenden Zug bloßer unbestimmter Vorausgesetztheit ab und bildet die erste Bestimmung des Wesens im Begriff des Scheins. Begreift man nämlich das hergestellte Verhältnis in sich und vollführt nicht nur einen Reflexionsakt, der auf Vorausgesetztes zurückgreift und die inhaltsleere Relation des Voraussetzens und Vorausgesetzthabens nachzeichnet, so muß, was nun sachlich da ist, als *Schein* beschrieben werden.

Man hat nichts anderes als das direkte Aufheben des Seins, das Durchstreichen eines Substantiellen in Händen und soll eben dies geradezu benennen. Ein Sein, das nur als negiertes noch ist, oder das ganz Nichtige, als existent betrachtet, ergibt rein aus sich die Kategorie des Scheins. Es gilt, nur zu begreifen, was »Schein« ist, was man darunter denkt, wenn man allein dies voll durchdenkt. Der Begriff des Scheins entsteht also von nirgendwo sonst denn aus seiner logischen Voraussetzung auf dem Wege ihrer Aufhebung und muß begrifflich in sich voll verständlich und durchsichtig sein. Mitnichten bedarf es eines inhaltlichen Gegenbegriffs, etwa im kontrastierenden Ansatz eines ›Wesens‹ gegenüber dem Schein, um in Wahrheit zu begreifen, was mit ›Schein‹ gemeint ist. So

39 *Logik* II 3.
40 A.a.O., 214 ff.

wenig wird ein gehaltvoller Wesensbegriff antizipatorisch benutzt und in Opposition zum Schein gebracht, daß der *Schein* sich sogar als die erste Bestimmung des *Wesens* selbst erweist.

Das im Schein präsente unmittelbare Dasein von Negativität wandelt sich sodann zur *Reflexion,* indem in einem nächsten Schritt der Schein aus dem Status der Unmittelbarkeit befreit wird. Nimmt man nicht einfach hin, was als Schein auftrat, sondern versucht, die Einheit seiner Momente zu begreifen, so ist darauf zu achten, daß nichts Anderes unterstellt werde, worauf die Negation sich richtet, so daß dieses im Schein als ein negiertes schiene. Der einheitlich mit sich vermittelte Schein macht vielmehr offenbar, daß nichts anderes denn die Negativität selbst es ist, die sowohl scheint als auch das Scheinen verantwortet. Den unmittelbar auftretenden Schein muß man vermittelt als reine Bewegung des Scheinens in sich verstehen, wo Negativität sich so auf sich bezieht, daß sie sich auf ein Nichtiges bezieht, folglich nie bei sich ankommt. Ihre Beziehung auf sich hat die Form eines Fortweisens von sich, sie ist nur als die flüchtige Bewegung unablässiger Selbstnegation. Hegel hat für diese logische Struktur den Titel Reflexion und sieht darin die nächste Bestimmung des Wesens, das sich in der Fülle seines Gehalts überhaupt erst aus der Abfolge aller seiner Bestimmungen konkretisiert.

Mit der kurzen Skizze der ersten Bestimmungen der Wesenslogik mag es hier sein Bewenden haben. Die Skizze diente der Veranschaulichung des Modells logischer Einholung von Voraussetzungen, von dem behauptet worden war, daß es den gesamten Gang der *Logik* Hegels regle, während es beim zweiten Buch in größter Deutlichkeit zutage tritt. Freilich hat die Einsicht in die Spezifität der Wesenslogik aus ihrer logischen Genesis ein besonderes Gewicht angesichts gängiger Mißverständnisse, die Hegels Begriff des Wesens in einem massiv ontologischen Sinne für die substantielle Wahrheit einer Sache nehmen und gegen den bloßen, täuschenden Schein rücken. Der äußere Gegensatz von Wesen und Schein wird nämlich gern auf die Logik des marxschen *Kapitals* abgebildet, als läge die dialektische Weisheit darin, den Schein vom

Wesen zu trennen, und als hätte Marx sich dies von Hegel zeigen lassen.[41]

Die häufig zitierte Erklärung von Marx[42]: »alle Wissenschaft wäre überflüssig, wenn die Erscheinungsform und das Wesen der Dinge unmittelbar zusammenfielen« enthält eine ganz allgemeine Maxime wissenschaftlicher Erkenntnis, für die hegelsche Dialektik gar nicht bemüht werden muß und die jede positive Forschung, der Dialektik im übrigen als Hokuspokus gilt, aus ihrer eignen Intention bestätigen würde.[43] Die Maxime besagt etwa, daß jede genaue Untersuchung zum Kern der Sache vordringen solle, statt sich mit der äußeren Erscheinung zu begnügen.

Die Dialektik beginnt dagegen erst mit der These: »der Schein selbst ist dem Wesen wesentlich.«[44] Hegel hat allen Wert auf die Einsicht gelegt, daß Wesen sich von Schein und Erscheinung gerade *nicht* bestimmt absondern lasse. Er tritt damit in ausdrücklichen Gegensatz zur traditionellen Ontologie[45], die seit Plato ihre Aufgabe in der Erkenntnis eines von der Erscheinung unterschiedenen, hinter ihr gar verborgenen Wesens suchte, so daß der Schein sich schließlich als die fälschliche Verwechslung von Erscheinung und Wesen identifizieren ließ.

Diese Grundannahmen reichen bis in die kritische Philosophie Kants hinein und treten mit klarer Konsequenz wieder in Kraft, nachdem der materialistische Ansatz eine substantielle Gegeninstanz gegen Hegels logische Begriffsdialektik einrichtete. Wo man jenseits der Spiegelung von Gedankenbestimmungen ineinander auf einem realen Substrat in Ge-

---

41 Mit der falschen Akzentuierung findet Hegels Wesensbegriff Verwendung bei der Interpretation des *Kapitals* durch H. Marcuse, *Zum Begriff des Wesens.* In: *Zt. f. Soz.forschg.* 5, 1936, bes. 23 ff., 33 ff. – Dem folgen auch die verdienstlichen Studien von H. J. Krahl, *Bemerkungen zum Verhältnis von Kapital und hegelscher Wesenslogik* (In: O. Negt, Hrsg., *Aktualität und Folgen der Philosophie Hegels,* (edition suhrkamp 441), Ffm. 1970; *Zur Wesenslogik der Marxschen Warenanalyse.* In: Krahl, *Konstitution und Klassenkampf,* Frankfurt 1971, z. B. 35 f., 50, 58.

42 *Kapital* III 825, vgl. 324, I 335, 559.

43 Die naturwissenschaftliche Analogie; I 335.

44 Hegel, *Ästhetik* I 12 (1842).

45 Vgl. *Logik* II 9 f., 122 ff.

stalt materieller Reproduktion der Gattung besteht, kehrt der Zwang zur Unterscheidung des Wesens, dem die Priorität materieller Wirklichkeit gebührt, von seiner Verschleierung und seinen fetischistischen Mystifikationen im Schein zurück. Wieso der Schein dem Wesen wesentlich sein soll, läßt sich materialistisch nicht im Ernste nachvollziehen. Infolgedessen wird die Rolle der hegelschen Wesenslogik im Rahmen von Marx' *Kapital* notwendig ambivalent. Sicher kann man mit ihren Kategorien nicht die gesamte Analyse von der Dialektik der Wertform an bestreiten.[46]

Wenn in der Tat, wie oben dargelegt wurde, die Spezifität der *wesenslogischen* Kategorien aus ihrem immanent logischen Verhältnis zur Seinslogik allein erfaßt werden kann, dann muß die Applikation spezifisch wesenslogischer Kategorien auf die Struktur des *Kapitals* dem entsprechen. Sofern eine solche Anwendung überhaupt statthaft ist, muß sie den ausgezeichneten logischen Charakter der *Einholung von Voraussetzungen* aufweisen. Der Sache nach kann ihr Ort nicht am Anfang liegen, sondern muß dort lokalisiert sein, wo ein unvermeidlich Vorausgesetztes erkannt und damit erst auf einen tragfähigen Boden gebracht wird. Nun gibt eine späte Briefstelle von Engels zu der Frage einen erhellenden Hinweis, der durch die Publikation der *Grundrisse* glänzend bestätigt wird: »Vergleichen Sie die Entwicklung bei Marx von der Ware zum Kapital mit der bei Hegel vom Sein zum Wesen, und Sie haben eine ganz gute Parallele.«[47] Daraus kann man nur schließen, daß mit der Analyse der Ware zu beginnen sei, was den Verzicht auf wesenslogische Kategorien einschließt.

Hegels ›Logik‹ und ›Das Kapital‹

Worin gründet nun die Vergleichbarkeit von Marx' *Kapital* mit Hegels *Wissenschaft der Logik*? Die Gründe können kaum inhaltlicher Natur sein, denn im Inhalt hat sich der

46 Die zitierten Arbeiten von Krahl gehen davon jedoch aufgrund des genannten Mißverständnisses aus.
47 Brief an Conrad Schmidt vom 1. 11. 1891.

marxsche Materialismus von Hegels Begriffsdialektik stets abgesetzt. Was auch immer präzise unter dem Materialismus zu verstehen sein mag – die primäre Praxisorientierung der *Feuerbach-Thesen* oder eine quasi naturwissenschaftliche Einstellung im Engelsschen Sinne –, soviel ist zumindest klar, daß der materialistische Ansatz sich im Gegenzug zum hegelschen Idealismus definiert.[48]

Unbeschadet dessen können freilich allgemein logische Gründe und solche der Methodenreflexion die erklärte Analogie stützen. Wir haben gesehen, daß der äußere Gegensatz von Wesen und Schein keine ausreichende Basis der Berufung auf dialektische Kategorien abgibt, denn die spekulative Logik begreift Schein gerade als eine Bestimmung des Wesens selbst und Marx folgt ihr darin, wenn er mit dem Warenfetischismus den Schein in das Wesen des Kapitalismus aufnimmt. An dieser Stelle ist Dialektik mithin längst am Werk. Der Grund ihrer Verwendung muß also früher und in einem noch allgemeineren Bereich zu suchen sein.

Es sind *zwei* allgemein logische Gründe zu sehen, die für die Konvergenz von *Logik* und *Kapital* sprechen und im methodischen Fundament einer Kritik der politischen Ökonomie rein dialektische Verfahrensweisen verankern. Die beiden Gründe sind anhand der Strukturanalyse der hegelschen *Logik* bereits erörtert worden, und ich möchte sie mit Hilfe der dort eingeführten Terminologie das Problem der *Voraussetzung* und die kategoriale *Verhältnisbestimmung* nennen. Der nicht zu leugnende Umstand, daß Begriffe Voraussetzungen machen, hatte Hegel ja in beträchtliche logische Schwierigkeiten geführt, die erst voll ausgeräumt werden konnten, nachdem das Voraussetzen sich positiv als die Bedingung von Begriffsbestimmung überhaupt im Sinne der Verhältnisbildung umdeuten ließ.

Es mag überraschen, daß der marxsche Rückgriff auf Hegel

---

48 An einer bekannten Stelle der *Grundrisse* (69) heißt es dazu: »Es wird später nötig sein, die idealistische Manier der Darstellung zu korrigieren, die den Schein hervorbringt, als handle es sich nur um Begriffsbestimmungen und die Dialektik dieser Begriffe. Also vor allem die Phrase: das Produkt (oder Tätigkeit) wird Ware; die Ware Tauschwert; der Tauschwert Geld.«

auf einer so abstrakten Ebene angesiedelt werden soll. Indes sei erinnert, daß es im Rahmen der Methodologie des *Kapital* nicht um die bloße Feststellung der faktischen Instrumentierung eines Unternehmens geht, dessen Richtigkeit an sich jeder Frage enthoben ist, so daß auch seine methodische Ausstattung nicht weiter erklärungsbedürftig erscheint. Nimmt man Marx' eigene Methodenüberlegungen ernst, so zeigt sich, daß er es sich in dem Punkte weniger leicht gemacht hat als die nachfolgende Apologetik.[49] Er hat die Rechtsgründe einer Adaptation dialektischer Methode jenseits der Dialektik reiner Begriffe ausdrücklich erwogen und nicht bloß mit dem Ansinnen an Plausibilität deren materialistische Umstülpung postuliert. Denn offenkundig kann man eine Dialektik, die auf höchst komplizierte Weise zwischen Begriffen spielt, nicht ohne weiteres auf materielle Gegebenheiten umstülpen, ohne zu prüfen, ob man nun noch dieselbe Dialektik in Händen hat.

Die methodologische Prüfung der Legitimation einer Abbildung dialektischer Begrifflichkeit auf ein materielles Substrat muß sich aber notgedrungen in der abstrakten Sphäre von Logik und Methodologie bewegen. Marx scheut in seinen Reflexionen zur Methode die dünne Luft des Begriffs auch keineswegs. Er diskutiert die Frage an manchen Stellen und ohne strenge Ordnung, nicht einmal die erwähnte Methodenskizze der *Einleitung* zur *Kritik der politischen Ökonomie* genügt den Kriterien einer prinzipiellen Abhandlung. Gleichwohl lassen sich seine Überlegungen in die zwei genannten Hinsichten gliedern.

Das Problem der *Voraussetzung* haben wir schon berührt, als die methodische Bedeutung der historischen Prämisse des Kapitalismus als der voll entwickelten Herrschaft der Abstraktion betrachtet wurde. Demnach kommt der Diagnose der Epoche zugleich eine Funktion zu, die dem logischen Problem

49 Den immerhin respektablen Anfang macht Engels' Rezension in populärer Absicht von Marx' Buch »*Zur Kritik der politischen Ökonomie*« (1859), die den Rekurs auf Hegels Logik in der Hauptsache aus der Zeitlage erklärt: Eine Frontstellung gegen die aufkommenden Materialismus der Büchner etc. sei nötig gewesen und Hegels Methode habe sich dafür nicht zuletzt wegen ihres »enormen historischen Sinns« angeboten. (In: Marx, *Zur Kritik der politischen Ökonomie*, Berlin 1968, 206 ff.).

der Voraussetzung abstrakter Begriffe entspricht. Begriffe machen stets Voraussetzungen und dürfen doch nichts voraussetzen, was den rein logischen Status tangiert. Dieser Einschränkung, der die Begriffe aufgrund ihrer Natur unterliegen, war Hegel in der Systematik mit der *Phänomenologie* und im Felde der Logik mit dem operativen Begriffspaar Unmittelbarkeit und Vermittlung begegnet. Marx gelingt eine andere Lösung mit jener Prämisse, die den Kapitalismus als historische Existenzweise von Abstraktion diagnostiziert und also im außertheoretischen Bereich der realen Geschichte eine theoriekonstitutive Voraussetzung namhaft macht.

Damit ist nicht nur die logische Anstößigkeit begrifflich unbewältigter Voraussetzungen beseitigt, denn der besondere Stand der Geschichte läßt dialektische Methode bruchlos anknüpfen. Die dialektische Methode ist auch auf reale Geschichte bezogen, während die *Phänomenologie* Gestalten des erscheinenden Geistes durchmustert und Geschichte also selektiv im Blick auf Theorie erfaßt. Die Marxsche Prämisse bestimmt Geschichte und Theorie im Verhältnis des Unmittelbaren zur Vermittlung: die historische Lage ist der Standpunkt des Unmittelbaren und ruft als solcher nach Theorie, um in ihr sich schlüssig zu vermitteln. Hegels *Phänomenologie* dagegen vermittelt Theorie, die im vollkommenen Sinne erst als Logik einsetzt, mit einer gedeuteten und also bereits vermittelten, der Unmittelbarkeit beraubten Geschichte.

Zwar übt die *Phänomenologie* durchgängig Kritik, aber sie mißt nicht politische Ökonomie an der Wirklichkeit, sondern unvollkommene Gestalten des Geistes an deren eigenem Anspruch.[50] Die Kritik zielt daher auch nicht durch die ideologischen Schleier der Ökonomie hindurch auf eine systematische Darstellung der wahren Wirklichkeit. Sie kritisiert den Schein des Geistes namens des darin erscheinenden Geistes und führt so den Schein ohne Sprung in seinen Grund zurück. Sie arbeitet nämlich nicht mit dem äußerlich fixierten Gegensatz von Schein und Wesen, sondern mit einem Scheinbegriff, der die erste Bestimmung des Wesens darstellt und diesen

50 S. Einleitung der *Phänomenologie des Geistes*.

Umstand nur begreifen muß, um die Differenz aufzuheben, die ihn vom Wesen trennt.

Marx deutet zunächst die historisch gegebene Epoche in ihrem Grundzug als logische Voraussetzung für den Einsatz dialektischer Methode. Er macht aber von der logischen Struktur der Voraussetzung auch im Gange der Analysen des *Kapital* Gebrauch, wo die dialektische Methode die Untersuchung längst leitet. Die Untersuchung beginnt mit der einfachsten und abstraktesten Figur der Dialektik im Begriff der Ware und entwickelt daraus folgerichtig erst den Zentralbegriff des Kapitals. Der entscheidende Übergang muß dort gesucht werden, wo aus dem voll entfalteten Warenverhältnis das Kapital sich als der notwendig nächste Schritt der Analyse ergibt. Diesen für den Gesamtaufbau des *Kapital* wohl wichtigsten Übergang hat Marx der logischen Struktur nach als Einholung einer Voraussetzung gekennzeichnet. Insbesondere in den *Grundrissen* vollzieht sich die sachlich geforderte Erschließung der für den Kapitalismus repräsentativen Kategorie gemäß der logischen Nötigung, zu einem neuen Begriff überzugehen, der gemachte Voraussetzungen als solche aufhebt in die Wahrheit, die er erst ausspricht. Wir kommen darauf beim Überblick über die innere dialektische Struktur des *Kapital* zurück.[51]

Die zweite Hinsicht, in der Hegels spekulatives System der Begriffe mit dem methodischen Gerüst des *Kapital* logisch vergleichbar sein soll, ist die kategoriale *Verhältnisbestimmung*. Wenn die Begriffe der hegelschen *Logik* keine Dinge höheren Ranges, keine ideellen Substanzen oder metaphysischen Entitäten darstellen, sondern rein gedachte, strukturell differente Verhältnisbestimmungen, so gilt dies erst recht für die Kategorien des marxschen *Kapital*. Alle elementaren Begriffe wie Ware, Wert, Geld, Kapital etc. geben Verhältnisse an und nichts als Verhältnisse.[52] Daß die kategorialen Verhältnisbestimmungen Reales meinen und nicht reine Begriffe untereinander in Relation setzen, ist kein Einwand, sondern

51 Vgl. einstweilen: *Grundr.* 166 f., 170 ff., 203, 214, 237, 411, 939, 945; *Kapital* I 161, 183 f. u. a.

52 *Grundr.* 59-67, 75, 152, 169, 178 ff., 186, 199 f., 237, 243, 374, 592 f., 631 f., 763; *Kapital* I 50, 62, 66, 102 ff. u. a.

bestärkt gerade die Intention, den Verhältnischarakter des in den Kategorien Ausgesagten zu erkennen.[53]
Der Fetischismus als das Hauptmerkmal kapitalistischer Gesellschaftsformen benennt nichts anderes als dinglich gewordene Verhältnisse. Im Fetischismus verschwindet der Verhältnischarakter von Verhältnissen hinter ihrer dinglichen Fassade, so daß aus der Verfestigung in Realität die Eigenart der Verhältnisse, nämlich Verhältnisse und nicht Dinge zu sein, erst durch kritische Analyse zurückgewonnen werden muß. Die Kritik der politischen Ökonomie löst den fetischistischen Bann, indem sie Verhältnisse wieder als solche erkennen läßt. Diese Korrektur, die den Kategorien zunächst einmal ihren richtigen logischen Status zurückgibt, fällt noch keineswegs mit der Realisierung nicht verdinglichter Verhältnisse in Gestalt richtiger Gesellschaft zusammen, aber ist deren unerläßliche Vorbedingung. In der kritischen Analyse des Fetischismus erweist sich, daß die höchst allgemeine und logisch formale Methodenfrage nicht belanglos, sondern vielmehr für das marxsche Programm in seiner Gesamtheit fundamental ist. Dingen sieht man die Verhältnisse, die in ihnen versteinert sind, nicht an, es sei denn, man verfügt über Kategorien, die ihrer Struktur nach als Verhältnisbestimmungen verstanden werden müssen. Kraft solcher Kategorien allein vermag Kritik das Versteinerte zu wandeln und auf die darin verdrängte Lebendigkeit hin durchsichtig zu machen.

Ware als anfängliche Verhältnisbestimmung

Nach den ausführlichen und trockenen methodologischen Präliminarien scheint es nun an der Zeit, die dialektische Me-

---

53 M. M. Rosental nimmt daher völlig zu Recht den Ausgangspunkt seiner Untersuchung der *Dialektischen Methode der politischen Ökonomie von K. Marx* (dt. Ausg. Berlin 1969) von dem Diktum: »Das Kapital [...] kann nur als Bewegung und nicht als ruhendes Ding begriffen werden. Diejenigen, die die Verselbständigung des Wertes als bloße Abstraktion betrachten, vergessen, daß die Bewegung des Kapitals diese Abstraktion in actu ist« (*Kapital* II 109, *MEW* 24). Dem richtigen Ansatz zum Trotz bleiben die Resultate der Studie von Rosental für Marx' Verhältnis zu Hegel spärlich.

thode dort vor Augen zu führen, wo sie eigentlich am Werke ist und inhaltliche Erkenntnis hervorbringt. Es muß auffallen, wenn man etwa im Lichte der bekannten Marxschen These aus den *Ökonomisch-philosophischen Manuskripten* urteilt, daß am Beginn des *Kapital* nicht die Arbeit steht und auch nicht der Wert, den sie produziert, sondern die Ware. An sich läge es doch nahe, mit dem realen Ursprung allen Wertes, nämlich den »productive powers of labour« zu beginnen, wie es Adam Smith natürlich schien[54], oder zumindest den Wert als die erste ökonomische Kategorie voranzustellen, wie David Ricardo in Anknüpfung an Smith es tat.[55]

Die Arbeit, rein für sich genommen, stellt freilich kein Verhältnis dar, sie ist der Prozeß der Herstellung eines nützlichen Produkts und enthält insofern nichts, das dem Kapitalismus eigentümlich wäre.[56] Ebensowenig liegt im Wert an sich ein Verhältnis vor, sondern das Ergebnis produktiver Arbeit. Ein Verhältnis offenbart sich erst in der Ware, wo Wert in die Dimension des Tausches rückt und gedoppelt als Gebrauchswert und Tauschwert erscheint.

Die erste Verhältnisbestimmung ist demnach in der *Ware* zu sehen, die die Einheit von Gebrauchswert und Tauschwert repräsentiert. Die Ware gilt als die abstrakteste Kategorie zur Erfassung der kapitalistischen Wirklichkeit. Der Wert hat sich hier bereits in die Doppelung zweier Bestimmungen verwandelt und die Arbeit, die den Wert erzeugt, ist als solche verdrängt. Sie wird thematisch nur in einer vom Warenverhältnis geprägten Gestalt und taucht erst auf, nachdem der Kapitalbegriff schon eingeführt ist.[57] Man erkennt sogleich, daß die Abfolge der Kategorien nicht der faktischen Priorität des von ihnen Bezeichneten oder einer Rangordnung der wahren Bedeutsamkeit entspricht. Die dialektische Methode beginnt vielmehr mit der einfachsten und abstraktesten Verhältnisbestimmung, die den Kapitalismus kennzeich-

54 *An Inquiry into the Nature and Causes of the Wealth of Nations*, 1776, I 1.
55 *Principles of Political Economy and Taxation*, 1817, I.
56 Vgl. *Kapital* I 57, 192 ff., 196 A. 7, 198; *Grundr.* 170.
57 *Kapital* I, 5. Kap.

net und von ihm historisch auch herausentwickelt ist. Die Analyse beginnt mit einem Gegebenen, der »Elementarform der Ware«.

Sie begreift allerdings das Verhältnis im Sinne eines dialektischen Widerspruchs. Ware ist ein Ding nur, wenn es Gebrauchswert hat, d. h. ein bestimmtes Bedürfnis befriedigt, und zugleich wird ein Ding nur Ware, wenn von der Bestimmtheit seines Gebrauchswertes abgesehen wird und es die Allgemeinheit eines Tauschwertes annimmt. Der Tauschwert drückt die Vergleichbarkeit verschiedener Wertdinge ohne Rücksicht auf die Besonderheit ihres jeweiligen Gebrauchswerts aus. Allein der immanente Widerspruch in der ersten Verhältnisbestimmung macht die Warenanalyse zu einer dialektischen und ermöglicht den systematischen Fortgang zu weiteren Bestimmungen.

Das Spezifische der marxschen Analyse tritt deutlich hervor, wenn man die klassischen Bestimmungen der aristotelischen Ökonomik dagegenhält. Die Doppelung von Gebrauchswert und Tauschwert in der Ware hat nämlich *Aristoteles* bereits klar erkannt[58] und Marx zitiert ihn deshalb mehrfach rühmend.[59] Aristoteles klassifiziert den Tauschwert gegenüber dem Gebrauchswert als dem Wesen der Sache uneigentlich[60] und die allein auf Tauschhandel konzentrierte Tätigkeit als widernatürlich (παρὰ φύσιν).[61] Der Tausch wird nämlich jenseits der natürlichen Bedürfnisbefriedigung durch Mängelausgleich zu einem Selbstzweck und das Geld, das als Mittel und Maß des Tauschverkehrs eingesetzt wurde (νόμισμα)[62], verkehrt sich zum Ziel maßloser Bereicherung. Der Zins (τόκος) erscheint bereits wie unter der Maske marxscher Ironie als Geld heckendes Geld.[63]

Die Kritik, die Aristoteles an einem ganz auf Tauschhandel gerichteten Verhalten übt, gilt zwar, ähnlich wie die von Marx vorgebrachte, dem Phänomen der Verselbständigung,

58 *Politik* I 9, *Nikomachische Ethik* V 8, *Eudemische Ethik* 1231 a 39 ff.
59 *Kapital* I, 73 f., 100, 167, 179, 430; *Zur Kritik der politischen Ökonomie*, 1858, a.a.O., 21, 38, 47, 66, 120, 142.
60 *Politik* 1257 a 7 f., 13.
61 *Politik* 1257 a 17 f., 29; b 20 ff., 1258 a 10, b 1,7.
62 *Politik* 1257 b 23, a 33.
63 *Politik* 1258b 5 ff., vgl. *Kapital* I 179.

aber die Argumente der Widernatürlichkeit und Maßlosigkeit[64] sind streng genommen *ethischer* Herkunft. Es ist eben ein falsches Ziel, das sich in der Vermehrung der Mittel erschöpft und darüber den Entwurf des richtigen Lebens (εὖ ζῆν) versäumt.[65] Aufgrund der dominierenden ethischen Bewertung lag es Aristoteles fern, die kritische Absicht in die systematische Aufdeckung von Widersprüchen umzusetzen. Diese Intention leitet erst unter der historischen Bedingung des Kapitalismus eine Kritik der politischen Ökonomie. Sie erkennt den elementaren Widerspruch des Warenwerts und entwickelt daraus logisch alle übrigen Widersprüche, die in ihrer Gesamtheit die Realität der kapitalistischen Gesellschaft darstellen.

Die Entstehung des ersten Widerspruchs beschreibt Marx sehr anschaulich wie folgt[66]: »Die Produkte (oder Tätigkeiten) tauschen sich nur aus als Waren; die Waren im Tausche existieren nur als Werte; nur als solche vergleichen sie sich. [...] Ich setze jede der Waren = einem Dritten, d. h. sich selbst Ungleich. Dies Dritte, von beiden verschieden, da es ein Verhältnis ausdrückt, existiert zunächst im Kopfe, in der Vorstellung, wie Verhältnisse überhaupt nur gedacht werden können, wenn sie fixiert werden sollen, im Unterschied von den Subjekten, die sich verhalten. [...] Beim Vergleichen der Waren reicht diese Abstraktion hin, beim wirklichen Austausch muß die Abstraktion wieder vergegenständlicht werden, symbolisiert, durch ein Zeichen realisiert werden. [...] Die Verwandlung der Ware in Tauschwert setzt sie aber nicht einer bestimmten anderen Ware gleich, sondern drückt sie als Äquivalent, ihr Austauschverhältnis zu allen anderen Waren aus.«

Diese Schilderung muß so gelesen werden, daß sie der Bildung der Wertform bereits im Rücken liegt. Es ist nicht mehr subjektive Denkleistung, die zwei Produkte als Waren miteinander in Vergleich setzt, sondern zum Sein der Ware selber gehört ihre Vergleichbarkeit mit Anderem. Das Moment, worin ein Bestimmtes einem Anderen und verschieden Be-

---

64 *Kapital* I 147.
65 *Politik* 1257 b 41 f., *NE* 1096 a 5 ff., *EE* 1215 a 27-33.
66 *Grundr.* 61, 63.

stimmten gleich gilt, bringt es in eine ursprüngliche Ungleichheit mit sich und seiner eigenen Bestimmtheit. Dieser Widerspruch der Ware zerlegt sich dem *Kapital* zufolge in »relative Wertform« und »Äquivalentform«. Er erscheint zunächst als relative Wertform, die zwei bestimmte Waren miteinander in Vergleich treten läßt, die Werthaftigkeit der einen unmittelbar in der anderen spiegelt und eine Quantifikation als Index der Bestimmtheit der so gebildeten Relation ermöglicht. Die an eine besondere Relation gebundene Vergleichbarkeit entwickelt sich sodann zur Äquivalentform, worin eine Ware ihre Wertbeziehung auf alles mögliche Andere als unmittelbare Austauschbarkeit ganz in sich hineinnimmt und zu ihren genuinen Eigenschaften zählt. In Wahrheit fällt aber die der Ware zukommende Äquivalentform auseinander in eine unendliche Reihe konkreter Warenäquivalente, solange nicht das Äquivalenzverhältnis selber einheitlich gefaßt und für den Komplex aller Waren gültig festgehalten werden kann. Es tritt dann als »allgemeine Wertform« hervor, die sich in einer speziellen Ware als dem universalen Äquivalent Ausdruck schafft. Von hier ist es nur noch ein Schritt zur realen Verselbständigung der Wertform im Preise oder der Geldform. Im Gelde kristallisiert sich der Zusammenhang aller Waren untereinander.

Kapital und Arbeit oder die Logik der Voraussetzung

Soweit reicht die logische Ableitung von Kategorien – nicht die historische Wiedergabe faktischer Genesen –, bevor der Kapitalbegriff eingeführt wird.[67] Der *Kapitalbegriff* baut allererst auf einem Widerspruch auf, den das Geld in sich enthält. Verkörpert das Geld die allgemeine Wertgestalt der Waren, so hat sich in ein einzelnes Tauschobjekt das gesamte Wesen des Austauschprozesses zurückgezogen. Es kann jedoch darin nicht verharren, sondern muß in den lebendigen Tauschverkehr wieder übergehen. Aus diesem Widerspruch

---

67 Das wichtige Kapitel über den *Fetischcharakter der Ware und sein Geheimnis* bildet ein Résumé von einem allgemeineren Blickwinkel, das in den Gang der Deduktion erläuternd eingefügt ist.

des Tauschprozesses mit seiner realen Verkörperung konstruiert Marx die Zirkulation der Waren, die über den einzelnen Tauschakt einer Ware gegen eine andere hinaustreibt.

Die eingetauschte Ware geht nicht in unmittelbarer Konsumtion ihres Gebrauchswertes unter, sie erhält sich vielmehr als Ware, indem sie sich, über das Geld vermittelt, in einen allgemeinen Warenumlauf von Verkauf, Kauf und Weiterverkauf begibt. Die Warenzirkulation erscheint umgekehrt ebenso als Geldzirkulation, denn was sich eigentlich im Prozeß erhält, ist die monetäre Vermittlungsgestalt, während die konkrete Ware stets irgendwo in der Konsumtion terminiert. Doch hat die Kontinuität der Vermittlung nur statt, sofern es Waren zu vermitteln gilt, an deren Austausch Interesse besteht. Eine isolierte Geldzirkulation, die nicht in Warenzirkulation zurückfließt, ist undenkbar.

Der Prozeß, der sich in der Gegenläufigkeit stabilisiert, trägt demnach das Signum *schlechter Unendlichkeit* im hegelschen Sinne.[68] Er droht ständig, in sich zusammenzufallen, wenn nicht neue Waren in ihn eingefüttert werden. Der Unstetigkeit des Wertverlaufs durch den Zirkulationsprozeß sucht die Schatzbildung zu steuern, die das vermittelnde Geld auf eine Seite bringt und spart. Der angesammelte Schatz steht aber nur tot dem labilen Prozeß gegenüber und isoliert sich von seiner Quelle, die er doch braucht, um zu entstehen und zu wachsen. Mit der Erkenntnis dieses Widerspruchs wird der Kapitalist geboren. »Die rastlose Vermehrung des Tauschwerts, die der Schatzbildner anstrebt, indem er das Geld vor der Zirkulation zu retten sucht, erreicht der klügere Kapitalist, indem er es stets von neuem der Zirkulation preisgibt.«[69]

Nun genügt sicher nicht die veränderte Einstellung zum Zirkulationsprozeß allein für die Vermehrung von Wert, die im Kapitalbegriff erfaßt ist. Aus dem Zirkulationsprozeß, wenn man sich ihm nicht verschließt, sondern überläßt, entspringt der gesuchte Mehrwert nicht von selbst. An dieser Stelle übernimmt der *Arbeitsbegriff* die Funktion der *logischen Auflösung eines Widerspruchs*. Begreift man die in das Warenver-

68 *Kapital* I 128 f., *Grundr.* 111 f., 166.
69 *Kapital* I 168.

hältnis eingetretene Arbeit in ihrer vollen Realität und Wahrheit, so ist der rätselhafte Ursprung eines im Zirkulationsprozeß sich bildenden und doch nicht aus ihm entstehenden Mehrwerts aufgeklärt. Der Mehrwert liegt in der Differenz zwischen produktiver Arbeitsleistung und der nach dem Tauschgesetz allein entgoltenen Arbeitskraft. Ihrem Gehalte nach wird die Mehrwertlehre von Marx bereits seit den Frühschriften vorgetragen, neu ist dagegen ihre logische Einführung im Rahmen der dialektischen Methode. Wir richten darauf unser Augenmerk.

Die Verwandlung von Geld in Kapital und die Unterwerfung von Arbeit unter das Warenverhältnis entstehen aneinander. Nicht als sei Arbeit bisher nie unter der Warenkategorie aufgetaucht, aber erst nachdem auch sie dem Tauschverkehr eingegliedert ist, wird die Bildung von Mehrwert in der Zirkulation oder die Verwertung des Kapitals erklärlich.[70] Die Thematisierung der Arbeit wird nötig, wo der einfache Zirkulationsprozeß der Waren als schlechte Unendlichkeit in sich zusammenfällt und seine Erhaltung nicht leisten kann ohne Rückgriff auf Momente, die in ihn eingehen, ohne daß er sie schon umfaßt.

»Die Zirkulation trägt nicht in sich selbst das Prinzip der Selbsterneuerung. Die Momente derselben sind ihr vorausgesetzt, nicht von ihr selbst gesetzt. Waren müssen stets von neuem und von außen her in sie geworfen werden wie Brennmaterial ins Feuer. Sonst erlischt sie in Indifferenz. Sie erlösche in dem Geld als indifferentes Resultat, das, insofern es nicht mehr in bezug auf Waren, Preise, Zirkulation stünde, aufgehört hätte, Geld zu sein, ein Produktionsverhältnis auszudrücken; von dem nur noch sein metallisches Dasein übriggeblieben, aber sein ökonomisches vernichtet wäre. Die Zirkulation, die also als das unmittelbar Vorhandene an der Oberfläche der bürgerlichen Gesellschaft erscheint, ist nur, sofern sie beständig vermittelt ist. In sich selbst betrachtet, ist sie die Vermittlung vorausgesetzter Extreme. Aber sie setzt diese Extreme nicht. Muß also doch nicht nur in jedem ihrer Momente, sondern als Ganzes der Vermittlung, als totaler Prozeß selbst vermittelt sein. Ihr unmittelbares Sein ist da-

70 *Kapital* I 183, 189.

her reiner Schein. Sie ist das Phänomen eines hinter ihr vorgehenden Prozesses. [...] Ihre Voraussetzung ist sowohl die Produktion von Ware durch Arbeit, als ihre Produktion als Tauschwerte.«[71]

Die Parallelen zur hegelschen Wesenslogik liegen auf der Hand. Das unmittelbar Gegebene, die einfache Vermittlung der Warenzirkulation, wäre gar nicht ohne ein Anderes, das sie voraussetzt, nämlich die unerschöpfliche Verfügbarkeit von Waren, die sich im Austausch vermitteln. Die Unmittelbarkeit beruht also auf der stillschweigend gemachten Voraussetzung und geht im Erkennen der Voraussetzung verloren. Das *Einholen der Voraussetzung* vermittelt das Ganze der Vermittlung mit den vorausgesetzten Momenten, d. h. sie läßt das Unmittelbare als Schein durchsichtig werden. Kein Wesen wird gegen den Schein aufgeboten, sondern die bürgerliche Gesellschaft in der kapitalistischen Produktionsweise zeigt ihr scheinhaftes Wesen. Es ist dem sie beherrschenden Austauschprozeß als dem einzigen Vermittlungszusammenhang gerade wesentlich, daß er Momente voraussetzt, die er nicht eingesteht. Das Eingeständnis des Verdeckten oder formal gesprochen: das Einholen der Voraussetzung läßt das Ganze erst in seiner Wahrheit begreifen.[72]

Der Zentralbegriff des Kapitals offenbart seine Eigentümlichkeit dort, wo die Voraussetzung der Warenproduktion als vorausgesetzte fungiert, während die Zirkulation in ihrem Bestehen schlicht darauf angewiesen war. Die ausdrücklich benutzte Voraussetzung sichert dem Vermittlungsprozeß die Selbsterneuerung, um die es dem Kapital geht. Die Selbsterneuerung bedeutet, daß nicht nur ein von außen eingefütterter, vor der Zirkulation produzierter Wert in den Austausch gerät und sich darin bewegt, bis er kontingent herausfällt und in der Konsumtionssphäre verschwindet. Vielmehr muß die Bewegung sich selbst erhalten und von ihren nicht gesetzten Bedingungen unabhängig machen, indem im Zirkulieren selber Wert gebildet wird, d. h. der Austauschprozeß als solcher Mehrwert abwirft.[73]

71 *Grundr.* 166 f.
72 So verstehe ich die Schlußbemerkungen *Kapital* III 826 f.
73 Vgl. *Grundr.* 170 ff., 180 f., 195, 200, 237.

Das ausdrückliche Setzen der Voraussetzung hat die reale Verfügung des Kapitals über die Bedingungen seiner Bewahrung und Akkumulation zur Folge, so daß es sich bedenkenlos in die Zirkulation begeben kann, da es darin, statt zu verschwinden, sich gar verwertet. Konkreter Ausdruck dieses logischen Verhältnisses ist die Unterwerfung der wertproduzierenden Arbeit unter die Tauschgesetze der einfachen Zirkulation. Die Arbeit tritt als eine Ware auf den Markt, die um ihres Gebrauchswertes willen gegen Lohn eingetauscht wird. Aber die Arbeit stellt eine Ware besonderer Art dar, weil ihr Gebrauchswert sich nicht in einmaliger Konsumtion abnutzt. Sie ist »*der*« Gebrauchswert schlechthin, »die lebendige Quelle des Werts« oder »die allgemeine Möglichkeit des Reichtums«.[74] Mit dem Eintausch der Arbeit hat der Käufer folglich die *lebendige Produktivität* selbst in seinen Besitz gebracht und zieht daraus in Gestalt des Mehrwerts einen einseitigen Nutzen, obgleich dem äußeren Anschein nach ein gerechtes und ausgeglichenes Tauschgeschäft von Arbeit gegen Lohn stattgefunden hat. Die Einbeziehung der Arbeit in den Tauschprozeß verschafft der Zirkulation das Prinzip einer Selbsterneuerung, worin sich das umlaufende Geld in Kapital verwandelt. Kapital entsteht also zusammen mit der Einbeziehung der Arbeit in den Tausch. Der logische Ort dieser Verwandlung kann hinsichtlich der Sphäre, aus der der Übergang erfolgt, nur abstrakt als die Einholung von Voraussetzungen gekennzeichnet werden.

»In der Zirkulation, wenn ich eine Ware gegen Geld austausche, dafür Ware kaufe und mein Bedürfnis befriedige, ist der Akt am Ende. So ist es beim Arbeiter. Aber er hat die Möglichkeit, ihn von vorn anzufangen, weil seine Lebendigkeit die Quelle, worin sein eigner Gebrauchswert bis zu einer gewissen Zeit, bis er abgenutzt ist, stets wieder von neuem sich entzündet und dem Kapital stets gegenüberstehen bleibt, um denselben Austausch von neuem zu beginnen.«[75] Die Einholung von Voraussetzungen, womit das Kapital sich die Bedingungen seiner Erhaltung sichert, indem es sich zur Arbeit in das Verhältnis des Tausches bringt, setzt zugleich im Ar-

74 *Grundr.* 202 f.
75 *Grundr.* 194.

beiter einen Antipoden, der nicht voll in jenem Verhältnis aufgeht. Sobald nämlich Arbeit als Ware auftritt, ist »damit der Arbeiter formell als Person gesetzt, der noch etwas *außer seiner* Arbeit für sich ist und der seine Lebensäußerung nur veräußert als Mittel für sein Leben.«[76] Hier entspringt der nächste Widerspruch, dessen Auflösung in letzter Potenz über die Welt des Kapitals hinausführen muß.

Die Grenzen des ›Kapital‹

Es ist merkwürdig zu sehen, daß Marx' weitere Analysen im *Kapital* nur noch das von jenem Gegensatz zwischen Lohnarbeit und Kapital im großen beschriebene Feld im einzelnen analysieren und in der ganzen Breite seiner Ausdehnung nach Strukturdifferenzen durchmustern, ohne die Überwindung des dem Kapitalismus zugrunde liegenden Gegensatzes durch Zuspitzung zum Widerspruch in gleicher Ausführlichkeit darzustellen, um dann gar das logisch folgende Stadium inhaltlich zu exponieren. Die Entwicklung geht stets nur bis zu den *Ansätzen innerkapitalistischer Krisen,* die das System bedrohen, aber nicht stürzen.[77] Die Perspektiven in die Zukunft einer Gesellschaftsordnung jenseits des Kapitalismus bleiben vage, und ihre Konkretion kann nur auf dem Hintergrunde des kapitalistischen Systems ex negativo erschlossen werden.

Was soll man aus diesem unbestreitbaren Befund folgern? Daß Marx den Kapitalismus einer so extensiven Untersuchung nur in kritischer Absicht würdigt, duldet nicht den geringsten Zweifel. Seine praktischen Intentionen können also von dieser Frage nicht unmittelbar betroffen werden. Die Frage muß auf dem Boden der Methodologie verhandelt werden. Es scheint nun so, als stünden wir hier vor dem schlüssigen Ergebnis der anfänglichen These über die Me-

---

76 *Grundr.* 200, vgl. 375.
77 Gemäß dem wichtigen Grundsatz, die »Methode, wodurch sich wirkliche Widersprüche lösen«, bestünde nicht in der »Aufhebung« der Widersprüche, sondern in der Schaffung einer »Form, worin sie sich bewegen können« (*Kapital* I 118 f. und 127 f.).

thode einer Kritik der politischen Ökonomie. Wenn in der Tat systematische Darstellung und Kritik innerlich zusammengehören, so ist offenbar für die Systemidee kein Platz mehr, wo die Kritik aus Sachgründen endet.

Nur der *Kapitalismus* ist systematischer Darstellung fähig, weil er Widersprüche umschließt, die so entwickelt sind, daß sie aus sich einen Zusammenhang logisch herstellen, der die gesamte Realität der Welt des Kapitals wiedergibt. Einer ähnlichen systematischen Darstellung auf der Basis entwickelter Widersprüche versagt sich zukünftige Gesellschaft, die noch nicht Realität ist und zudem sich ausschließlich gegen das System der Widersprüche definiert. Was diese Gesellschaft soll, ergibt sich auf dem Wege doppelter Negation, die als Aufhebung der Gegensätze positiv wird nach dem Modell der hegelschen Spekulation. Zu diesem letzten Schritt spekulativer Logik schreitet Marx indes nicht fort. Er bleibt in der Sphäre des Kapitals stehen, dessen Begriff nach dem Schema der hegelschen Wesenslogik in der Struktur der Einholung von Voraussetzungen erklärt wird. Über die der Struktur entsprechend logisch situierte Einführung reicht die dem *Kapital* immanente Logik nicht hinaus.

Man könnte zwar ein Analogon zu Hegels Logik des Begriffs konstruieren und mit dem Gedanken spielen, daß hier der Schlüssel zur Logik jener inhaltlichen Komplexe liege, die dem voll entfalteten Kapital folgen und strukturell von ihm differieren. Marx hat jedoch das Konzept einer Welt der vollkommenen Versöhnung nicht ausgeführt, weil er die systematische Darstellung an das Vorhandensein von Widersprüchen knüpfte. Die systematische Methode mußte ihm entgleiten, wo diese Bedingung *per definitionem* nicht mehr erfüllt war. Da die letzte Prämisse, von der die Kritik der politischen Ökonomie methodologisch ausging, gerade auf die historische Vorfindlichkeit abstrakter Bestimmungen lautete und mithin den Einsatz des dialektischen Verfahrens durch die Entsprechung von Realität und Begriff legitimierte, ist das Verstummen nur konsequent, wenn die Anknüpfung an historisch Gegebenes unmöglich ist. Dialektik, die projektiv in die Zukunft weiterliefe und ohne historisch reale Basis sich nur noch kraft ihres formalen Bewegungsgesetzes fortentwickelte, würde spekulativ in einem schlechten Sinne. Damit wäre die prinzipielle methodische Überzeugung von Marx verleugnet, die den Anspruch der Wissenschaftlichkeit auf den *Realitätsbezug* gründet.

Wissenschaft gibt es nur von dem, was wirklich ist. Die systematische Darstellung der Wirklichkeit geht mit Kritik ihrer ideologischen Spiegelung einher, falls die Abstraktion historisch zur Herrschaft gelangt ist. Dialektische Methode ist unter dieser Voraussetzung am Platze, da es Widersprüche als solche und in ihrem Zusammenhang zu begreifen gilt. *Wenn* dies alles ist, was es zu begreifen gilt, wird Wissenschaft mit Dialektik kompatibel, fallen System und Kritik zusammen. *Daß* dies alles ist, was es zu begreifen gilt, wird sichergestellt von einer bestimmten historischen Diagnose, die ihrerseits dem Methodenbegriff entzogen ist, den sie installieren hilft. Die Diagnose der Epoche des Kapitalismus als Welt der Entfremdung stellt in Wahrheit nämlich eine Selbstverständigung der Menschen dar und hat ihre Evidenz nur in den Möglichkeiten praktischer Vernunfteinsicht. Hier endet Methode, ohne daß deshalb die praktischen Überlegungen, die hier einsetzen müssen, vernünftiger Reflexion entzogen wären.[78]

78 Vgl. dazu Vf.: *Theorie und Praxis – eine nachhegelsche Abstraktion*, Frankfurt 1971.

Über die wissenschaftstheoretische Rolle der Hermeneutik
Ein Diskussionsbeitrag

I

›Hermeneutik‹ gilt heute als gängige Münze in wissenschaftstheoretischen Abhandlungen und Kontroversen. Ihr Kurswert scheint hoch, doch welche Deckung steht dem gegenüber? Um eine Antwort auf diese Frage vorzubereiten, sei zunächst eine einfache Unterscheidung zwischen drei Dingen eingeführt: der faktischen *Verständigung,* dem herkömmlichen Kanon der *Auslegungskunst* und einer philosophischen *Theorie.* Hermeneutisch werden nämlich sowohl konkrete Verstehensprozesse als auch die Regeln der ›ars interpretandi‹ genannt, und nicht zuletzt hat sich eine bestimmte philosophische Position den Titel der Hermeneutik gegeben. All das ist nicht einerlei, obwohl miteinander auf verschiedene Weise verbunden. Für Überlegungen zur Theorie der Wissenschaften gewinnt jedoch nur die letztere philosophische Hermeneutik oder die allgemeine Verstehenslehre eine wesentliche Bedeutung.

Allerdings stützt sich die philosophische Hermeneutik gerade auf die beständige Erfahrung gelingenden Verstehens und erweitert ihren Begriff von Methode durch Besinnung auf jene halb verdrängten Praktiken juristischer, theologischer und humanistischer Auslegung gültiger Texte. Im Rückgriff auf die Erfahrungsbasis und bei gehöriger Formalisierung des Modells unerschöpflicher Entfaltung sinnhafter Strukturen glaubt die philosophische Hermeneutik, sich der *Universalität* ihres Themas versichert zu haben. Sie traut sich daher eine grundsätzliche und umfassende Klärung von Möglichkeiten und Grenzen, Voraussetzung und Fortschritt der Erkenntnis zu, die durchaus in die Disziplin *philosophischer Erkenntnis-und Wissenschaftstheorie* gehört.

Man darf das Hauptwerk der neueren Hermeneutik, H. G. Gadamers Buch *Wahrheit und Methode,* konsequent unter diesem Blickwinkel lesen, unter dem es in dem Jahrzehnt seiner Wirkung am wenigsten betrachtet worden ist. Wenn man dann die Intention der Hermeneutik befragt, unbesehen des Vollkommenheitsgrades ihrer Durchführung, so ergibt sich, daß der Titel des Buches erklärtermaßen nicht ausschließend gemeint war[1]. Er ist mitunter aufgefaßt worden als »Wahrheit und *nicht* Methode«. Indes soll keineswegs die These vertreten werden, Methode habe mit Wahrheit nichts zu tun, oder gar, Wahrheit sei nur unter gänzlicher Abkehr von allem methodischen Denken überhaupt zugänglich. An diesem Eindruck sind eine Reihe Gadamerscher Formulierungen in der Tat nicht unschuldig, aber sie entspringen wohl eher der Überpointierung im Verfolg eines beherrschenden Beweisinteresses. In der Sachfrage kommt man nur weiter, wenn man unterstellt, daß an den bestimmt geregelten Verfahrensweisen und am dezidierten Methodenbewußtsein der Wissenschaften »die hermeneutische Reflexion nichts [kann] ändern wollen. Aber sie kann, indem sie die in den Wissenschaften jeweils leitenden Vorverständnisse transparent macht, neue Fragedimensionen freilegen und damit der methodischen Arbeit indirekt dienen. Sie kann aber darüberhinaus zum Bewußtsein bringen, was die Methodik der Wissenschaften für ihren eigenen Fortschritt zahlt, welche Abblendungen und Abstraktionen sie zumutet, durch die sie das natürliche Bewußtsein ratlos hinter sich läßt«[2].

Was aber bedeutet eine solche Einsicht, und wie bestimmt sich nun genauer das Verhältnis von Wahrheit und Methode und damit die Stellung der Hermeneutik zu den Wissenschaften? Im folgenden versuche ich, dieser Frage durch Ausschaltung zweier verbreiteter Mißverständnisse näherzukommen, die mit dem eingangs unterschiedenen dreifachen Sinn des Hermeneutischen zusammenhängen. Daran knüpft sich eine These über den wissenschaftstheoretischen Standort, den Hermeneutik allein einnehmen kann. Die These impliziert zugleich kri-

---

1 *WuM*, Tübingen 1960, ³1972, *Einleitung*, sowie: *Rhetorik, Hermeneutik und Ideologiekritik*. In: *Kl. Schr.* I (Tübingen 1967), wiederabgedruckt in: Apel u. a., *Hermeneutik und Ideologiekritik*, Frankfurt 1971, S. 66, 57.
2 *Hermeneutik und Ideologiekritik*, S. 79.

tische Einwände gegen die hermeneutische Position und läuft auf den Vorschlag einer Verbesserung hinaus.

II

Das erste der genannten Mißverständnisse in der Diskussion um die Bedeutung der Hermeneutik für die Wissenschaften beruht auf dem Festhalten am dualistischen Schema von *Natur- und Geisteswissenschaften*. Die neuere Hermeneutik hat nie eine Methodologie der Geisteswissenschaften liefern wollen[3], um diese gegen die dominante Methodik der Naturwissenschaften stark zu machen und zugleich abzuschirmen. Zwar orientiert sich die philosophische Hermeneutik an den philologischen, historischen und ästhetischen Disziplinen, aber mit der Absicht, deren methodisches Selbstverständnis zu überwinden.

Es ist Dilthey gewesen, der angesichts des Vordringens der Naturwissenschaften im 19. Jahrhundert das Programm einer autonomen Methodologie der Geisteswissenschaften verfolgt hat, wobei er sich unter anderem, aber keineswegs ausschließlich, auf die ältere Tradition der Hermeneutik beruft[4]. Das wesentliche Fundament, auf das er die Ausbildung eigenständiger und der naturwissenschaftlichen Methodik ebenbürtiger Verfahren der Geisteswissenschaften stützt, ist jedoch der *Lebensbegriff*, in dem der hegelsche Begriff des Geistes mit Anspruch größerer Konkretheit wiederkehrt. Die umfassende Einheit des Lebens vermittelt Erleben, Ausdruck und Verstehen von Ausdruck aufgrund eignen Erlebens. Damit sind die verstehenden Methoden der Geisteswissenschaften auf eine ontologische Basis gestellt. Von Hegel unterscheidet Dilthey im Grunde nur die Reduktion allen Geistes auf die historischen Gestalten des objektiven Geistes und also der Verzicht auf das spekulative Schema eines absoluten Geistes, der als Kunst, Religion und vor allem als Philosophie zu sich selbst kommt[5]. Mit Hegel verbindet Dilthey jedoch die Gewißheit

3 *WuM*, Einleitung u. Vorwort, 2. Aufl. 1965.
4 S. *Ges. Schr.* V, Stuttgart/Göttingen ²1957, S. 317 ff.
5 Z. B. *Ges.Schr.* VII, S. 148 ff.; IV, S. 249, wo Dilthey über Hegel sagt:

einer mit allem vermittelten und dadurch mit sich selbst zusammengeschlossenen philosophischen Absolutheit in Gestalt der uns im Verstehen erschlossenen Universalität.

Gerade hier liegt der Punkt der Abkehr Gadamers von Diltheys Auffassung der Hermeneutik[6]. Die alte Selbstgewißheit umfassender philosophischer Einsicht kehrt wieder im Gewande der Methodologie, mit der sich die Geisteswissenschaften als legitime und ursprüngliche Erkenntnisweisen etablieren, in der aber ebenso das naive Vorurteil des Methodenbewußtseins virulent wird, mit der Sicherung des Verfahrens auch über den Zugang zur Wahrheit zu verfügen. Mit einem Worte, die neuere Hermeneutik verdächtigt Diltheys Methodologie eines falschen Absolutheitsanspruchs und, gegenteiligen Behauptungen zum Trotz, der mangelnden Anerkennung der Endlichkeit des Wissens im Rahmen des historischen Menschenlebens.

Für die *Endlichkeit* des Wissens dienen dieser Kritik, anders als bei Dilthey, die älteren Formen theologischer und humanistischer Hermeneutik als Modell. Sie waren gekennzeichnet durch die grundsätzliche Einräumung der Überlegenheit eines als heilig oder als klassisch geltenden Textes, dessen größere Wahrheit die eigenen Erkenntnismöglichkeiten einschränkt. Die Auslegung trägt im Dienst am Text dessen Vorrangigkeit Rechnung und eröffnet kraft dieser Selbstbescheidung gerade die Dimension möglicher Einsicht.

Das Modell – und mehr ist es nicht – liefert die bekannten hermeneutischen Kategorien des Vorverständnisses[6a] und der Wirkungsgeschichte. Beide Kategorien beschreiben den Umstand, daß aller Erkenntnisgewinn unter einer von ihm nie einzuholenden *Vorgabe* von Wissen steht[7]. Die Vorgabe von

»Der Grundriß des Aufbaus der Geisteswissenschaften ist verkehrt von vornherein. Das geschichtliche Verständnis wird zum Opfer des metaphysischen Schemas«.

6 *WuM*, II, I 2.

6a W. Stegmüllers Versuch, die ungenaue Rede vom »hermeneutischen Zirkel« zu präzisieren, konnte nur die Bedeutung des Vorverständnisses bestätigen; denn als charakteristisch für historisch verstehende Wissenschaften wird die »Ununterscheidbarkeit von Hintergrundswissen und empirischen Hypothesen« bestimmt (Vortrag vor dem X. Dt. Kongr. f. Phil., Kiel 1972; erscheint in den Akten, Hamburg 1973).

7 Das nimmt übrigens Aristoteles bereits als den Grundsatz seiner Wis-

Wissen ist einerseits in der Sprache als lebendigem Verständigungsmedium intersubjektiv niedergelegt und wird im Gebrauch der Sprache ständig aktiviert, umgeschlagen und ergänzt. Andererseits zeigt sich die Vorgabe von Wissen in der Traditionsbestimmtheit jeder historischen Situation, in die stets mehr eingeht, als was in ihr je bewußt erkannt wird. Die natürliche Basis umgangssprachlicher Verständigung und die Komplexe des immer schon Verstandenen innerhalb kultureller Überlieferung machen die hermeneutischen Momente des vorgängigen Wissens aus, auf die das Erkennen zurückgreift und zurückgreifen muß, ohne gerade dies zu erkennen. Die Notwendigkeit des unerkannten Rückgriffs liegt darin, daß die Möglichkeit von Erkennen und Wissenszuwachs hier ihre Bedingung hat.

Nach Ansicht der Hermeneutik gilt die geschilderte Paradoxie in besonderem Maße von wissenschaftlicher Erkenntnis, die ihren Fortschritt der eindeutigen *methodischen* Leitung verdankt, aber je mehr sie sich auf das methodische Gerüst verläßt, die Fundamente aus dem Blick verliert, auf denen sie unausweichlich aufruht. Die Intention hermeneutischer Theorie geht mithin darauf, die mit wissenschaftlichen Erkenntnisprozessen regelmäßig gegebene und im Begriff der Methode bewußt fixierte Ausblendung jener vorwissenschaftlichen Voraussetzungen der Erkenntnis rückgängig zu machen. Damit wird eine zweckgebundene und in diesem Rahmen legitime Beschränkung des Wissens aufgehoben, denn sie wird als eine solche selber gewußt.

Das bedeutet keineswegs die Verwerfung methodisch erarbeiteter Erkenntnis oder gar die Inthronisierung irrationaler Praktiken. Vielmehr deckt die hermeneutische Reflexion im Rückgang hinter die selbstverständlich geübten und erfolgreichen Methoden sowohl der Naturwissenschaften als auch der Geisteswissenschaften, die ja ebenfalls über ein Arsenal von Methoden verfügen, gemeinsame, fundamentale und notwendige Voraussetzungen auf. Diese *transzendentale*

senschaftstheorie an (*Analytica posteriora* I 1, 71 a 1). Zur aristotelischen Wissenschaftstheorie gibt es endlich von zeitgenössischem Standpunkt eine kenntnisreiche Darstellung: H. Stachowiak, *Rationalismus im Ursprung* (Libr. of Exact Philos., ed. M. Bunge), Wien/New York 1971.

Rückbesinnung[8] auf etwas, das jedem klaren inhaltlichen Erkennen so voranliegt, daß es solches Erkennen erst ermöglicht, aber deshalb in ihm nicht erfaßt wird, öffnet nach Ansicht der Hermeneutik erst den Blick für das Ausmaß eines philosophischen Wahrheitsbegriffs. Ich komme darauf zurück.

Die bisherigen Auseinandersetzungen mit der hermeneutischen Position kranken nun vielfach daran, daß der transzendentalphilosophische Anspruch verkannt und hermeneutische Reflexion in das Schema des Methodendualismus gepreßt wird. Hans Albert[9] etwa argwöhnt geisteswissenschaftliche Arroganz, die eine einseitige methodische Überlegenheit bloß behauptet und sich gegen naturwissenschaftliche Methodenklarheit zugunsten eines irrationalen »Antinaturalismus« abschirmen will. Diese Attacke muß ins Leere zielen, wenn die vorangegangenen Überlegungen richtig sind.

Albert rekurriert wieder auf Diltheys Programm und gesteht eine Hermeneutik als »Technologie« des Verstehens zu, insofern diese »naturalistische Alternative« geisteswissenschaftliche Methoden mit den nomologischen der Naturwissenschaft verträglich machen soll[10]. Die Orientierung der neueren Hermeneutik an der Auslegung kanonischer Texte, deren Modellfunktion oben erläutert wurde, gibt indes Anlaß, Hermeneutik pauschal dem Typ *theologischen* Denkens zuzuschlagen, als sei sie mit dieser Invektive zu erledigen. Die Einordnung in eine so schlichte Typologie der Denkformen, wie sie der Positivismus sich ausgedacht hat und dekretiert[11], besitzt zunächst nur bescheidene Aussagekraft und erübrigt weitere Argumentation mitnichten. Vor allem entbindet sie nicht von der Reflexion auf diejenigen Vorentscheidungen, die in solche Typologien selber konstitutiv eingehen. Diese

---

8 Z. B. *WuM*, Einleitung, Vorwort 2. Aufl., S. 249, 484.

9 Vgl. *Traktat über kritische Vernunft*, Tübingen 1968, S. 134 ff.

10 *Hermeneutik und Realwissenschaften.* In: Sozialtheorie und soziale Praxis, Festschr. für E. Baumgarten (Mannh. sozialwiss. Stud. 3), Meisenheim 1971; vgl. dagegen Gadamers Replik in: Hermeneutik und Ideologiekritik, a.a.O., S. 287, 289.

11 E. Topitsch hat solche Typologien in Umlauf gebracht. Vgl. dazu treffende Einwände bei P. Rohs, *Wie wissenschaftlich ist die wissenschaftliche Naturrechtskritik?* In: Phil. Rundsch. 16, 1969.

Reflexion, die im Namen kritischer Rationalität nicht gut abgelehnt werden kann und, wo sie ausbleibt, den Verdacht auf Dogmatismus hinterläßt, ist ihrerseits bereits ein hermeneutischer Akt.

Schließlich könnte die Hermeneutik Albert ohne Zögern zugestehen, daß in den Naturwissenschaften bewährte Verfahren einer Anwendung im Bereich der sogenannten Geisteswissenschaften fähig sind, was im einzelnen zu prüfen wäre. Es geht nicht darum, einen Typ von Methode gegen einen anderen auszuspielen, sondern auf die Grenze aller Methodik aufmerksam zu machen[12]. Hierüber läßt sich nun gerade bei

12 Insofern ist es gar kein Einwand, wenn Albert der Hermeneutik die »Notwendigkeit, das Verstehen zu erklären«, vorhält: »Das heißt also, daß der Vertreter des hermeneutischen Denkens gerade von seinen eigenen Zielsetzungen her genötigt ist, den methodologischen Separatismus zu überwinden, der bisher für diese Denkweise charakteristisch war, und zwar in Richtung auf eine Auffassung, die die Bedeutung der theoretischen Erklärung für alle Bereiche der Wirklichkeit akzentuiert«. (*Kritizismus und Naturalismus.* In: H. Lenk [Hg.], *Neue Aspekte der Wissenschaftstheorie*, Braunschweig 1971, S. 122). – Der theoretische Stellenwert einer derartigen Auffassung von der Bedeutung theoretischer Erklärung für alle Bereiche der Wirklichkeit scheint indes ungenügend reflektiert. Die Auffassung ist ja wohl eine Theorie und gleichwohl selber nicht der Erklärung fähig, die sie allgemein zur Pflicht macht. Mit ihrer Stellung muß sich auch das Recht bestimmen, eine solche Forderung durchgängig zu erheben, und hier kehrt die transzendentale Problematik unabweisbar wieder.
Im übrigen behauptet K. Popper neuerdings, was den Methodendualismus angeht, ziemlich genau das Gegenteil seines deutschen Dolmetschers Albert. Bezugnehmend auf den »Positivismusstreit« und hermeneutische Verstehenslehre verwahrt Popper sich – zu Recht, wie ich meine – für seine Person gegen den Vorwurf des Positivismus und bestreitet, wie Albert, die Reservierung historischen Verstehens für Geisteswissenschaften, die dann die Naturwissenschaften dem falschen Vorbild des szientistischen Positivismus überantwortet. Nur folgert Popper aus der Leugnung des Dualismus nicht, Verstehen sei dem »Naturalismus« anzugleichen, sondern Naturwissenschaften sollten »Verstehen« lernen und die historisch-hermeneutische Dimension für sich anerkennen. Jedenfalls lese ich so folgende Thesen Poppers: »So many natural scientists have accepted this scientistic philosophy. Yet students of the humanities might have known better. Science, after all, is a branch of literature. [...] Only a man who has some real understanding of the history of science (the history of its problem situations) can understand science.« (*On the Theory of Objective Mind.* In: *Akten XIV. Int. Kongr. f. Phil.*, Wien 1968, 44).

Karl Popper, den Albert seinerseits wie einen Kirchenvater behandelt, und bei der an Popper anschließenden Diskussion Belehrung gewinnen.

Popper selbst hat dem aus der kritischen Philosophie Kants überkommenen transzendentalen Motiv auf eine wohlfeile Weise Rechnung getragen, indem er das allein Erkenntnisfortschritt verbürgende Verhalten kritischer Rationalität ausdrücklich auf eine ihrerseits irrationale, also keinem Kritizismus zugängliche Vorentscheidung stellte[13]. Das methodisch geregelte Zusammenspiel von Hypothesenbildung und Falsifikation, *Conjecture and Refutation*, grenzt den Bereich vernünftiger Erkenntnis ab. Was diesen Prozeß möglich macht, scheint kein Gegenstand vernünftiger Untersuchung und ist doch unerläßliche Voraussetzung.

Demgegenüber hat Friedrich Waismann, motiviert durch Wittgensteins Wendung von der Konzeption der Idealsprache zu den sich selbst erhaltenden Sprachspielen, schon früh auf die reale Fundierung der Verifikations- bzw. Falsifikationsleistung im umfassenden Medium eingelebter Umgangssprache hingewiesen[14]. Thomas Kuhns Analyse der *Struktur wissenschaftlicher Revolutionen*[15] hat das geschichtliche Moment als zentral in wissenschaftstheoretische Überlegungen eingeführt. Mit dem Begriff des Paradigma hat er der Traditionsbestimmtheit von Forschung, mit der Betonung der Forschergemeinschaft, dem grundlegenden intersubjektiven Kommunikationszusammenhang ihren jeweiligen Platz zugewiesen. Im Anschluß daran[16] ist Paul Feyerabend, der schon mit der liberalen Vorstellung eines wechselweise anregenden Alternativenpluralismus von der Methodologie des strengen

13 *Die offene Gesellschaft und ihre Feinde* (1945), Bern 1957, II, 284 f.

14 *Verifizierbarkeit* (1945). In: Bubner (Hrsg.) *Sprache und Analysis, Texte z. engl. Phil. d. Gegenw.*, Göttingen 1968.
Den Grundgedanken Waismanns von der »Porosität« unserer umgangssprachlichen Begriffe nimmt in wissenschaftstheoretischem Rahmen St. Toulmin inzwischen wieder auf (*Human Understanding* I, Princeton 1972, 498).

15 (1962), Dt. Übers.: Frankfurt 1967. Vgl. die Diskussion mit dem Popper-Kreis: Lakatos/Musgrave (Eds.), *Criticism and the Growth of Knowledge*, Cambridge 1970.

16 S. dort: Feyerabend (197 A. 2).

Trial-and-Error-Schemas Abschied genommen hatte[17], jüngst so weit gegangen[18], zur Befreiung aus methodischen Zwangsjacken dialektische Widersprüche nicht länger wie Popper schlechthin zu perhorreszieren. Er erklärt sogar eine Art historischer Anverwandlung vermeintlich überwundener Ansätze und ein Methodengespräch über den Zeitabstand hinweg dem echten Erkenntnisfortschritt für unabdingbar. All dies sind Überlegungen zur Theorie einer wissenschaftlichen, methodisch gesicherten Erkenntnis, die durchaus in die gleiche Richtung wie die hermeneutische Reflexion verweisen.[19]

III

Nun einige Bemerkungen zum zweiten der eingangs genannten Mißverständnisse. Im Rahmen der uns beschäftigenden Fragen muß man es nämlich für ein Mißverständnis halten, wenn Hermeneutik als die Lehre des Verstehens mit Vollzügen konkreten Verstehens bis hin zu einmütiger Verständigung tendenziell zusammenfällt. Wenn ich einen Gesprächspartner, im weitesten Formalsinn genommen, verstehe, so habe ich mich mit ihm noch nicht verständigt. Verstehen als Erfassen von Sinn kann nicht ohne weiteres mit Verständigung als *praktischem Konsens* gleichgesetzt werden. Freilich

17 Z. B. *How to be a Good Empiricist – a Plea for Tolerance in Matters Epistemological* (1963), Dt. Übers. in: L. Krüger (Hrsg.), *Erkenntnisprobleme der Naturwissenschaften*, Köln 1970.
Einen vergleichbaren Schritt unternahm ehedem R. Carnap, als er mit dem »Toleranzprinzip« vom formalsprachlichen Dogmatismus abrückte (*Logische Syntax der Sprache*, Wien 1934, IV f., 44 f.).
18 *Von der beschränkten Gültigkeit methodologischer Regeln.* In: *Neue Hefte f. Phil.*, 2/3, Göttingen 1972.
19 Dazu hat zuletzt sogar K. Popper erklärtermaßen einen Beitrag liefern wollen: »It is the main aim of my paper to make a contribution to the *theory of understanding* (›hermeneutics‹) which has been much discussed by students of the humanities (›Geisteswissenschaften‹)«. (*On the Theory of Objective Mind*, a.a.O., 30). – Dt. Kurzfassung: *Eine objektive Theorie des historischen Verstehens.* In: *Schweizer Monatshefte* 50, 1970.
– Vgl. zu dem ganzen Komplex den letzten Aufsatz im vorliegenden Bande.

verführt dazu Gadamers Assoziation des aristotelischen Begriffs der praktischen Klugheit (Phronesis) sowie eine gewisse Modellierung der hermeneutischen Position von *Wahrheit und Methode* nach der ›philosophia practica‹[20].

Nun ruht das quasi-hermeneutische Moment des »Verstehens« in Gestalt praktischer Klugheit bei Aristoteles ganz auf einer fundamentalen Handlungsanalyse. Das Gut, auf das Praxis im Lebenszusammenhang und d. h. als intersubjektiv-politisches Handeln aus ist, bestimmt im vorhinein die Blickrichtung der verstehenden Klugheit in Handlungssituationen[21]. Die Praxis und ihr Gut werden aber im Rahmen der Hermeneutik gar nicht thematisch erörtert. Eine allgemeine Theorie des Verstehens darf solcher inhaltlichen Einschränkung auch keinesfalls unterworfen werden. Zwar ist nicht zu leugnen, daß im Akte des Verstehens eines Anderen sich eine elementare Gemeinsamkeit mit ihm herstellt. Aber hermeneutisch kann das nur die Aktualisierung einer latent bereits bestehenden Gemeinsamkeit sein im Gegensatz zum dialogischen Ausbilden eines praktischen Konsensus über verbindende Ziele.[22] Letzteres gehört in die praktische Philosophie und setzt allererst einen überzeugenden Handlungsbegriff voraus.

Habermas[23] benutzt allerdings den gleitenden Übergang von Verstehen zu Einverständnis in *methodologischer* Absicht. Das Lebensfaktum »symbolisch vermittelter Interaktion« liefert die Richtschnur für die dem Bereich der Sozialwissenschaften angemessene Methodik. So soll gesichert werden, daß

---

20 *WuM* 18 ff., 290 ff.; s. a. Replik, a.a.O., 284 ff. – Ganz ausdrücklich wird die Gleichsetzung in Gadamers Vortrag *Hermeneutik als praktische Philosophie* (in: M. Riedel, Hrsg., *Rehabilitierung der praktischen Philosophie*, Freiburg 1972), der in meinen Augen voll die hier erhobenen Einwände bestätigt.
21 Aristoteles, *Nikomachische Ethik* VI, 5, vgl. 11.
22 Ähnliche Überlegungen bei K. O. Apel, *Das Apriori der Kommunikationsgemeinschaft und die Grundlagen der Ethik*; bes. 2.2; in: Apel, *Transformation der Philosophie*, Frankfurt 1973.
23 *Logik der Sozialwissenschaften.* In: *Phil. Rundsch.*, Beiheft 5, 1967; III, 8. *Erkenntnis und Interesse*, Frankfurt 1968, II 7/8. *Vorbereitende Bemerkungen zu einer Theorie der kommunikativen Kompetenz.* In: Habermas/Luhmann, *Theorie der Gesellschaft oder Sozialtechnologie*, Frankfurt 1971.

in aller wissenschaftlichen Erkenntnis sozialer Zusammenhänge der Ausblick auf das praktische Gut des »richtigen Lebens« unverstellt bleibt. Habermas hat dafür die Formel von der »Einheit von Erkenntnis und Interesse« geprägt. Ich gehe auf diesen leitenden Gesichtspunkt seines ganzen Programms hier nicht ein[24] und betrachte nur die wissenschaftstheoretische Rolle, die die Hermeneutik dabei spielt.

Hermeneutische Reflexion macht auf Voraussetzungen aufmerksam, die das Erkennen als solche nicht einholen kann, weil sie es erst ermöglichen. Auch ein auf eben jene Voraussetzungen sich richtender Erkenntnisversuch befreit nicht von der Abhängigkeit, denn er erkennt nur seinen Gegenstand, indem er dessen Voraussetzungscharakter anerkennt. Andernfalls erliegt er einer Selbsttäuschung. Der von der Hermeneutik ständig beigebrachte Verweis auf die Faktizität des Verstehens, auf gelingende Kommunikation und konkrete Traditionsvermittlung, meint nicht all diese Vollzüge selber, sondern dient der Schärfung des Bewußtseins über die radikale Vorgängigkeit transzendentaler Bedingungen. In Wahrheit verstärkt also jener Appell an die praktische Erfahrung hermeneutisch relevanter Situationen den *transzendentalen* Zug der Hermeneutik. Die Theorie intendiert gar nicht die Herstellung eines Reichs praktisch zwangsfreier Verständigung. Als Theorie von der Bedingtheit inhaltlich bestimmter Erkenntnis darf sie sich daher auch selber nicht zugunsten einer allmählichen Integration in die Vielfalt wirklich ablaufender Verstehensprozesse aufgeben.

Von anderen Voraussetzungen herkommend hat z. B. der späte Wittgenstein eine solche Konsequenz gezogen. Er beantwortet die Frage nach der Logik sinnvollen Sprachge-

24 Dafür sei verwiesen auf meine Beiträge in: *Hermeneutik und Ideologiekritik*, a.a.O.
In diesem Zusammenhang vermerke ich mit Interesse die inzwischen skeptischere Beurteilung des emanzipatorischen Dialogmodells und die Einschränkung seiner unmittelbaren Praxisansprüche, die Habermas in einem eleganten Rollentausch Walter Benjamin aussprechen läßt, obwohl sie der Sache nach eine realistische Revision seines eigenen ursprünglichen Konzeptes bedeuten. (Habermas, *Bewußtmachende oder rettende Kritik – die Aktualität Walter Benjamins*, bes. Abschnitt VII. In: *Zur Aktualität W. Benjamins*, Frankfurt 1972.)

brauchs mit dem Verweis auf die Pluralität anstandslos ko-existierender Sprachspiele[25]. So ist die Frage nicht eigentlich beantwortet; sie stellt sich bloß nicht mehr, sofern das Problem logischer Klärung in dem Maße als erledigt gilt, wie die philosophische Reflexion sich in die faktische Beförderung un-problematischen Sprachverstehens auflöst. Daß allerdings mit der Einrichtung funktionierender Sprachspiele das Problem, wieso sie funktionieren, nicht verschwindet, zeigt sich spätestens beim nächsten Anstoß des Verstehens, wo glatter Sprachgebrauch scheitert und das Vertrauen auf ihn allein nicht weiterhilft. Es ist unwahrscheinlich und widerspricht jeder Erfahrung, daß solche Anstöße in Zukunft ausbleiben werden.

Dagegen bietet die friedliche Utopie eines familienähnlich zu-sammengesetzten Corpus zwangsfreier Sprachspiele keine Zuflucht, denn hier kehrt nur in umgangssprachlichem Ge-wande das alte Ideal der logisch korrekten Einheitssprache wieder. Von dieser Vorstellung war aber Wittgenstein selber bereits abgerückt, als er einsah, daß sinnvolle Sätze, auch solche *über* sinnvolle Sätze, derart von nicht zu hinterschrei-tenden Bedingungen abhängen, daß die Einrichtung idealer Sprachsysteme diese Abhängigkeit nur bestätigen, nicht be-seitigen kann. Es bedeutet also eine erneute Täuschung, wenn man die Klärung der allem Sprechen zugrunde liegenden Lo-gik nur als Beitrag zum Funktionieren von Sprachspielen versteht und die transzendentale Grundsatzfrage auf fall-weise Therapie reduziert.

IV

Die *transzendentale* Problematik, die Wittgenstein an der Logik der Sprache studierte, dehnt die hermeneutische Re-

25 Z. B. Philosophische Untersuchungen, 1953, § 124: »Die Philosophie darf den tatsächlichen Gebrauch der Sprache in keiner Weise antasten, sie kann ihn am Ende also nur beschreiben. – Denn sie kann ihn auch nicht begründen. – Sie läßt alles, wie es ist.« – Die angedeutete Interpre-tation habe ich an anderer Stelle ausgeführt: *Die Einheit in Wittgensteins Wandlungen* (Phil. Rundsch. 15, 1968).

flexion auf alle inhaltliche Erkenntnis, jeden Standpunkt des Wissens aus. Die prinzipielle Natur der Bedingtheit, die in dieser Reflexion zutage gefördert wird, muß die Hermeneutik insbesondere daran hindern, sich tendenziell in Verstehensprozesse hinein aufzulösen. Was sie in transzendentaler Rückbesinnung erkennt, ist nicht von der Art, daß es sich jemals voll in konkretes Verstehen einbringen ließe. Die Bedingtheit stellt eine Schranke dar, die nicht dem bloßen Vertrauen auf die integrative Kraft umgangssprachlicher Kommunikation weicht, so daß man im gekonnten Spielen des richtigen Sprachspiels oder im passenden Wechsel mehrerer Sprachspiele auch jene Schranke immer wieder überspielen könnte.

Der *Universalitätsanspruch* der Hermeneutik hat in der Tat eine entsprechende Attitüde begünstigt. Er impliziert, daß sich hermeneutische Überlegungen im Grunde überall bewähren, daß, mit anderen Worten, kein Gegenstand denkbar sei, der nicht in das Universum des Verstehens gehöre. Schon ihn zu benennen würde Verständlichkeit unterstellen, so daß die vermeintliche Gegeninstanz dadurch bereits in das hermeneutische Universum einbezogen sei. Der Anspruch uneingeschränkter Applikationsfähigkeit der reflexiven Bewußtmachung gegebener Bedingungen läßt die Hermeneutik merkwürdigerweise davor zurückscheuen, ihre Einsicht in die prinzipielle Beschränktheit von Erkenntnis auch als Theorie eigens auszusprechen.[26]

Es gibt noch einen weiteren Grund, warum die Hermeneutik zögert, den Status transzendentaler *Theorie* wirklich einzunehmen. Der Grund ist in der Befürchtung zu sehen, der Aufbau einer Theorie, auch unter transzendentalem Vorzeichen, käme einer naiven Selbstgewißheit nahe, wie sie dem Methodendogmatismus gerade angelastet wird, und verdunkele die Einsicht in die unüberwindliche, d. h. nur *in concreto* sich je manifestierende Bedingtheit des Erkennens. Diese Wahrheit wäre unverkürzt allein durch beharrliches Festhalten an der Erfahrung zu gewinnen. Ihre Universalität will die herme-

26 Besonders deutlich wieder im Nachwort zur 3. Auflage von *WuM* (1972).

neutische Erfahrung daher nicht in einem argumentativen begrifflichen Zusammenhang, sondern in der unendlichen Demonstration *ad hoc* beweisen.

Es konnte nicht ausbleiben, daß die Ambivalenz der Hermeneutik zwischen dem klaren transzendentalen Anspruch und der Weigerung, einen entsprechenden Theoriestatus einzunehmen, Lösungsversuche hervorgetrieben hat. Niklas Luhmann hat meines Erachtens auf dem Hintergrund seiner Bemühungen um eine kategoriale Grundlegung der Sozialwissenschaften[27] zuletzt den entschiedensten Vorstoß in dieser Richtung unternommen und in seiner Studie *Sinn als Grundbegriff der Soziologie*[28] die Universalität der hermeneutischen Problematik aufgegriffen, jedoch zugleich die Forderung nach schlüssiger theoretischer Bewältigung erneuert.

Luhmann geht aus von einem formal-allgemeinen *Systembegriff*[29], der nach kybernetischen Vorstellungen die sich selbst erhaltende Ordnung funktionaler Elemente bedeutet, aber von Luhmann unter Benutzung der phänomenologischen Konstitutionslehre Husserls sowie der zentralen Kategorie der Entlastung aus der Anthropologie Gehlens reicher ausgelegt wird. System heißt nach Luhmann jede Gestalt strukturierter Reduktion der äußeren Komplexität der Welt, wobei Erleben und Handeln als gleichberechtigte Hauptformen solcher Reduktion gelten. Dieser Parallelität wird die umfassende Kategorie des *Sinns* zugrundegelegt, die ehedem Max Weber in die Sozialwissenschaften eingeführt hatte, die Luhmann aber prinzipieller fassen will. Im Vertrauen auf die vollendete Formalität des Systemgedankens übernimmt Luhmann zugleich den Universalitätsanspruch[30] der Hermeneutik, den er nun freilich, anders als diese, theoretisch glaubt legitimieren zu können. Wenn letztlich alles sich im Modell eines durch die Funktionszuordnung von Strukturen stabilisierten Systems denken läßt, dann scheint das derjenige Grundbegriff zu sein, den die Hermeneutik nicht hat formu-

27 S. die Aufsatzsammlung: *Soziologische Aufklärung*, Köln/Opladen 1970.
28 In: Habermas/Luhmann, a.a.O.
29 Vgl. auch den folgenden Aufsatz in diesem Bande.
30 Habermas/Luhmann, 378 ff., *Soz. Aufkl.* 44.

lieren können[31] und den sie in der metaphorischen Rede vom Wahrheitsgeschehen bloß umschrieb. Zudem scheint der Systembegriff eine ausdrückliche Ableitung von *Erleben* und *Handeln* zu ermöglichen, deren Ungeschiedenheit der Hermeneutik das theoretisch-praktische Janusgesicht verleiht, das in der Diskussion zum zweiten der oben erwähnten Mißverständnisse geführt hat[32].

Nun wird man gegen Luhmann geltend machen müssen, daß der Systembegriff, der auf alles und jedes paßt, seine prinzipielle Geltung und Universalität mittels seiner *Leere* vortäuscht. Er besitzt nicht die Stellung einer begründenden transzendentalen Kategorie, sondern ist nur ein beispielhaftes Modell, unter dem man jeden beliebigen Inhalt nach gehöriger Abstraktion auch vorstellen kann. Die jeweils vorweg zu leistende Abstraktion hat die Unklarheit darüber zur Folge, was das Modell in diesem und jenem Falle noch besagt, während Transzendentalbegriffe sich dadurch auszeichnen, daß sie mit erkennbar werden lassen, daß und inwiefern bestimmte Inhalte gerade vermittels ihrer nur erkannt werden. In dieser Hinsicht teilt die Systemtheorie mit der Hermeneutik die Schwäche einer ständigen Demonstrationsbedürftigkeit *ad hoc*. Die hermeneutische Reflexion hat jedoch den Vorzug, daß sie grundlegende Bedingtheiten des Erkennens konkret einsichtig macht; darin wird sie dem selbstgestellten transzendentalphilosophischen Maßstab in der Tat gerecht. Die von Luhmann durchgängig geübte Abbildung aller inhaltlichen Probleme auf das Systemmodell überzeugt an keiner Stelle davon, daß man die Sache nur so und nicht auch anders ansehen könne. Damit kommt ihr nur die Rolle einer *veranschaulichenden Vorstellung*, nicht aber einer denknotwendigen Voraussetzung zu.

31 Vgl. Hab./Luhm. 17, 30, 39, 303; *Soz. Aufkl.* 82 ff. (zur hermeneutischen Bedeutung der Geschichte!), 129.
32 Aufgrund dessen ist Luhmann allerdings in der Lage, stichhaltige Einwände gegen den Begriff kommunikativen Handelns vorzubringen, der bei Habermas nicht in genügender Deutlichkeit gegen Dialog und Diskurs abgegrenzt erscheint (Hab./Luhm. 293, 316 ff., 327!).

V

Es gilt also, an dem transzendentalen Charakter der hermeneutischen Theorie festzuhalten, ohne ihn auf den stets möglichen Nachweis zu reduzieren, daß jeder Standpunkt des Wissens auf unreflektierten Bedingungen beruhe. Zu dem Zwecke wird sich die Hermeneutik aber deutlicher als Theorie artikulieren müssen. In dieser Forderung liegt die Kompatibilität des hermeneutischen Ansatzes mit dem Prinzip *methodischen Denkens* gemäß dem Konstruktivismus von Paul Lorenzen[33] begründet. Dabei ist zunächst zu beachten, daß der Methodenbegriff hier nicht das Verfahren empirischer Wissenschaften meint, sondern allein den korrekten Aufbau der einschlägigen philosophischen Sprache anweist. Daß vernünftige Rede wohlgeordnet und klar aufgebaut sein müsse, gehört zu den selbstverständlichen Pflichten des philosophischen Sprachgebrauchs. Das konstruktivistische Programm reicht freilich weiter, es zielt auf unzweifelhafte Sicherung und Vernunftkur der Philosophie durch methodische Rekonstruktion ihrer gesamten inhaltlichen Rede. Dem stellen sich nun zwei wesentliche Schwierigkeiten in den Weg, die untereinander zusammenhängen. Die eine Schwierigkeit betrifft das im Methodenprinzip gelegene Postulat der Vollständigkeit, dem zufolge die Gesamtheit des fraglichen Sprachgebrauchs von einem ersten Anfang aus rekonstruiert werden müßte. Die zweite Schwierigkeit steckt in der Gleichsetzung von Vernünftigkeit mit methodischem Denken, der zufolge philosophische Rede eine Garantie für Vernünftigkeit erhält, wenn sie sich nur endlich zur Methodik des geregelten Nacheinander entschließen würde.

Lorenzen greift mit seinem Programm des Konstruktivismus auf Hugo Dingler zurück. Von ihm hat er allerdings eine fundamentale Aporie geerbt, die der Begriff des Anfangs bezeichnet.[34] Das strenge Prinzip methodischer Ordnung, das

---

33 *Methodisches Denken*, Frankfurt 1968; *Szientismus vs. Dialektik*. In: *Hermeneutik und Dialektik* I (Hrsg. Bubner/Cramer/Wiehl), Tübingen 1970; *Konstruktivismus und Hermeneutik* (unveröff. Ms.).
34 H. Dingler, *Die Ergreifung des Wirklichen* (Hrsg. Lorenz/Mittelstraß), Frankfurt 1969, Kap. I.

nichts ohne ausdrückliche Einführung stillschweigend voraussetzen will, muß mit Konsequenz einen Anfang beim absoluten Nullpunkt fordern[35] und kann gleichzeitig nicht umhin
anzuerkennen, daß alles Anfangen »in unserer gegenwärtigen Alltagssituation« des gegebenen »bürgerlichen Lebens«
jedes Einzelnen einsetzt[36]. Die Kluft zwischen reinem logischen Anfangsprinzip und empirischer Bedingtheit sucht Dingler mit Hilfe eines Handlungsbegriffs zu schließen, indem er
die methodische Forderung voraussetzungslos und zwingend
aus einer ursprünglichen Zielsetzung herleitet[37]. Mit der
Auffassung des »Unhintergehbaren« als nicht-objektivierten,
d. h. auch sprachlich nicht repräsentierbaren Aktes gerät
Dingler in überraschende Nähe zu Fichtes Begründung der
Wissenschaftslehre in der ursprünglichen »Tathandlung«.
Zwar ergibt sich das methodische Prinzip voraussetzungslos
aus dem Willen zur Letztbegründung, aber das setzt nicht
jede dem Prinzip gehorchende Einführungsfolge bestimmter
Begriffe von faktischen Voraussetzungen frei. Inhaltlich ge-
sehen bleiben der Nullpunkt und die ihm korrespondierende
Idee eines lückenlos begründeten Begriffssystems eine *Utopie*.
Man fängt eben stets irgendwo mit Einführen an und ver-
mag nie hinter alle Voraussetzungen bis zu einem allerersten
Anfang zurückzugehen. Der Punkt des realen Anfangens ist
kontingent, aber nicht gleichgültig und ohne Folgen für den
Fortgang. Es wäre eine Täuschung, wollte man das kontingente faktische Anfangen zu einem schlechterdings äußerli-
chen Umstand herunterspielen, der gegenüber dem Ideal der
Letztbegründung unerheblich sei. In aller Regel fängt das
Einführen geklärter Begriffe dort an, wo Probleme auftauchen, so daß ein sachlich motiviertes Bedürfnis nach Klärung
besteht und nicht der gleichgültige Zufall herrscht. Das Einführen beginnt dort, wo es nötig erscheint und weil es nötig
erscheint, keineswegs aber unterzieht man sich der Mühe allein um einer abstrakten Konstruktionsidee willen. Das
Hauptinteresse, das die Schule des methodischen Denkens in-

35 A.a.O., 98.
36 A.a.O., 72, 97 u. ö.
37 A.a.O., 68, 76, 99 ff.; vgl. Dingler, *Philosophie der Logik und Arith-
metik,* München 1931, 21 ff., 29, 32 u. ö.

zwischen einer rationalen Grundlegung der *praktischen* Philosophie widmet, beweist dies schlagend.

Wenn aber der kontingente Punkt, wo das Einführen wirklich beginnt, nicht durch den Methodengedanken, sondern durch Probleme, schwer erträgliche Unklarheiten und ein Interesse an deren Beseitigung bestimmt wird, dann spielen im Rücken des methodischen Verfahrens Voraussetzungen eine leitende Rolle.[38] Diese Bedingtheit durch vorgegebene Problemstellungen gänzlich zu eliminieren, erscheint nicht nur undurchführbar, es wäre auch gar nicht wünschenswert. Es kommt nicht darauf an, die Wirksamkeit inhaltlicher Probleme auszuschalten und ein ungestörtes Konstruktionsprogramm um den Preis seiner Entleerung zu realisieren. Es kommt nur darauf an, die wirkenden Probleme so gut wie möglich in einer Reflexion auf die konkrete Bedingtheit zu erkennen und sie so ihrer beirrenden Funktion zu berauben. Dies gelingt jedoch nur einer hermeneutischen Reflexion und nicht einer Perfektion methodischen Einführens, das sich um die wirkenden Problemstellungen nicht schert, weil es vollauf damit beschäftigt ist, möglichst viele früher einzuordnende Begriffe gleichmäßig in die richtige Reihenfolge zu bringen.

Damit hängt die zweite der angedeuteten Schwierigkeiten des Konstruktivismus zusammen, nämlich der unerschütterte Glaube, sich der *Rationalität* bereits dadurch restlos versichern zu können, daß ein Methodenprinzip des richtigen Nacheinander streng befolgt wird. Ohne Zweifel ist in der Ordnung der Begriffe und der sinnvoll aufgebauten Rede die unerläßliche Basis vernünftigen Philosophierens zu sehen. Aber das muß nicht heißen, daß man mit der Option für

38 Die unvermeidliche Rolle empirisch kontingenter Voraussetzungen beweist schon der von Dingler selbst gewählte Anfang. Dingler hält »Etwas« für den ersten einzuführenden Begriff (*Ergreifung* . . . 108 ff.), und zwar aufgrund ganz ähnlicher Überlegungen, die Hegel ehemals veranlaßten, seine methodisch streng aufgebaute *Logik* mit dem »Sein« zu beginnen, das sogleich in »Nichts« umschlägt, um dann mit dem »Werden« die Reihe dialektisch eingeführter Begriffe fortzusetzen. Da Dingler den hegelschen Vorschlag nicht diskutiert und den analog begründeten, inhaltlich aber differenten Anfang nicht widerlegt, zeigt sich, daß als Anfang nur gilt, was der jeweilige Autor in seiner Wissenschaftssituation dafür hält. Dann hätte freilich das stringente Aufbauprogramm gemäß seinem eignen Maßstab als gescheitert zu gelten.

das Methodische die Garantie für das Vernünftige in Händen hält. Die korrekteste Ordnung kann Blindstellen für die tatsächlich bewegenden Probleme enthalten, die Sicherheit schrittweisen Einführens mag über latent wirkende Vormeinungen hinwegtäuschen. Rationalität darf also nicht ausschließlich auf Methodik im Reden beschränkt werden. Die Aufhellung der unbemerkt wirksamen Vorurteile und das Begreifen der konstitutiven Voraussetzungen stellen ebensosehr eine Forderung der Vernunft dar. Die Inangriffnahme inhaltlicher Probleme, an denen die philosophische Vernunft sich bewährt, steht in einem direkten Verhältnis zu jener Durchdringung der substantiellen Sphäre von Voraussetzungen und Bedingtheit, die dem unmittelbaren Ansatz des Begriffs voranliegt. Die *Inhaltlichkeit* der Vernunft hängt nicht zuletzt davon ab, wie weit sie sich der Beschränkung auf die Formalität der Methode erwehrt und sich nicht völlig identifiziert mit dem Herstellen der richtigen Reihenfolge unter Begriffen. Die Hermeneutik ist geeignet, den Konstruktivismus vor der Verabsolutierung des Methodenideals zu warnen und durch beständige Erinnerung an konstitutive und von der Einführungsfolge gar nicht erfaßte Voraussetzungen darauf aufmerksam zu machen, daß »vernünftig« nicht umstandlos mit »methodisch« gleichzusetzen ist.

Wenn die vollständige Rekonstruktion aller philosophischen Rede nach dem Programm des Konstruktivismus also Utopie bleiben muß, so kann das methodische Denken sehr wohl als eine *regulative Idee* im Sinne Kants fungieren: der Vernunftanspruch treibt zu ständiger Erweiterung des geordneten Bereichs, aber er muß sich zugleich vor dem Irrglauben hüten, daß die endliche Erkenntnis sich je vollständig ihrer Bedingtheit bemächtigen könnte. Der methodische Sprachaufbau, wenn er derart als regulative Idee fungiert, verträgt sich durchaus mit dem transzendentalen Charakter der hermeneutischen Theorie. Er hat darüber hinaus für die Theoriescheu der Hermeneutik die günstige Wirkung, auf begriffliche Klärung im Zusammenhang zu dringen.

VI

Damit Hermeneutik theoretische Aussagen über die grundsätzliche Bedingtheit von Erkenntnis mit Grund vortragen
kann, bedarf es allerdings noch einer weiteren Annahme,
über die bislang keine Eindeutigkeit erzielt ist. Es scheint un-
erläßlich, daß die Hermeneutik von einer *Minimalkonzep-
tion der Geschichte* ausgeht, wenn die wirkungsgeschichtliche
Reflexion das rückwärtige Vermitteltsein eines jeden Stand-
punktes des Wissens aufdecken will. Gadamer spricht mit
Vorliebe von der Geschichtlichkeit des Wissens und deutet
damit ein historisches Medium an, in dem die grundsätzliche
Bedingtheit ihren Ort hat. Aber er schreckt vor den nahelie-
genden geschichtsphilosophischen Folgerungen[39] zurück, da
ihm hegelianisierende Thesen über die Universalgeschichte in
einer Art Hybris des Begriffs den Gewinn transzendental-
philosophischer Einsicht zu verspielen scheinen. Die Kategorie der Geschichtlichkeit bleibt indes bodenlos, wenn darin
nicht mehr zum Ausdruck kommt als die Möglichkeit fall-
weiser Demonstration von konkreten Bedingungen. Die
Sammlung solcher Nachweise konstituiert noch keinen Begriff, der in irgendeinem Sinne das Historische einschließt.
Man muß sich gar nicht zu unüberprüfbaren Behauptungen
über das ganze Wesen der Geschichte versteigen und also der
von Popper gebrandmarkten Sünde des »Historizismus«[40]
schuldig werden. Es genügt zum Fundament hermeneutischer
Theorie die Annahme eines Begriffs, der wesentlich eingeschränkter ist und das Moment realer historischer Gegebenheit enthält. Man kann sich dazu an Hegels Begriff der *Zeit*
orientieren, indem man den berühmten Satz auslegt: »Philosophie ist ihre Zeit in Gedanken erfaßt«.[41] Zeit ist nicht

---

39 Vgl. W. Pannenberg, *Hermeneutik und Universalgeschichte*, Zt. f. Theol.
u. Kirche 60, 1963.
40 *Offene Gesellschaft und ihre Feinde*, a.a.O., *Elend des Historizismus*,
Tübingen 1965.
41 Hegel, *Grundlinien der Philosophie des Rechts;* Vorrede. – Vgl. meinen Versuch einer Analyse (in: *Hermeneutik und Dialektik* I, a.a.O.;
wieder abgedr. in: *Herm. u. Ideologiekritik*), deren Grundgedanken hier
nur angedeutet werden können.
Inzwischen entdecke ich ganz ähnliche Überlegungen bei Louis Althusser

Weltgeschichte, sondern der jeweils konkrete historische Abschnitt, der im Selbstverständnis einer Epoche überhaupt erst als ein solcher in Erscheinung tritt. Ihn findet die Philosophie immer als »ihre Zeit« vor und aus dem Vorgegebensein einer bereits strukturierten Physiognomie der Zeit erwächst die philosophische Aufgabe des Begreifens.

Es scheint trivial zu behaupten, jede Philosophie stehe in ihrer Zeit. Damit ist so lange nichts für Philosophie Spezifisches gesagt, wie die Zeitbindung keine Eigenschaft erkennen läßt,

(L. A./E. Balibar, *Lire le Capital*, Paris 1971², Kap. IV, Bd. 1, bes. 114 ff.). Zwar erkennt Althusser im Zeitbegriff »la pensée la plus profonde de Hegel«, denn damit sei die Möglichkeit zu einer Wesenserkenntnis der gesamten historisch-sozialen Wirklichkeit in den jeweiligen geschichtlichen Augenblick eingebracht. Andererseits wirft Althusser dem hegelschen Begriff aber eine ideologische Überhöhung des alltäglichen Zeitverständnisses vor und fordert statt dessen die Konstruktion eines wissenschaftlichen Begriffs der historischen Zeit. Das könne allein geschehen auf der Grundlage einer marxistischen Konzeption von der Struktur der gesellschaftlichen Totalität, denn die strukturelle Zuordnung der eigentlich ökonomischen Basis und der Überbauphänomene gestatte einen entsprechend genauer differenzierten Zeitbegriff und entlarve die Illusion einer philosophischen Wesensschau, die im geschichtlichen Augenblick mit einem Schlage das Ganze offenbaren wolle. Althussers Einwände gegen die idealistische Komponente in Hegels Zeitbegriff sind nicht von der Hand zu weisen. Sie wären indes noch überzeugender, wenn sie nicht selber im Dienste einer neuen Idealisierung stünden. Nichts anderes nämlich ist die auf strukturalistische Titel übersetzte marxsche Wesenserkenntnis der gesellschaftlichen Totalität. Solche Erkenntnis kann gar nicht mehr in Zweifel gezogen werden von der Haltung neuer Orthodoxie à la Althusser, die Marxens *Kapital* wie das kanonische Grundbuch strenger Wissenschaftstheorie und Epistemologie auslegt. Verfügt man aber a limine über ein zweifelsfreies Wissen von der Strukturordnung der sozialen Totalität, so fällt es leicht, den Zeitbezug der verschiedenen interdependenten, aber relativ autonomen Ebenen differenziert anzugeben. Nur hat die abstrakte Zuteilung historischer Rollen im strukturalistischen Modell nichts mehr mit der konkreten »Zeit« zu tun.

Althusser verkennt im übrigen völlig die kritische Implikation der hegelschen Formel »die Zeit werde in *Gedanken erfaßt* (vgl. a.a.O., 182). Zugleich wiegt er sich selbst in der Illusion, der radikale Entschluß, das *Kapital* szientistisch zu lesen, enthebe der unausweichlichen Verstrickung in die konkrete historische Lage, welche die hegelsche Formel als Bedingung aller Erkenntnis ausspricht. Die geringste Aussicht, Zeit und Bedingtheit zu überspringen, liegt jedenfalls in dem hermeneutisch naiven Rekurs auf einen historischen Text, hieße er auch *Das Kapital* und stamme von Marx.

die für die philosophische Aufgabe vernünftigen Begreifens relevant ist. Genau dies muß aber die hermeneutische Kategorie der Geschichtlichkeit meinen, wenn sie nicht der ebenso gängigen wie wohlfeilen Rede gleichkommen will, alles sei irgendwie historisch vermittelt. Geschichtlichkeit muß in einem bestimmteren Sinne bedeuten, daß die Philosophie ihre wahren Aufgaben stets aus den Voraussetzungen erhält, über die sie nicht Herr ist und die ihr ohne eigenes Zutun historisch gegeben sind.

Man kann sich das am Begriff des *Problems* verdeutlichen, den die Pragmatisten und in ihrem Gefolge Karl Popper als den Ursprung jeder intellektuellen Bemühung gekennzeichnet haben. Für Probleme ist allgemein charakteristisch, daß sie unvorhergesehen auftauchen und in einer gegebenen Situation plötzlich Schwierigkeiten bereiten, mit denen man fertig werden muß. Auch lebendiges Philosophieren entzündet sich an Problemen, so daß die Vorstellung einer selbstgenügsam mit ihrem Kanon beschäftigten ›philosophia perennis‹ zu den Illusionen der Schule zu zählen ist. Obwohl Philosophie also den Momenten der Unvorhersehbarkeit, des Vorgegebenseins und des Wandels ihrer Probleme untersteht, vermag sie auf dem Wege transzendentaler Reflexion diese ihre Abhängigkeit als eine solche zu bestimmen. Sie kann den Rahmen, in dem ihre Probleme entstehen, und das Verhältnis, in dem sie für sie als Philosophie Probleme werden, als die historische Dimension der jeweiligen Zeit begreifen.

Die Zeit tritt der Philosophie gegenüber in Gestalt eines konkret strukturierten Komplexes von Fakten und Traditionen, der sich einheitlich zur Physiognomie einer Epoche zusammenschließt. Die historische Substanz, die der bestimmten Zeit das Gepräge verleiht, entbehrt des Begriffs und kommt gänzlich ohne Philosophie aus. Was im herrschenden Zeitbewußtsein aber unerkannt bleibt, die insgeheim wirkenden Elemente, die tiefsitzenden Dogmen, die gemeinsam getragenen Aporien, ruft Philosophie auf den Plan und ist die Herkunft ihrer Probleme. Die Zeitbindung der Philosophie gibt daher den Grund der Unvorhersehbarkeit auftauchender Probleme an, sie befreit den Problemwandel vom Charakter absoluter Kontingenz und erläutert zugleich die Bedingungen nachträglicher Einsicht in die Genesis von Problemen. Faßt man derart die Zeit, auf die Philosophie bezogen ist, so gewinnt man einen Begriff für die Struktur ihrer Problematik.

Der aus Hegel entliehene Zeitbegriff ist ein Vorschlag, das von der Hermeneutik benannte Verhältnis transzendentaler Bedingtheit auf einen theoriefähigen Boden zu stellen. Der transzendentale Zug des Verhältnisses äußert sich darin, daß hier nur etwas eingesehen wird, wenn es in seiner bedingenden und einschränkenden Wirkung eingesehen wird, d. h. die Reflexion wird dem Gegenstande nur gerecht, wenn sie sich ihrerseits an das Eingesehene gebunden weiß. Theoriefähig wird jenes die Philosophie selber konstituierende Verhältnis aber erst, wenn ein allgemeiner Begriff für den Komplex solcher historischen Elemente zur Verfügung steht, in denen Philosophie ihre Voraussetzungen findet und ihre Aufgabenstellung erkennt. Man rettet die Transzendentalität des die Philosophie bestimmenden Verhältnisses nicht dadurch, daß man sich der Begrifflichkeit enthält und wirkungsmächtigen Traditionen bloß aussetzt.

Der Zeitbegriff gestattet zu sagen, was es macht, daß alles Wissen »geschichtlich« sei, ohne daß in jenem Begriff konkrete Geschichtlichkeit sich verflüchtigte. Er erlaubt, die Dimension der Bedingungen des Wissens in ihrer historischen Natur ohne die hohen Risiken einer Geschichtsphilosophie zu thematisieren. Die Hermeneutik erwirbt mit dem also eingeführten Zeitbegriff die Möglichkeit, die vielfach von ihr angeregten quasi-transzendentalen Erinnerungen auf die Stufe der Allgemeinheit zu heben. Sie vermag nun auszusprechen, statt bloß *ad hoc* zu demonstrieren, daß jede Erkenntnis, auch die wissenschaftlich erarbeitete, notwendig auf Bedingungen steht, die ihr entgehen, indem sie die Erkenntnis ist, die sie ist. Diese nicht erkannten Bedingungen machen unter dem Titel der Zeit die historische Dimension des Erkennens aus.

Wissenschaftstheorie und Systembegriff
Zur Position von N. Luhmann
und deren Herkunft

Es gibt wissenschaftliche Traditionen, die nicht sterben wollen, obwohl sie längst totgesagt sind. Ihnen gegenüber ist es keine vernünftige Reaktion, das faktische Fortexistieren einfach zu verdrängen. Die untergründige Virulenz scheintoter Traditionen zeigt nämlich in Wahrheit einen Zustand unvollkommener Problemlösung an, wo Fragestellungen, die obsolet erscheinen mögen, nicht wirklich überwunden sind. Im Rahmen der wissenschaftstheoretischen Diskussionen, die nach Aufnahme angelsächsischer Anstöße in den letzten Jahren auch in Deutschland wieder in Gang gekommen sind, gibt es für den geschilderten Sachverhalt ein besonders hervorstechendes Beispiel: die Wiederkehr des alten Dualismus von Natur- und Geisteswissenschaften.[1]

Die letzte und reflektierteste Position, die jene Unterscheidung zum Programm erhob, war die neukantianische Wissenschaftstheorie im Stile Rickerts gewesen.[2] Hier wurde die allgemeine Erkenntnislehre aus der kantischen Tradition definitiv bezogen auf die Erkenntnisintentionen und die Erkenntnisleistungen der Wissenschaften, wobei der Philosophie das Geschäft einer transzendentalen Grenzziehung und Ableitung struktureller Differenzen verblieb, das die Wissenschaften selber nicht vollbringen konnten. Wie wenig die Grundannahmen dieser Position, die auf eine Differenz zweier Typen von wissenschaftlicher Erkenntnis sowie die Nötigung zu einer beide umfassenden und erklärenden Theorie lauten, durch die prominente ›Philosophy of Science‹ überwunden ist, beweist zuletzt die Systemtheorie, die in ihrem

---

1 Den ersten Beweis lieferte die Kontroverse, die als »Positivismusstreit in der deutschen Soziologie« bereits in die Annalen eingegangen ist (s. den gleichnamigen Sammelband mit Beiträgen von Adorno, Albert, Dahrendorf, Habermas, Pilot, Popper; Neuwied 1969).
2 *Die Grenzen der naturwissenschaftlichen Begriffsbildung*, 1902, 1921[3].

Wortführer Niklas Luhmann Anspruch auf eine universelle und zudem wissenschaftlich ausweisbare Wissenschaftslehre erhebt. Luhmann bedient sich des Systemmodells, um erneut »die Grenzen der naturwissenschaftlichen Begriffsbildung« zu bestimmen, er hält sich aber untrüglicher wissenschaftlicher Mittel sicher.[3] Die alte Aufgabe scheint einer endgültigen Lösung näher zu kommen, nachdem die philosophische Reflexion mit ihrer herkömmlichen transzendentalen Zurüstung dem Einsatz szientifischer Begriffe und exakter Modellvorstellungen gewichen ist. Im folgenden wird es darum gehen, den wissenschaftstheoretischen Anspruch des Systembegriffs zu überprüfen und die Möglichkeiten einer von transzendentaler Reflexion entbundenen, auf wissenschaftliche Mittel gestützten Theorie der Wissenschaft genauer zu bestimmen. Dazu ist eine kurze historische Vergegenwärtigung der Ursprünge des Methodendualismus am Platze.

I

Man muß sich vor Augen halten, daß die originellen Ansätze der Philosophie im ausgehenden 19. Jahrhundert, soweit sie nicht im Schulzwang erstickte, maßgeblich von der fruchtbaren Spannung zwischen der kantischen und hegelschen Tradition bestimmt wurden. Waren seit Hegels Theorie des objektiven Geistes Gesellschaft und Geschichte unwiderruflich zum philosophischen Thema geworden, so galt im Bewußtsein seiner Nachfolger doch eines als sicher, daß die Spekula-

3 Unbeantwortet ist bislang eine kritische Frage nach dem Ausweis der Wissenschaftlichkeit des funktionalen Systembegriffs geblieben. C. G. Hempel nennt die Grundidee »a general hypothesis of self-regulation« und vermißt ein Kriterium für deren empirischen Gehalt bzw. objektive Überprüfbarkeit (*The Logic of Functional Analysis*, 1959; in: C. G. H., *Aspects of Scientific Explanation*, N. Y. 1970, 317 ff., 322).
Dagegen verfängt auch Luhmanns strategische Reaktion nicht, die sich auf einen dogmatischen Kausalitätsbegriff bezieht, der zu verlassen und in ein umfassendes Modell funktionaler Äquivalenz aufzuheben sei. Damit ist der Einwand nicht beantwortet. Es wird nur eine Denkvorstellung vorgeschlagen, deren empirische Relevanz ungeklärt bleibt, wie Luhmann selber zugibt (*Funktion und Kausalität*. In: *Soziologische Aufklärung*, Köln/Opladen 1972³, bes. 23).

tion des absoluten Geistes, in deren Zusammenhang Hegel jene Theorie allein glaubte entwickeln zu können, eine hybride Verirrung der Philosophie gewesen sei, die man gerade dann verlassen müßte, wenn man aus Hegel das Sinnvolle retten wollte. Da legte sich die Rückkehr zu Kant wie von selbst nahe, hatte doch dessen Kritizismus das Verderbliche jeder theoretischen Spekulation eingeschärft und Befreiung davon ein für allemal verheißen. Die Konsequenz zieht Diltheys Versuch einer »Kritik der historischen Vernunft«, indem er die Inhalte der geschichtlich-sozialen Welt zu Gegenständen eines Typs von Wissenschaften erhebt, die als Geistes- oder Kulturwissenschaften gleichberechtigt neben die eingeführten Naturwissenschaften treten. Wenn die Geisteswissenschaften sich auf eine methodische Basis stellen lassen, sind sie erkenntnistheoretisch ebenso legitimiert wie die objektivistischen Naturwissenschaften. Dilthey gewinnt die Basis in der Analyse des Lebensbegriffs, der die dem wissenschaftlichen Verfahren zugrunde liegende Subjekt-Objekt-Trennung innerlich vermittelt. Erleben und Ausdruck von Erleben geht unmittelbar über in das Verstehen solchen Ausdrucks, denn in diesen Vollzügen manifestiert sich letztlich die allumfassende Einheit des Lebens selber.

Ersichtlich bleibt der Lebensbegriff bei allem Zuwachs an Konkretion der spekulativen Struktur des hegelschen Geistesbegriffs verpflichtet und ist daher in seiner methodologischen Tragweite von strengeren Kantianern bestritten worden. Wilhelm Windelband erklärte in seiner berühmten Rede über *Geschichte und Naturwissenschaft* (1894) denn auch die zuletzt noch von Hegel vertretene ontologische Unterscheidung der Natur vom geschichtlich lebendigen Geist für überholt und legte das Unterscheidungsmerkmal der einschlägigen Wissenschaften allein in ein verschiedenes Erkenntnisziel, während sie qua Wissenschaften gleichermaßen auf Wirklichkeitserfahrung gründen müßten.[4] Demnach gehen die nomothetischen Wissenschaften, wie Windelband mit einem

---

4 S. den Wiederabdruck in: *Philosophisches Lesebuch III* (Hrsg. Gadamer), Fischer Bücherei 1970, 222, 224.
K. Popper wiederholt, offenbar in Unkenntnis der Quelle, Windelbands Auffassung unverändert: *Poverty of Historicism*, London 1960, *143 ff.*

kantischen Ausdrucks[5] sagte, auf allgemeine Gesetze, während die sogenannten idiographischen Wissenschaften ihr Augenmerk auf besondere geschichtliche Tatsachen richten. Dilthey widersprach[6] sogleich der methodologischen Reduktion des Unterschieds, konnte jedoch nur seine inhaltliche Fundierung dogmatisch dagegenstellen. Rickert aber ging weiter, indem er an Windelbands Unterscheidung gerade eine methodologische Ortlosigkeit bemängelte und statt dessen die Ableitung der äußerlich konstatierten Differenz forderte. Dieser Forderung entspricht das Unternehmen, die Grenzen der naturwissenschaftlichen Begriffsbildung logisch nachzuweisen.

Rickert argumentiert in Kürze wie folgt. Alle Wissenschaften sind als Begriffe von *Aufgaben* zu verstehen. Die primäre Erkenntnisaufgabe stellt sich in der »Vereinfachung der Mannigfaltigkeit« der uns umgebenden Welt. Ganz formal kann die Struktur der Wirklichkeit in bezug auf jene Erkenntnisaufgabe beschrieben werden als heterogenes Kontinuum, d. h. die durchgängige Gleichförmigkeit des immer Anderen. Die Naturwissenschaften genügen der Erkenntnisaufgabe zunächst durch Aufstellung allgemein gültiger Gesetze, die die gegebene Mannigfaltigkeit des Wirklichen einheitlich zu erklären gestatten. Sie stoßen freilich in ihrer Verallgemeinerungsleistung mit innerer Konsequenz an eine Grenze, die die Eigenart des Wirklichen ihnen setzt, insofern dies gerade nicht die Struktur der Allgemeinheit, sondern der immer anderen empirischen Besonderheit aufweist.[7] In gewissem Sinne erfüllen

5 *Kritik der reinen Vernunft*, A 424; *Kritik der Urteilskraft. Einleitung* (1. Fassung) V (A 415).

6 *Ges. Schr.* V 242 ff., 253.

7 *Grenzen der naturwissenschaftlichen Begriffsbildung*, a.a.O., 152. Die neuere Wissenschaftstheorie hat die Bedeutung dieses Arguments bestritten und auch regelmäßig die darin begründete Notwendigkeit des Übergangs zu einer anderen Erkenntnismethode geleugnet (C. G. Hempel, *The Function of General Laws in History*, 1942; *Typological Methods in the Natural and the Social Sciences*, 1952; *Aspects of Scientific Explanation*, 1965; alle in: *Aspects in Scientific Explanation and other Essays*, New York 1970, 163, 233, 422). Es sei unmöglich, die Individualität eines besonderen Ereignisses mit allen Details der Raum-Zeit-Gegebenheit zu erkennen, die bei der nomologischen Subsumtion eines Falles unter ein Gesetz vernachlässigt werden. Um derart vervollständigte Information geht

also Gesetzesaussagen nicht die Erkenntnisaufgabe angesichts einer Wirklichkeit, die doch in der Komplexität ihrer Besonderung einheitlich erfaßt werden will.

Hier übernehmen nun die *historischen Kulturwissenschaften* die ursprüngliche Erkenntnisaufgabe. Ihnen gelingt es, das Besondere als solches festzuhalten und gleichwohl in einen allgemeinen Horizont zu stellen, der gestattet, hier von Erkenntnis zu reden. Das in Frage stehende Verfahren nennt Rickert theoretische *Wertbeziehung* im Gegensatz zum praktischen Werturteil. Er greift damit auf einen Terminus zurück, den schon Windelband benutzte, und den als erster wohl Hermann Lotze eingeführt hatte. Nach einer nationalökonomischen Vergangenheit taucht der Wertbegriff bei Lotze[8] ursprünglich in ästhetischem Zusammenhang auf und bezeichnet das, was der Idealismus unter dem Namen der Idee als die Wirklichkeit der Vernunft im Gegensatz zur Empirie der Fakten begriffen hatte. Rickert zufolge *werten* die Kulturwissenschaften weder positiv noch negativ, sie setzen ihre historisch besonderen Gegenstände vielmehr in erkenntnismäßige Beziehung zu einem Wert von allgemeiner Bedeutsamkeit. Die Wertbeziehung verleiht der besonderen Wirklichkeit des Historischen die generell verständliche, ein Geflecht von Möglichkeiten präsent haltende Geltung eines Sinns. Die Gegenstände der Kulturwissenschaften sind somit als irreale Sinngebilde des Verstehens konstituiert.

Man erkennt, daß Rickerts transzendentalphilosophische Ableitung der Differenz von Natur- und Kulturwissenschaften in der Hauptsache mit dem logischen Begriffspaar des Allgemeinen und Besonderen operiert, das nicht im Sinne Hegels als konkreter Begriff dialektisch vereinigt wird, sondern in seiner immanenten Spannung offengehalten und methodologisch fruchtbar gemacht wird. Die vollzogene dialek-

---

es jedoch gar nicht, wenn wertbeziehendes Sinnverstehen den historischen Vesuvausbruch vom Jahre 79 – um Hempels Beispiele zu variieren – anders auffaßt als eine ebenso singuläre Eruption auf unbewohnten Eilanden des Pazifik oder wenn die Ermordung Trotzkis in Mexiko im Jahre 1940 auf andere Weise bedeutsam ist als jede medizinisch vergleichbare, nach Raum-Zeit genau bestimmte Herbeiführung des Todes.

8 *Über den Begriff der Schönheit* (1845); in: H. L., *Kl. Schr.* I, Leipzig 1885, 300 ff., 333 f.; *Seele und Seelenleben* (1846), ibd. II 175.

tische Begriffskonkretion ließe nur Raum für eine spekulative Enzyklopädie philosophischer Wissenschaft, der das
Wirkliche immer schon das Vernünftige und das Vernünftige
bereits das Wirkliche ist. Solcher Dialektik müßte jede methodologische Überlegung als unerlaubte »äußere Reflexion«
erscheinen.

Indem Rickert jedoch die gedachte Einheit des Allgemeinen
und Besonderen erst in eine zu lösende Erkenntnisaufgabe
hineinprojiziert, anstatt sie als notwendige Voraussetzung
einer begrifflichen Theorie, die ihrer selbst dialektisch gewiß
sein will, bereits zu unterstellen, hat er sich die Möglichkeiten
geschaffen, in denen die Stärke seiner Wissenschaftstheorie
liegt.[9] Er vermag zwei Erkenntnisweisen zu unterscheiden,
die als Erkenntnis des Wirklichen analogisiert, ihrer Struktur
nach aber differenziert werden. Und er kann dank der einheitlich formulierten Erkenntnisaufgabe die Zusammengehörigkeit der strukturell differenten Erkenntnisweisen bzw. die
Notwendigkeit ihrer Ergänzung zeigen.

Max Webers Idee einer »verstehenden Soziologie« geht voll-
inhaltlich auf Rickerts kulturwissenschaftliche Grundanschauungen zurück.[10] Insbesondere ist die Aufnahme des
Sinnbegriffs in das kategoriale Rahmenwerk einer methodologisch zu fundierenden Sozialwissenschaft von der vorgängigen Konzeption der Kulturwissenschaft her motiviert.
Wenn Weber im ersten Paragraphen von *Wirtschaft und Gesellschaft* als soziologischen Grundbegriff das »Handeln« ein-
führt und Handlung wesentlich durch Verknüpfung mit
Sinn bestimmt sein läßt, so hat er weniger über die Struktur
von Handlung gesagt als vielmehr alles, was mit Handlung
im weitesten Verstande zusammenhängt und in das For-
schungsfeld der Soziologie gehört, als potentielle Gegenstän-

---

9 L. Nelson, ein Kantianer aus der anti-idealistischen Schule von J. F.
Fries, urteilt jedoch anders: »Rickerts Wirklichkeitswissenschaft ist nur
eine Erneuerung von Hegels absoluter Wissenschaft. Auch bei Hegel
sollte diese mit der Geschichte zusammenfallen« (*Die sog. neukantische
Schule,* 1914; in: L. N., *Ges. Schr.* I, Hamburg 1970, 215).
10 Sehr eingehende Untersuchungen darüber sind H. Baier zu danken:
*Von der Erkenntnistheorie zur Wirklichkeitswissenschaft. Eine Studie über
die Begründung der Soziologie bei M. Weber* (ungedr. Habil.Schr. Mün-
ster 1969; Buchveröffentlichung 1973).

de kulturwissenschaftlicher, wertbeziehender und sinnverstehender Untersuchung klassifiziert.

Damit aber stehen wir endlich an dem Punkt, wo Luhmann in die Diskussion eingreift. Er erklärt sich mit Webers unhinterfragter Ansetzung des Sinnbegriffs nicht zufrieden und kehrt in die Fundierungsdimension ursprünglicher Begriffsgewinnung zurück[11], die Weber gerade hinter sich gelassen hatte, als er Rickerts transzendentale Kategorien einzelwissenschaftlich in Gebrauch setzte. Die jüngste Arbeit von Luhmann, die unter dem Titel *Sinn als Grundbegriff der Soziologie* im Rahmen der Auseinandersetzung mit Habermas erschienen ist, bezeichnet meines Erachtens aller offenen Berufung auf Husserl und aller impliziten Benutzung von Gehlen zum Trotz den Schritt der Rückbildung einer soziologischen Kategorienlehre à la Weber in Richtung auf rein logische Grenzbestimmung der naturwissenschaftlichen Begriffsbildung im Stile Rickerts.[12]

II

Luhmanns zentraler Gedanke ist der eines sich gegen wechselnde Außenbedingungen konstant erhaltenden Systems, den er freilich weit über die kybernetische Analogie von Organismen und Maschinen hinaus interpretiert. Die funktionale Struktur jedes Systems, Reduktion von Komplexität zu leisten, wächst sich unter Luhmanns Händen zu einem philosophischen Prinzip aus. Am Ende des wichtigen Buches über *Zweckbegriff und Systemrationalität*[13] schreibt er: »Der Weltbegriff [der funktionalen Methode] ist der eines äußerst komplexen Feldes von Möglichkeiten, ihr Seinsbegriff der eines zu erhaltenden, systemmäßig individualisierten Bestandes in einer äußerst komplexen Welt. [. . .] Reduktion von Komplexität ist ein Prozeß, der weder rein kausal

11 Habermas/Luhmann, *Theorie der Gesellschaft oder Sozialtechnologie*, Frankfurt 1971, 13, 58, 76; 90; vgl. 11. *Soz. Aufkl.* 116, 131.

12 Vgl. 89: »Grenzen der klassischen Kausalvorstellung«. S. a. *Funktion und Kausalität*, in: *Soziol. Aufkl.*, a.a.O., bes. 16 ff., 26; vgl. 129 f.

13 Tübingen 1968, 240.

als Bewirken einer Wirkung geschieht, noch lediglich als gesollte Aufgabe verstanden werden kann. Es ist der Prozeß der Bestimmung des Unbestimmten, der Seinswerdung in der Zeit im Blick des Bewußtseins. Wir vermeiden es, ihn in der alten Weise als Formung von Materie zu bezeichnen.«

Luhmann vermeidet es auch, jenen Prozeß in der etwas moderneren Weise als Ordnungsleistung einer transzendental auf Mannigfaltigkeit bezogenen Synthesis zu beschreiben, obwohl er der Sache nach genau dies meint. Den polemischen Antipoden bei der Selbstdarstellung der Systemtheorie gibt stets eine antiquierte Metaphysik der Substanzen ab, die spätestens seit Kants transzendental-philosophischer Wendung als Kontrastfolie neuer Ansätze nicht mehr taugt. Identität kann seit Kant und keineswegs erst seit der Systemtheorie nicht länger als massiv ontologische Wesensbestimmung, sondern muß als prozessual zu leistende Bestimmung des Unbestimmten gedacht werden. Luhmann sagt das in apokryphem Anklang sowohl an die transzendentale Apperzeption wie an den Schematismus Kants mit der Formel: »Seinswerdung in der Zeit im Blick des Bewußtseins.« Schließlich übersetzt das allgegenwärtige Prinzip der Reduktion von Komplexität ziemlich genau, wenngleich in technischer Terminologie, die »Vereinfachung des Mannigfaltigen«, als die Rickert ja die Erkenntnisaufgabe grundsätzlich bestimmt hatte.

Vor allem läßt die wissenschaftstheoretische Auslegung des Systemmodells die Ableitung der entscheidenden Differenz von gesetzmäßig-erklärenden und wertbeziehend-sinnhaften Methoden zu[14]. Darin sieht Luhmann sogar den besonderen Vorzug seines Ansatzes. Unter dem umfassenden Gesichtspunkt der Reduktion von Komplexität erscheint die gesetzliche Kausalbeziehung nur »als ein Anwendungsfall funktionaler Ordnung«, der daneben Raum läßt für Sinnbildung. *Sinn* heißt diejenige Ordnungsform des Erlebens, die einen Horizont von Möglichkeiten einheitlich präsent hält und Identität in einem Geflecht latenter Negationen von Alternativen erstellt. Wenn das gilt, so deutet Luhmann Sinn ähnlich wie Rickert, der damit die irreale Wirklichkeit des Be-

---

14 *Soziologische Aufklärung*, 16 ff., s. a. 129 f., vgl. *Zweckbegriff* . . . 15 116, 135 f.; Hab./Luhm., 10, 16 ff., 20.

sonderen im Lichte der allgemeinen Wertbeziehung als einer latenten Weiterverweisung auf nicht realisierte Möglichkeiten bezeichnete.

Luhmann geht also in die Irre, wenn er für seinen Sinnbegriff Husserl bemüht.[15] Sieht man von den Schwierigkeiten ab, die die phänomenologische Korrelationsforschung von Noesis und Noema sowie die Annahme eines transzendentalen Ego der Systemtheorie bereiten würden, so bietet auch Husserls Intentionalitätsanalyse selber keinen Anhalt für die Deutung von Sinn als Reduktion der Komplexität. Im intentional gemeinten Sinn entdeckt die phänomenologische Untersuchung nämlich die in Konstitutionsleistungen sich aufbauende Selbstgegebenheit der Sache, die sie entschlossen zur eidetischen Ontologie erweitert. Davon darf Systemtheorie mit ihrem struktural-funktionellen Sinnbegriff nichts wissen wollen.

Die Nähe zu Rickert beweist Luhmann nicht nur mit der Analyse der Kategorie des Sinns. Er folgt ihm auch, wenn er die Genesis der Sinnkategorie am Problem des Besonderen lokalisiert und damit den Grund für die Nötigung angibt, von allgemeinen Gesetzesfeststellungen zur Methode des Sinnverstehens überzugehen.[16] Die Komplexität der welthaften Wirklichkeit kann nach Luhmann erst dann als erfolgreich reduziert gelten, wenn die Identität des Besonderen derart selektiv gesichert ist, daß die Verweisung auf Alternativen offenbleibt und nicht unterdrückt ist. Eben die Überwindung nomothetischer Generalisierung in Richtung auf theoretische Erfassung des empirisch Besonderen leistete der alten Konzeption zufolge die Wertbeziehung. In beiden Fällen ist eine Bewältigung des Mannigfaltigen gedacht, die weder auf *eine* kontingente Instanz aus dem Felde der Komplexität hereinfällt und also Komplexität als solche nicht bewältigte, noch eine einheitliche Ordnung des Gesetzlichen sucht jenseits

15 Bei Luhmanns Bezug auf Husserl setzt L. Eley an (*Transzendentale Phänomenologie und Systemtheorie der Gesellschaft. Zur philosophischen Propädeutik der Sozialwissenschaften,* Freiburg 1972), ohne freilich auf dieser Basis allein das anspruchsvolle Programm einer Propädeutik einleuchtend machen zu können.

16 Hab./Luhm. 48, 61, 302; vgl. *Soz. Aufkl.* 26, 56, 116.

der Eigenart des Mannigfaltigen selber, nämlich je Besonderes zu sein. Gewinnung von Ordnung durch Bestimmen einer Identität im Horizont von Alternativen reduziert jedoch Komplexität und wird ihr gleichzeitig strukturell gerecht.

Es liegt auf der Hand, daß vornehmlich diese Version des Systemmodells als Begriffsrahmen für *Sozialwissenschaften* geeignet erscheint. Die seit den Tagen des Neukantianismus bis in die Gegenwart anhängigen Kontroversen über die Logik der Sozialwissenschaften kreisen ja unvermindert um die methodologische Bedingung, daß in diesem Felde theoretische Verallgemeinerung nie gegen die Besonderheit des Materials verstoßen darf, so daß die Gültigkeit der Theorie sich nach dem Grade der Anpassung an die Eigenart gesellschaftlicher Wirklichkeit bemißt. Dieser Bedingung glaubt Luhmann nun vollauf Genüge zu tun, wenn er den systemtheoretisch formalisierten Sinnbegriff in die kategoriale Grundlegung der Soziologie aufnimmt. Sinn gewinnt den Status eines Überbegriffs, der sowohl theoretisch wie praktisch Reduktion von Komplexität, nämlich Erleben und Handeln gleichermaßen reguliert.

III

Spätestens an dieser Stelle muß aber die Skepsis gegen die Tragweite des vorgetragenen Prinzips einsetzen. So treffend eine Kritik an Webers unreflektierter Verwendung des Sinnbegriffs in der Handlungsdefinition ist, so wenig nützt die Ersetzung durch eine Sinnkategorie, die derart formalisiert ist, daß in ihr der Unterschied von Erleben und Handeln überhaupt verschwindet. Die Sozialwissenschaften melden doch, unter Luhmanns Zustimmung übrigens[17], ein elementares Interesse an einem grundsätzlich geklärten *Handlungsbegriff* an, der die besondere Auszeichnung der für sie in Betracht kommenden Gegenstände vorab zu verantworten hätte. Die Erwartung ist freilich regelmäßig enttäuscht worden, und die Kette der Enttäuschungen reicht von Webers Verwechslung des Handlungsbegriffs mit einem kulturwissen-

17 Vgl. Hab./Luhm. 75 ff., 90, 293.

schaftlichen Klassifizierungsmerkmal, über die operationalistische Weberadaptation im Stile von Parsons bis hin zur undifferenzierten Angleichung des Handelns an den Dialog im Kommunikationsmodell von Habermas. Die anregende Debatte zwischen Habermas und Luhmann dringt nicht wirklich zur Klärung eines für Sozialwissenschaften grundlegenden Handlungsbegriffs vor. Dazu sind sich beide Positionen in ihrer jeweiligen Voreingenommenheit für funktionale Systemanalyse bzw. für zwanglos intersubjektive Verständigung zu ähnlich.

Die geäußerten Bedenken sind inhaltlicher Art. Sie betreffen den Untergang des Handlungsbegriffs im formalen Systemmodell und stellen von dieser Seite aus die spezifisch soziologische Aussagekraft der Systemtheorie in Frage. Noch gewichtigere Einwände erheben sich aber auf dem eigentlich *methodologischen* Gebiete selber, dem die geringste Aufmerksamkeit im Streit zwischen Habermas und Luhmann gilt, da dieser vorwiegend um Fragen der Praxis und der Ideologie kreist. Wir haben beobachtet, daß Luhmann methodologisch in größte Nähe zu Rickert gerät. Die Befähigung zu methodologischen Überlegungen erwächst der Systemtheorie durch ein Moment, das sie selber ›funktionale Äquivalenz‹ tauft und worin sie ihre unschlagbare Stärke sehen will. Luhmann glaubt die Systemtheorie kraft des Moments funktionaler Äquivalenz aller Fesseln herkömmlicher, insbesondere transzendentaler Philosophie überhoben, und in der Tat steht er in diesem Punkte der philosophischen Wissenschaftstheorie am fernsten.

Ich möchte nun zu zeigen versuchen, daß das zentrale Moment vermeintlicher Stärke in Wahrheit die Schwäche des Systemmodells ausmacht, so daß dieses seine wissenschaftstheoretischen Prätentionen nur aufrechterhalten kann, wenn es nicht unbedingt den verwandten Standpunkt Rickerts erneuert, aber doch auf transzendentalphilosophischen Boden zurückfindet.

Funktionale Äquivalenz bedeutet Ersetzbarkeit einer Leistung hinsichtlich ihrer Funktion für das System durch eine andere nach je wechselnden Gesichtspunkten.[18] Je leerer der

18 Vgl. Hab./Luhm. 89; *Zweckbegriff.* 162 ff.

Systembegriff gefaßt wird, desto mehr funktionaler Austausch findet statt, und desto beliebiger können die gewählten Gesichtspunkte wechseln. Die Freiheit ihrer Wahl ist abhängig vom Abstraktionsgrad des unterstellten Systembegriffs. Aber umgekehrt hängt die Gültigkeit jeder funktionalen Interpretation eines Phänomens im Lichte des Systemmodells von der Art des zuständigen Gesichtspunktes ab, der gegenüber anderen Perspektiven verschieden gewichtet werden wird. Die möglichen Gesichtspunkte lassen sich jedoch nur in einer Ordnung untereinander bestimmen. Nach welchen Kriterien soll nun eine solche Ordnung erfolgen?

Konkret gesprochen: man kann schließlich alles und jedes irgendwie funktional unter den Systembegriff subsumieren, wenn man ihn nur gehörig entleert und auf abstrakteste Formalstrukturen bringt. In der Tat beweisen die Auseinandersetzungen, in die Luhmann sich begibt, stets die Strategie der Umdeutung der Einwände in Systemkategorien und damit der Entschärfung der Kritik, die unversehens der Bestätigung des von der Systemtheorie erhobenen *Universalitätsanspruchs* dient.[19] Zu dem Zwecke muß man nur jeweils den geeigneten Gesichtspunkt wählen. Die vom Gedanken funktionaler Äquivalenz freigestellte Beliebigkeit der Aspektwahl eröffnet dieser Strategie unbegrenzte Möglichkeiten. Die gelingende Demonstration ad hoc scheint für sich zu sprechen und entbindet von weiterer Auskunft über die Aussagekraft des von Fall zu Fall wechselnd zitierten Systemmodells. Entsprechende Auskunft wäre nur zu erbringen durch die Klärung der Gültigkeit des in Anschlag gebrachten Gesichtspunktes bzw. den Nachweis der Berechtigung eines bestimmten Abtauschs von Gesichtspunkten. Hier herrscht faktisch das Ingenium des Autors oder die Suggestion der kasuistischen Anwendung seines Modells.

Die geforderte Klärung darf nicht nochmals unter Rückgriff auf das Systemmodell geschehen, wenn anders sie doch gerade die *Legitimität* solchen Rückgriffs zum Thema hat. Erklärt hingegen die Systemtheorie sich selbst, d. h. die Verwendung des Systemmodells zum Zwecke theoretischer Sacherkenntnis

19 *Soz. Aufkl.* 44, Hab./Luhm. 378 ff.

erneut systemfunktional als eine weitere Äquivalenz neben anderen, so gibt sie damit konsequent jeden Erkenntnisanspruch auf. Die methodologische Klärung eines Verfahrens muß zeigen, wieso das Verfahren sich eignet, zu sagen, was ist, und das kann nicht geschehen, wenn die Methodologie das Verfahren benutzt, um zu sagen, was sie ist.

Genau diesen Zirkel betritt Luhmann, indem er wie folgt argumentiert: »Eine Soziologie, die die Sinnfrage in der erläuterten Weise stellt, impliziert ihre eigne Entdogmatisierung. Sie befreit sich von nicht disponiblen Bindungen an eine vorgegebene Natur – sei es ihres Gegenstandes, sei es ihrer eignen Vernunft und ihrer Erkenntnisbedingungen – und zwingt sich zu laufender theoretischer Entscheidung darüber, welche Strukturen sie um welcher Erkenntnisziele willen nicht problematisieren will, also zur Übernahme der Verantwortung für sich selbst. So erst kann sie voll begreifen, daß ihre Wahrheiten hypothetischen Charakter haben und behalten, und daß ihre Positivität nichts anderes ist als die strukturelle Variabilität des Systems, in dem sie Wahrheiten zu erkennen sucht.«[20]

Luhmann erkauft die *Entdogmatisierung* um den Preis einer *Trivialisierung*. Zu welchem Ende wird denn die radikale Entbindung von der Natur des zu erkennenden Gegenstandes wie von den Vernunftbedingungen der Erkenntnis selber propagiert? Die Soziologie, die sich schlechterdings in den Wechsel der Gesichtspunkte funktionaler Äquivalenz auflöst, ist keine irgend spezifizierbare Soziologie mehr, ihre Modellanwendung spricht keine Wahrheit mehr aus, auch keine hypothetische, denn diese enthielte noch den Anspruch zu sagen, was ist. Schließlich kann man jenseits aller Spezifikationen auch von Theorie im beschworenen Sinne reiner Selbstverantwortung nicht mehr reden, wenn das Rotieren beliebiger Gesichtspunkte um ein abstraktes Modell kriterienlos abläuft. Das Durchprobieren funktionaler Äquivalenz gehorcht der Prämisse, daß alles, wie Luhmann sagt, »grundsätzlich auch anders möglich sei.«[21] Auf diesem Wege gelangt man aber nur zu exemplarischen Konzepten, nach denen man sich eine Sa-

20 A.a.O., 85 f.
21 *Zweckbegriff* . . . 163.

che unter anderem auch vorstellen kann. Die exemplarische Vorstellung entbehrt der Gültigkeit wissenschaftlicher Erkenntnis ebenso wie der Notwendigkeit, auf die transzendentale Reflexion sich selber verpflichtet kraft der Einsicht, so und nicht anders denken zu müssen.

Die strukturelle Variabilität des Systems mag inhaltliche Fragen gesellschaftlicher Institutionen und Organisationsformen aufschlüsseln. Sie läuft indes leer, wenn sie auf methodologisches Gebiet hinübergespielt wird. Die vermeintliche Stärke der übergangslosen Applikation des Systemmodells auch auf Fragen einer Wissenschaftstheorie ist die Schwäche des Luhmannschen Entwurfs. Denn so wird die Differenz zwischen materialer Theorie und Metatheorie verwischt, auf der wissenschaftstheoretische Überlegungen doch gerade fußen. Luhmann vermag keinen Begriff von einer Theorie der Wissenschaften auszubilden, gerade weil er diesen Begriff aus der verzweigten Ruine der Philosophie ausquartieren will, wo er bescheiden genug vegetiert, um ihm im Neubau funktionaler Wissenschaftsarchitektonik eine der vielen gleichförmigen Zellen zu reservieren. Das Scheitern dieses Versuchs zeigt meines Erachtens, daß man in der Theorie der Wissenschaften nicht vorankommt ohne solche Begriffe, in denen eine undogmatische Philosophie als transzendentale Reflexion zugleich in bezug auf und im Unterschied von wissenschaftlicher Erkenntnis ihre genuinen Möglichkeiten bewährt.

IV

Natürlich ist Luhmann die Paradoxie einer Erläuterung der Systemtheorie in ihrem Erkenntnisanspruch und Wissenschaftsstatus durch systemtheoretische Mittel nicht verborgen geblieben. Er ergreift die Flucht nach vorn, indem er die Erwartung einer Legitimation des Verfahrens einer falschen Anhänglichkeit an überholte Begründungsideale zurechnet und denjenigen mit dem impliziten Vorwurf des Altmodischen belastet, der in der zirkulären Anwendung des Systemmodells nicht sogleich die Befreiung zu neuen Denkmöglichkeiten begrüßt. Die modische Attitüde sollte indes nicht verschrecken, sie gehört zu einem in den Wissenschaften verbreiteten Typ des Imponiergehabes. Besteht man gleichwohl auf der Frage nach der Gültigkeit der Anwendung systemtheoretischer Verfahren, stellt man also entschlossen an die Systemtheorie die Wahrheitsfrage, so erhält man eine verblüffende Antwort rein taktischer Natur. Die Gültigkeit systemtheoretischer Erkenntnisse wird allein nach der Maxime des Durchkommens beurteilt. Ob das, was die Systemtheorie sagt, wahr sei, hängt allein davon ab, ob ihre Anwendung im vorliegenden Falle gelingt. Der Erfolg gibt stets Recht.

Zwar kann man den Geltungsnachweis von Erkenntnissen durchaus an den *Erfolg* binden, der aus der Anwendung gewisser Verfahren resultiert. Die pragmatistische Wissenschaftstheorie hat regelmäßig so argumentiert.[22] Dann muß man freilich genauer bestimmen, was hier »Erfolg« heißen soll. Man muß etwa den Erfolg oder Mißerfolg an Kriterien der Lebensmeisterung oder Problembewältigung orientieren, also letztlich an objektiven Gegebenheiten und Bedürfnissen, um derentwillen Erkenntnis gesucht wird, die gesicherte Voraussagen nötig machen und den »Erfolg« der Anwendung bestimmter Verfahren zu messen erlauben. Der pragmatistische Ansatz mag unbefriedigend bleiben, er läßt sich möglicherweise auch verbessern. Immerhin stellt er eine schlüssige Antwort dar.

Luhmann folgt dem keineswegs, wenn er seine Erfolgsmaxime interpretiert. Eine Berufung auf den Pragmatismus verbietet sich der Systemtheorie schon aufgrund der dogmatischen Restannahmen über objektive Gegebenheiten und Bedürfnisse, die dort festgehalten sind. Statt dessen wird die Erfolgsmaxime uneingeschränkt zum Selbstzweck erhoben, und die vermeintlichen Kriterien für Wahrheit verlieren alle Objektivität. Eine leere Kategorie der *Steigerung* tritt an die Stelle: Wahrheiten sind nicht zu begründen, sondern zu vermehren. *Wahrheit*[23] wird verstanden als Kommunikations-

22 Z. B.: C. S. Peirce, *The Fixation of Belief* (1877), Dt. Übers. bei: Apel (Hrsg.), Peirce, *Schriften I*, Frankfurt 1967, bes. 319. J. Dewey, *The Quest for Certainty*, 1929.
23 Obwohl man sich bislang mit Andeutungen zu Luhmanns Wahrheitsbegriff begnügen muß, ist die Linie seiner Argumentation doch deutlich

medium der intersubjektiven Übertragung sinnhafter Reduktionsleistungen, somit als eine Potenzierung der Komplexitätsminderung, die ein einzelnes Subjekt bereits unter einfachen Bedingungen gesellschaftlicher Evolution allein nicht mehr im geforderten Umfange erbringen kann. Was einer erlebt und erkenntnismäßig verarbeitet hat, vermag er über das Kommunikationsmedium weiterzugeben, so daß die einmalige Leistung erhalten bleibt und von andern genutzt werden kann, ohne daß diese eine entsprechende Mühe aufbieten müßten. Wahrheit entledigt sich im soziologischen Blickwinkel der Systemfunktionalität ihres alten Charakters objektiv begründeter Erkenntnis und erscheint verwandelt zu einer Sonderform der Reduktion von Komplexität.

Der Zirkel liegt nicht nur offen zutage, er wird auch bewußt in Drehung gehalten. Im systemtheoretischen Konzept erklärt sich Wahrheit allein als die Steigerung des universal angewandten Modells. Damit ist die Frage nach der Gültigkeit der Anwendung oder nach der Wahrheit der auf diesem Wege erreichbaren Einsicht von vornherein unterlaufen. Wahrheit heißt: immer mehr von demselben, womit jedoch keine Auskunft erteilt ist über die Besonderheit des »immer mehr«, also über den Steigerungscharakter im Gegensatz zu dem, was gesteigert wird. Ebensowenig ist gesagt, wieso es immer mehr von etwas geben solle, von dem man nur erfährt, daß sein Wesen in der Steigerung bestünde.

Solche Tautologisierung bildet die Folge der uneingeschränkten Erfolgsmaxime, die darauf hinausläuft, um jeden Preis durchzukommen. Der Erfolg der Anwendung eines Modells läßt sich insoweit inszenieren, als jedes vorgerückte Problem, jeder neue Anwendungsfall dem Modell entsprechend vorprogrammiert wird. Das gilt auch für Fragen, die den Anwendungsprozeß seinerseits vor eine kritische Entscheidung stellen. Die Stutzung aller Probleme auf das erfolgskonforme Maß bedeutet aber die Eliminierung alles Problematischen.

Diese apriorische Zurichtung gibt nun kein Recht mehr, von Reduktion der Komplexität im eigentlichen Sinne zu reden.

(*Soz. Aufkl.* 126 ff., 233 ff.; Hab./Luhm. 342 ff.; *Die Risiken der Wahrheit und die Perfektion der Kritik,* unveröff. Ms.).

Wenn eine Garantie auf Erfolg in die Fächerung des Systemmodells eingebaut ist, dann bleibt im Ernst nichts mehr zu reduzieren – alle Komplexität erscheint eingeebnet. Wo dem Erfolg keine Möglichkeit des Scheiterns mehr gegenübersteht, verliert der Maßstab des Erfolgs seinen Sinn. Die alternativenlose Wiederholung tendiert zum Automatismus. Man sollte also nicht die freien Perspektiven sinnvoller Evolutionsprozesse beschwören[24], wo in Wahrheit nur das *Lob der Routine*[25] gesungen wird.

24 Hab./Luhm. 86, 381.
25 S. den gleichnamigen Aufsatz in: Luhmann, *Politische Planung*, Opladen 1971.

Dialektische Elemente einer Forschungslogik

Vorbemerkung zur Strategie

Wenn Dialektik irgend etwas ist, so ist sie eine *Methode*. Wenn sie eine Methode ist, so ist sie ein Verfahren zur Gewinnung von Erkenntnissen. Sie ist also nicht primär ein Inhalt oder ein besonders ausgezeichneter Komplex von Inhalten. Es gibt keine Reservate spezifischer Gegenstände, wo die Dialektik gleichsam zu Hause wäre und andere Denkweisen ausgeschlossen.

Ebensowenig darf man in der Dialektik eine Art höherer Weisheit für Eingeweihte sehen. Exklusivität und Esoterik widersprechen dem Charakter von Methoden. Aus der Tradition großer dialektischer Philosophie läßt sich das leicht belegen, wenn man an das dialogische Ethos von Plato denkt, der sich im *Sophistes* respektlos über die Geheimniskrämerei der vorsokratischen Weisen lustig macht. Man könnte auch an den Spott erinnern, mit dem Hegel die genialischen Prätentionen der Philosophie Schellings quittiert, oder an die unnachsichtige Zerstörung des falschen theoretischen Nimbus von »Heiligen Familien« durch die marxsche Kritik.

Dialektik soll eine Methode heißen und weder ein Titel für besondere Gegenstandsbereiche noch das Signum vornehmer Einsicht sein. Der Begriff der Methode darf dabei getrost weit gefaßt werden und muß keinen allzu engen Vormeinungen unterliegen. Für einen weit gefaßten Begriff von Methode gilt mindestens zweierlei als Bedingung: *Rationalität* und *Nachvollziehbarkeit*. Das vorgeschlagene Verfahren hat sich einmal vernünftig auszuweisen, d. h. es muß in der Lage sein, sich selbst unter Bezug auf allgemeine Gründe zu erläutern. Das Verfahren muß zum andern nachvollziehbar sein, d. h. es hat jedermann zugänglich zu bleiben, der sich auf das Verfahren einläßt, und es hat allen Teilnehmern gleiche Ergebnisse in Aussicht zu stellen. Rationalität und Nachvollziehbarkeit bilden die Maßstäbe, die eine Dialektik anzuerkennen hat, will sie sich methodisch verstehen. Was dialektisch ist oder dialektisch angesehen wird oder auf dialektischem Wege erkannt wird, muß sich gefallen lassen, auf Rationalität und Nachvollziehbarkeit hin befragt zu werden. Wird beides verweigert oder im Sinne einer inadäquaten Fragestellung als »undialektisch« disqualifiziert, so macht Dialektik sich des Dogmatismus oder des Obskurantentums verdächtig. Entweder beharrt sie nämlich auf einem vermeintlichen Vorwissen, das sie allein besitzt und nicht preisgeben will, oder sie zieht sich überhaupt in die Dunkelheit zurück.

Im Lager eines bornierten *Positivismus* ist es seit jeher üblich gewesen, Dialektik mit dieser Karikatur zu identifizieren. Die dialektische Defensive hat häufig das Ihre dazu beigetragen, sich in diesen Winkel rücken zu lassen, indem sie die Auseinandersetzung scheute, in hochmütige Reserve ging und dem Opponenten von vornherein die Möglichkeit rechten Verständnisses absprach. In dem Zusammenhang bekommt »Positivismus« die Qualität eines pauschalen Schimpfwortes, das undifferenziert alle nichtdialektischen Positionen abwertet und mit dem Makel des Ungeistigen belegt. Das Etikett des Positivismus hat gerade in der Diskussion um Popper ungute Verwirrung gestiftet.[1] Die Defensive bedient sich auch gern des *Ideologievorwurfs,* dem automatisch ein Wahrheitsmonopol auf seiten dessen entspricht, der den Vorwurf erhebt. Indes ist diese Einstellung im Prinzip wechselseitig austauschbar ohne Aussicht auf begründete Entscheidung. Mithin beweist dieses Verhalten allein noch nichts und führt keinen Schritt weiter.

Gerade den Dialektikern hätte es doch angestanden, die Auseinandersetzung nicht zu scheuen. Vielmehr ist es dialektisches Verfahren, den Gegner in ein Streitgespräch zu verwickeln, wo ihm sowohl seine eignen dogmatischen Vormeinungen nachzuweisen sind als auch das methodische Angebot auf Rationalität und Nachvollzug der dialektischen Alternativen unterbreitet wird. Die Dialektik besitzt ihre Stärke darin, sich kritisch auf entgegenstehende Positionen einzulassen, um die unvernünftig dogmatischen Momente daran aufzudecken,

1 S. den Sammelband *Der Positivismusstreit in der deutschen Soziologie* mit Beiträgen von Adorno, Popper, Habermas, Albert u. a. (Neuwied/ Berlin 1969). Dazu: P. Lorenzen, *Szientismus vs. Dialektik.* In: *Hermeneutik und Dialektik I* (Hrsg. Bubner/Cramer/Wiehl), Tübingen 1970.

aber dies nur dank einem Vernunftanspruch, an den auch sie sich gebunden weiß, ohne ihn einseitig für sich zu reklamieren.

Die Auseinandersetzung zielt darauf, Irrationalität und Beschränktheit zum Zwecke der Bestärkung der Rationalität aufzudecken. Dieses Programm sichert der Dialektik eine Überzeugungskraft, die sich freilich erst in der vollzogenen Anerkennung durch opponierende Standpunkte wirklich bewährt. Es erscheint daher schwieriger, das Programm durchzuführen, als seine These einleuchtend zu finden. Undialektisch verlaufen jedenfalls Auseinandersetzungen, in denen Dialektik auf die eine Seite rückt und im Gegensatz zu einer anderen Position verharrt. Wo jede Seite ihr Recht nur gegen die andere geltend machen kann und also die andere braucht, um sich selber zu bestätigen, findet kein Fortschritt im Sinne gesteigerter Rationalität statt. Es bleibt unbemerkt, daß die Erklärung des Eigenrechts den Gegner, sei's auch auf dem Wege der Negation, wieder aufbaut, so daß jeder Zug in die Wiederholung der alten Standpunkte zurücksinkt und die Diskussion schließlich sich totläuft.

Demgegenüber wäre ein Versuch nicht abwegig, der, statt das Eigenrecht *gegen* den Opponenten geltend zu machen, es *im* andern geltend machen will. Ein solches Vorgehen muß freilich unterstellen, daß das Recht, um das der Streit geht, wohl teilweise auch das Recht des andern sei, mithin keine exklusiven Ansprüche zulasse und schließlich eine Art gemeinsamen Rechtes sein könnte. Diese Unterstellung drängt sich bei einem Rechtsstreit um Rationalität sogar unmittelbar auf, denn jedes einseitige Monopol widerspricht der Natur der Vernunft, die vielmehr auf Allgemeinheit und intersubjektive Teilhabe angelegt ist.

In der Folge versuche ich, mich an diese Maxime zu halten und eine vorgängige Parteinahme so gut wie möglich zu vermeiden. Ich gehe von der Annahme aus, daß Dialektik sich aus der Erstarrung in einen Standpunkt oder eine Schule befreien muß, um aus der fruchtlosen Opposition gegen andere Standpunkte herauszugelangen. Sie kann sich auf ihren methodischen Charakter besinnen, um Anschluß an die Methodenlehre zu finden, die bislang allein von der analytischen

Wissenschaftstheorie verwaltet wird. Dabei kommen dem Versuch Überlegungen auf der andern Seite entgegen, die im Gefolge von Karl Poppers *Logik der Forschung* zu einer Neubewertung dialektischen Denkens geführt haben. Aufgrund der Konzeptionen von Thomas S. Kuhn, Paul Feyerabend, Stephen Toulmin und andern gewinnen dialektische Elemente eine genuine Funktion in der Forschungslogik.

Poppers Ansatz

Zu den bekanntesten Stücken der Wissenschaftstheorie Poppers gehört seine Lehre von der Falsifikation.[2] Die Falsifikationsthese war wesentlich gegen Grundannahmen des Wiener Kreises[3] formuliert. Der Neopositivismus von Schlick, Carnap und Neurath hatte sich bei mancherlei Differenzen im einzelnen und Wandlungen im Lauf der Jahre an einem *statischen* Modell von Wissenschaft orientiert, dessen metaphysisches Paradigma Carnaps *Logischer Aufbau der Welt* (1928) geliefert hatte. Ihnen allen schwebte ein Ideal einer Einheitswissenschaft unter dem Namen des Physikalismus vor, zu dessen formaler Erstellung und logischer Ordnung

2 Den neueren Stand der Erörterung bezeichnen die Arbeiten von A. Wellmer, *Methodologie als Erkenntnistheorie*, Frankfurt 1967; E. Ströker, *Falsifizierbarkeit als Kennzeichen naturwissenschaftlicher Theorien*, *Kant-Studien* 59, 1968; A. Grünbaum, *Can we ascertain the Falsity of a Hypothesis?* In: *Studium Generale* 22, 1969; B. Juhos, *Die methodologische Symmetrie von Verifikation und Falsifikation*. In: *Zt. f. allg. Wiss.th. 1, 1970.*
Während Wellmer die positivistische Restdogmatik in Poppers *Logik der Forschung* aufdecken will, sucht Ströker das strenge Falsifikationsprogramm durch ein von H. Dingler übernommenes Exhaustionsprinzip auf die Realität der Forschungsprozesse hin zu modifizieren. Grünbaum bringt seit längerem gegen Popper ein altes Argument von P. Duhem ins Spiel, das auf Undurchführbarkeit des eine komplexe Theorie definitiv stürzenden experimentum crucis lautet (P. D., *Ziel und Struktur physikalischer Theorien*, Leipzig, 1908, 243 ff., 249 ff., 290 ff.). Juhos verteidigt auf der Linie des alten Verifikationsprogramms des Wiener Kreises, das Popper mit dem Falsifikationsprinzip zu kritisieren unternahm, wieder die Gleichberechtigung von Verifikationsleistungen mittels induktiver Daten neben falsifizierenden Verfahren.
3 Eine kritische Übersicht der Problemenfaltung des Positivismus gibt H. Schnädelbach, *Erfahrung, Begründung und Reflexion. Versuch über den Positivismus*, Frankfurt 1971.

Philosophie den einzigen Beitrag leisten sollte, zu dem sie nütze schien. Die Einheitswissenschaft bildet ein logisch streng gegliedertes System von Sätzen größerer und geringerer Allgemeinheit, das von den Allaussagen der Naturgesetze herabreicht bis zu empirisch gehaltvollen Einzelaussagen. Diese logisch einfachsten Sätze dienen dem ganzen auf sie aufgebauten System als Basis, insofern sie elementare Beobachtungsprotokolle darstellen, die Erfahrungsdaten unmittelbar in Satzform übersetzen. Die empirische Basis des Wissenschaftssystems stellt den direkten Kontakt der Sätze zur Wirklichkeit her.

Obwohl die *Basis* also für das empirische Erkenntnisprogramm der Realwissenschaften der entscheidende Teil ist, vermag die Logik des wissenschaftlichen Satzsystems darüber am wenigsten auszumachen. Logisch gesehen liegen an der Basis nur die einfachsten Elementarsätze vor, aus denen alle übrigen sich aufbauen. Die den Sätzen der Basis zugleich übertragene Aufgabe der Beschaffung des empirischen Gehalts erscheint unter dem Titel des Protokolls dann nahezu als eine Sache der Forscherpsychologie. Welche Voraussetzungen erforderlich sind und was da genau vorgeht, wenn ein Forscher einfachste Beobachtungen, wie etwa Zeigerablesen an Meßapparaten, konstatiert oder anhand experimenteller Erfahrung Sätze des Typs: »Hier jetzt grün« formuliert, darüber hat der Wiener Kreis lebhafte Debatten geführt.[4] Im Grunde jedoch sind dies für das Programm der Einheitswissenschaft ebenso müßige wie unlösbare Fragen. Der ganze Komplex der Grundprobleme traditioneller Erkenntnistheorie verschwindet in der logischen Bestimmung der Basis, auf der das statische Wissenschaftssystem aufzubauen ist.

Genau diese Vorstellung kehrt Popper um.[5] Für ihn bildet die Basis den wissenschaftstheoretisch interessanten Bereich, während die Systemkonstruktion sich spekulativ von realen

4 S. die fortlaufenden Jahrgänge der Zeitschrift *Erkenntnis*: R. Carnap, *Die physikalische Sprache als Universalsprache der Wissenschaft* (2, 1931); O. Neurath, *Protokollsätze* (3, 1932/33); Carnap, *Über Protokollsätze* (ebd.); M. Schlick, *Über das Fundament der Erkenntnis* (4/1934); Neurath, *Radikaler Physikalismus und ›Wirkliche Welt‹* (ebd.).
5 Vgl. die historische Selbstdarstellung in K. Poppers *Conjectures and Refutations, (CaR)*, London 1969³, 40 ff.

Forschungsprozessen entfernt. Statt die Basis als fixen Systemteil zu behandeln, muß man sie als Ort tätiger Erkenntnisgewinnung studieren. Wissenschaftstheorie hat daher »Logik der Forschung« zu betreiben, und in diesem Rahmen bekommt die *Falsifikationsthese* ihren systematischen Ort. Der Vorrang der Basissätze besteht nicht in der Garantie empirischen Gehaltes für ein physikalistisches Satzsystem, sondern in der kritischen Funktion, die sie im jeweiligen Forschungsprozeß übernehmen. Die einfachen Beobachtungssätze sind nicht durch ihre logische Stellung ein für allemal ausgezeichnet. Sie bekommen ihre Deutung erst auf dem Hintergrund des gegebenen Standes der Forschung nach Maßgabe der Interessen kritischer Hypothesenprüfung innerhalb der diskutierenden Forschergemeinschaft. Daher kann letztlich jeder Satz unter gewissen Bedingungen als Basissatz dienen, woraus folgt, daß die strenge Trennung von Protokollen und den übrigen Sätzen hinfällig wird.[6] Mit diesem Ansatz aber ist bereits das statische durch ein *dynamisches* Modell der Wissenschaft ersetzt.[7]

Popper selber führt seine Neuerung ein, indem er an das alte *Induktionsproblem* anknüpft.[8] Er leugnet die seit Hume strittige Möglichkeit induktiver Schlüsse überhaupt und ersetzt sie durch deduktive Schlüsse des *modus tollens*. Nicht kann auf induktivem Wege von einer Reihe von Einzelfällen auf ein allgemeines Gesetz geschlossen werden, wohl aber kann ein hypothetisch angenommenes allgemeines Gesetz durch Nachweis eines dissonanten Einzelfalles schlüssig widerlegt werden. Theorien werden also nicht auf Beobachtungsdaten positiv aufgebaut, sondern gehen als Hypothesen und allgemeine Sätze voran, um dann anhand der Erfahrung falsifi-

6 Gemäß dem Zitat der frühen Anschauungen Poppers bei Carnap, *Erk.* 3, 1932/33, 223 f.
7 Dieser eigentliche Verstoß gegen die Wiener Orthodoxie ist von den Kritikern zunächst nicht bemerkt worden: O. Neurath, *Pseudorationalismus der Falsifikation*, R. Carnap, *Rez. von Poppers ›Logik der Forschung‹*; beide: *Erk.* 5, 1935.
8 S. in dem Zusammenhang die Popper-Kritik bei W. Stegmüller, *Das Problem der Induktion: Humes Herausforderung und moderne Antworten.* In: H. Lenk (Hrsg.), *Neue Aspekte d. Wiss.theorie*, Braunschweig 1971.

ziert zu werden. Gegenüber dem radikalen Konventionalismus Dinglerscher Prägung, der die systematische Einheit von Naturgesetzen zu einer Sache unserer Festlegung mache, beharrt Popper auf der objektiven Erkenntnisbedeutung der Falsifikation gerade in ihrer negativen Wirkung.[9] Wenn schon keine vollständige Verifikation im Sinne der Deckung eines Gesetzes durch alle empirisch überprüften Fälle je erreichbar ist, so sichert immerhin die Widerlegung einer Hypothese durch Erfahrung dem Ergebnis objektives Gewicht. Diese Deutung der Falsifikation als Erkenntnisvehikel gründet auf einer vorgängigen Bestimmung der negativ einschränkenden Stellung der Erfahrungswirklichkeit in bezug auf unsere Erkenntnisbefähigung. Darin steckt ein deutlich *kantisches* Motiv, und Popper hat seine Einstellung denn auch mit Nachdruck durch das Prinzip der Kritik gekennzeichnet.

Kants Kritizismus zog die reine Vernunft überhaupt vor ihren eignen Richterstuhl, um sie in einem Akt transzendentaler Reflexion ein für allemal hinsichtlich ihrer Möglichkeiten und Grenzen kritisch zu prüfen. Daher verstand sich die *Kritik der reinen Vernunft* als »ein Traktat von der Methode, nicht ein System der Wissenschaft selbst«.[10] Das Ergebnis schied sinnvollen Vernunftgebrauch in der objektiven Erkenntnis von sinnlosem Vernünfteln frei spekulierender Metaphysik. Die Grenze wird durch die Annahme bezeichnet, daß die eigentliche Welt der »Dinge an sich« den Fähigkeiten unserer endlichen Vernunft grundsätzlich entzogen sei. Verläßliche Erkenntnis erwerben wir also nur aufgrund planmäßiger Einschränkung unserer Vernunftansprüche durch die Dimension sinnlicher Erfahrung. Aus der bewußten Beschränkung erwächst erst die Möglichkeit wirklicher Erkenntnis, insofern Vernunft sich auf Sinnlichkeit angewiesen weiß. Die Erfahrung bildet demnach eine gegen die theoretische Vernunft negativ-kritische Instanz, und nur wenn die Vernunft dies anerkennt, hat sie Aussicht auf Erkenntnis.

---

9 Allerdings ist das erkenntnisfördernde Resultat einer gescheiterten Verifikation durch Stürzung von Hypothesen auch vor Popper nicht gänzlich unbemerkt geblieben: s. etwa H. Poincaré, *La Science et l'Hypothèse* (1902), Paris 1968, 165 f.
10 *Kritik der reinen Vernunft*, Vorrede zur 2. Auflage.

Das kantische Erbe[11] ist in Poppers *Kritizismus* lebendig, der so viel Wert auf ein gültiges Kriterium der Abgrenzung gegen Metaphysik legt. Freilich erscheint die transzendentale Stillegung der Erkenntnisbedingungen in einer apriorischen Sphäre aufgegeben. Die synthetischen Leistungen unserer Vernunft gehen nicht aller Erfahrung schlechterdings voran, sondern manifestieren sich jeweils konkret in Hypothesen und Theorien, die versuchsweise vorgeschlagen werden.[12] Ihnen steht nicht die Sinnenwelt en bloc entgegen, sondern äußert fallweise ihre negative Wirkung in Falsifikationen. Das Geschäft der Kritik erschöpft sich demnach nicht mehr in der einmaligen Anstrengung transzendentaler Grundlegung, sondern erfüllt sich im unendlichen Gange kritischer Diskussionen, die Hypothesen zu prüfen und mit Gründen zu verwerfen haben.

Mit der Bindung der Erkenntnismöglichkeit an das Falsifikationsprinzip hat Popper sich auf eine Bahn begeben, die von transzendentaler Apriorität wegführt. Wer Erkenntnis und Wissen grundsätzlich nur im Fortschritt und in wachsender Bewegung zu denken vermag, stößt wie von selbst auf *historische* Konsequenzen.[13] Denn nicht der falsifizierten Hypothese als solcher kann das Interesse gelten, vielmehr allein dem Fortschritt, der darin liegt, daß eine Hypothese ausscheidet. Man weiß mehr, wenn man zumindest weiß, was falsch war. Der Fortschritt durch Negation eröffnet zugleich die Aussicht auf eine beständige Annäherung an die Wahrheit. Empirisch gehaltvolle, objektive Erkenntnis ist Popper zufolge nur durch falsifizierende Verfahren zu gewinnen, al-

---

11 Der Kantianismus wurde Popper offenbar in der metaphysikabstinenten und psychologienahen Version von Jac. Friedr. Fries vermittelt, die zu Anfang dieses Jahrhunderts in der Schule Leonard Nelsons vertreten wurde. Der Urvater des Wiener Positivismus, Ernst Mach, zitierte Fries gelegentlich lobend in seinem Buch *Erkenntnis und Irrtum*. Gegen Mach: L. Nelson, *Ist metaphysikfreie Naturwissenschaft möglich?* (1908). In: L. N., *Die Reformation der Phil. durch die Kritik d. Vernunft*, Leipzig 1918. Popper bezieht sich (*Logik der Forschung [LdF]* [1935], 1966², § 25, s. a. Anm. S. 70) auf die *Neue oder anthropologische Kritik der Vernunft* (1828-31) von Fries.

12 S. die Schlußbemerkungen *LdF* § 85; *CaR* 189-92.

13 Unübersehbar in den Arbeiten, die als *Conjectures and Refutations* (1963) gesammelt erschienen (vgl. 248), und seither noch verstärkt.

so auf dem Wege der Entwerfung möglichst riskanter Hypothesen, die möglichst radikal widerlegt werden. Da dieser dynamische Prozeß die einzig denkbare Garantie empirischer Wissenschaftlichkeit enthält, rückt er das Ziel objektiver Erkenntnis von vornherein in die Dimension des Fortschritts und der unablässigen Bewegung einer Annäherung an die Wahrheit.

In der Auseinandersetzung mit Popper haben bislang jedoch weniger die dynamischen und historischen Implikationen des Prinzips der Falsifizierbarkeit die Aufmerksamkeit auf sich gezogen, als vielmehr die Konstitutionsbedingungen einer funktionierenden Intersubjektivität von Erkennenden, die für Popper wesentlich ist.[14] Die Falsifikation als solche bedeutet ein logisches Verfahren, der Vorgang der Falsifikation einer bestimmten Hypothese oder Theorie durch einen bestimmten, ihr widersprechenden Basissatz spielt sich dagegen im Rahmen einer diskutierenden, experimentell interagierenden und verbindliche Beschlüsse fassenden *Forschergemeinschaft* ab. Ein Basissatz wird als falsifizierende Instanz vorgeschlagen und gilt also zunächst ebenso hypothetisch wie die Theorie, zu deren Widerlegung er beigebracht wurde. Falsifizierung gelingt erst aufgrund einer Anerkennung des Basissatzes als eines falsifizierenden durch die beteiligten Forscher. Die Rationalität solcher Einigung und die Kriterien der Entscheidung wurden befragt,[15] nachdem Popper für diese Grundlage aller Methodologie einen *Entschluß* zu Rationalität und Diskussion verantwortlich gemacht hatte. Der die Rationalität begründende Entschluß sei seinerseits nicht mehr rationaler Natur, sondern eher eine Art Glauben zu nennen.[16] In dem *irrationalen Glauben* an die Vernunft hat man die transzendentale Restproblematik aufgespürt, die Popper

14 *LdF* § 29 f.

15 In der Nachfolge von J. Habermas, *Dogmatismus, Vernunft und Entscheidung.* In: *Theorie und Praxis,* 1963, 252 ff.

16 Popper, *Die offene Gesellschaft und ihre Feinde,* (1945), Bern 1957, II, 284 f. 304. Die Lösung, die W. Bartley (*Rationality vs. the Theory of Rationality.* In: M. Bunge Ed. *Critical Approach to Science and Phil.* F. S. Popper, London 1962) bereithält, greift zu kurz. Es genügt nicht den Kritizismus vom Begründungsproblem abzutrennen, um Rationalität widerspruchsfrei zu legitimieren.

aus der Anknüpfung an Kants Erkenntnistheorie verblieben war. Statt in eine apriorische Sphäre eigenen Rechts eingesperrt zu sein, wirken die transzendentalen Bedingungen der Möglichkeiten von Erkenntnis nun im Rücken einer funktionierenden Forschergemeinschaft.

Es ist nicht allein damit getan, die Gründe der Rationalität im Konstitutionsbereich einer Intersubjektivität von Erkennenden zu suchen. Man muß auch nach den logischen Strukturen fragen, denen gemäß die Forschungsprozesse ablaufen, um sich als fortschreitende Annäherung an die Wahrheit zu bestimmen. Popper gibt dazu einen Hinweis, indem er *Falsifizierbarkeit* und *Widerspruchslosigkeit* analog setzt.[17] Bedeutet jede Falsifikation den Aufweis eines Widerspruchs zwischen dem allgemeinen Erklärungsanspruch einer Theorie und gewissen davon betroffenen, aber nicht konformen Sätzen, so liegt der Erkenntnisgewinn in der Beseitigung des Widerspruchs. Es geht also nicht um die formale Widerspruchsfreiheit irgendeines Systems miteinander verträglicher Sätze im Sinne von Neuraths Kohärenztheorie der Wahrheit. Nach diesem Kriterium wäre auch ein konsistent erzähltes Märchen wahr zu nennen. Empirisch gehaltvolle Wahrheit oder Erkenntnis erschließt sich nur dem Falsifikationsverfahren als der Arbeit sukzessiver Befreiung von Widersprüchen, in die eine Theorie gegenüber der Wirklichkeit gerät.

Diese Aufgabenstellung setzt die Annahme vorhandener oder stets neu auftauchender Widersprüche voraus. Mehr noch: wenn Erkenntnis nur auf dem Wege der Falsifikation zu haben ist, und es sogar darauf ankommt, möglichst riskante, d. h. leicht falsifizierbare Theorien aufzustellen[18], so scheint der Herbeiführung oder dem Aufweis von Widersprüchen geradezu ein positiver Beitrag zum Erkenntnisfortschritt zuzukommen. Die unberührte Widerspruchsfreiheit einerseits läßt den empirischen Gehalt, also die Erkenntnisbedeutung von Satzsystemen völlig im unklaren. Die ausweglose Verwicklung in Widersprüche andererseits ist für eine Theorie überhaupt fatal und erbringt Verwirrung statt Erkenntnis.

17 *LdF*, § 24. s. Appendix 1.
18 *LdF* § 35.

Nützlich jedoch und der Erkenntnis allein förderlich ist die Befreiung der Theorie von Widersprüchen, in die man zum Zwecke der Prüfung des empirischen Gehaltes die Theorie zunächst planmäßig gebracht hat. Der Erkenntnisfortschritt besteht eigentlich im Durchwandern von Widersprüchen.

Die Hintergrunddialektik

Es liegt auf der Hand, daß eine so weit entwickelte Auslegung des Falsifikationsprinzips zum Vergleich mit *dialektischen* Verfahrensweisen drängte. Popper hat dieses Bedürfnis offenbar selber recht früh verspürt, und er ist ihm in einer grundsätzlichen Analyse dialektischer Logik nachgekommen,[19] auf die er sich noch heute beruft.[20] Popper hat in der Untersuchung zur Dialektik seinem wissenschaftstheoretischen Programm eine Hintergrunddimension eröffnet, die es zur Absicherung seiner Autonomie braucht und die konsequent zu Ende gedacht auf die Lehre vom »dritten Reich« des »objektiven Geistes« hinauslief, die Popper heute mit aller Unbefangenheit des Metaphysikers verkündet.

Ehemals freilich war die Bezugnahme auf Dialektik nur vertretbar erschienen dank schärfster Absetzung von Hegel. Dessen Idealismus galt als unheilstiftende Spekulation und wurde auch politisch der Wegbereitung des Faschismus verdächtigt. So schien es opportun, eine »gute« Dialektik, die das um seinen wesentlichen Hintergrund ergänzte Falsifikationsprinzip darstellte, von einer »schlechten« Dialektik abzuheben, die Hegelscher Ungeist in die Welt gesetzt hatte.

Die gute Dialektik ist im wesentlichen identisch mit der sogenannten *Trial-and-error-Methode*, die in allen Lebensbereichen ursprünglich Verwendung findet und die sich in bewußter Verfeinerung als wissenschaftliche Methode und auch

19 *What is Dialectic?* Mind 1940 (Verfaßt bereits 1937), dt. Übers. in: E. Topitsch (Hrsg.) *Logik der Sozialwissenschaften,* Köln 1965.
20 Vgl. die Würdigung von Hegels »objektivem Geist« (In: Topitsch 279), sowie: *Epistemology without a knowing subject.* In: Rootselaar/Staal (Eds.), *Logic, Methodology and Phil. of Science III,* Amsterdam 1968, 350 f. *On the Theory of Objective Mind.* In: *Akten d. XIV. Intern. Kongr. f. Phil.,* Wien 1968, I 49.

als Verfahren der Philosophie etabliert hat. Am Anfang steht ein Problem, das auftaucht und dem man sich unausweichlich gegenübersieht. Zu seiner Lösung bringt man versuchsweise eine Theorie bei, deren Tragfähigkeit sodann geprüft wird. Strenge Kritik hypothetischer Theorien liegt im direkten Interesse an wirklicher Problemlösung. Scheitert der Lösungsvorschlag und wird die erste Theorie widerlegt, so wird man, durch dies Ergebnis belehrt, eine bessere Theorie aufzustellen suchen usw. Die entscheidende Differenz liegt in der Einschätzung der Folge. Die Dialektik nimmt Popper zufolge eine Synthesis an, in der Lösung und Widerlegung sich »aufheben«, um schlüssig einen neuen dialektischen Gang aus sich zu entlassen. Die korrekte Trial-and-error-Methode ist hier vorsichtiger. Das Ergebnis der Vorschläge und ihrer Kritik wird nicht genau bestimmt. Vielmehr besteht der Fortgang darin, daß nach mehreren Versuchen (trial) und wiederholtem Scheitern (error) ein neues Problem auftaucht. Im Schema[21] liest sich das so:

$$P_1 \longrightarrow TT \longrightarrow EE \longrightarrow P_2.$$

Die Vorsicht geht auf Poppers logische Behandlung des *Widerspruchs* zurück. Zwar räumt er ein, daß »Kritik stets in der Herausstellung irgendeines Widerspruchs [besteht]: entweder eines Widerspruchs innerhalb der kritisierten Theorie oder eines Widerspruchs zwischen dieser Theorie und einer andern, die wir aus irgendeinem Grunde akzeptieren wollen, oder eines Widerspruchs zwischen einer Theorie und bestimmten Tatsachen – oder genauer, zwischen einer Theorie und bestimmten Tatsachenaussagen. [. . .] Ohne Widerspruch, ohne Kritik gäbe es kein vernünftiges Motiv für die Änderung unserer Theorie: es gäbe keinen geistigen Fortschritt.«[22] Der Bereich der Kritik umfaßt also inzwischen mehr als nur die Falsifikation einer Theorie durch Tatsachenaussagen. Im Grunde entbrennen alle Widersprüche immanent theoretisch, so daß die Kritik sich zwischen unverträglichen theoretischen Elementen bewegt, sei es unverträglichen Teilen einer Theo-

21 *Of Clouds and Clocks. An Approach to the Problem of Rationality and the Freedom of Man* (A. H. Compton Lecture, Washington University), St. Louis 1966, 23 ff.
22 In: Topitsch, a.a.O., 226.

rie oder zwei kontradiktorischen Theorien, sei es schließlich zwischen einer Theorie und Theorierudimenten in Gestalt von Basissätzen. Entsinnen wir uns, daß in falsifizierenden Basissätzen nicht Fakten der Wirklichkeit als solcher gegen Hypothesen streiten, sondern Basissätze ebenso hypothetisch gelten wie Theorien, die sie zu Fall bringen. Denn Basissätze werden in ihrer falsifizierenden Funktion von der kritischen Forschergemeinschaft anerkannt, d. h. in ihnen wird der Keim einer anderen Theorie gesehen. Die Kritik bezieht sich also auf eine theoretische Alternative im Basissatz, wenn sie ihm die Geltung eines Widerspruchs gegen eine hypothetische Theorie überträgt. Für das kritische Geschäft hat dieser Umstand entscheidende Bedeutung.

Ist demnach Kritik das rationale Motiv des Fortschritts und beruht die Möglichkeit der Kritik auf dem Herausarbeiten von Widersprüchen, so hat sie ihr Ziel doch nicht darin. Dem Fortschritt der Erkenntnis ist nur gedient, wenn aufgedeckte Widersprüche beseitigt, nicht festgehalten werden. In diesem Punkte sieht Popper sein eigentliches Unterscheidungsmerkmal von der klassischen Dialektik etwa hegelscher Prägung, und genau hier operiert er mit einer Unterbestimmung.

Denn bereits der harmlos klingende Titel des *Problems,* dem in allen Lebensbereichen Anschauung zuteil wird, enthält in sich einen funktionalen Widerspruchsbegriff versteckt. Was soll denn ein Problem heißen, wenn nicht ein mit Erwartungen nicht übereinstimmendes Ereignis oder ein Faktum, das einem gewissen Sollzustand zuwiderläuft? Die unauflösliche Diskrepanz dessen, was erwartet wird und eigentlich sein soll, und dessen, was faktisch eintritt, macht doch ein Problem erst aus. Auf dem Hintergrund gewisser Regelmäßigkeit wirkt ein nicht-konformer Umstand problematisch und ruft zugleich nach Lösung. Die geforderte Problemlösung bedeutet die Beseitigung des Störfaktors oder die Wiederherstellung eines widerspruchsfreien Zustands und erklärt sich als Bedürfnis ebenfalls nur aus der Normerwartung oder der Konsistenz von Regelmäßigkeiten. Probleme und das Erfordernis ihrer Lösung sind daher bereits unter stillschweigender Benutzung von einer Art Widerspruchsbegriff nur voll definierbar.

Der Widerspruch kommt nicht dort erst ins Spiel, wo Popper ihn lokalisiert, nämlich an der Stelle, wo die zur Problemlösung vorgeschlagene Theorie einer Kritik unterliegt. Der Widerspruch deckt schon die vorausgesetzte Problemdimension. Gleichermaßen scheiden Widersprüche nicht dort aus, wo Popper ihnen weitere Funktion aufkündigt, nämlich am erfolgreichen Ende durchgeführter Kritik. Denn sie determinieren, was »Änderung einer Theorie« heißt, und leiten die Richtung des Fortschritts. Keineswegs bedeutet die Wahl jeder beliebigen anderen Theorie einen Fortschritt gegenüber der in Widerspruch geratenen. Nur eine Alternative innerhalb des vorgefundenen Bezugsrahmens, die das erreichte theoretische Niveau bewahrt, also keinen Verlust an empirischem Gehalt nach sich zieht, die bisherigen Erklärungsmöglichkeiten nicht mindert und außerdem die in diesem Kontext entstandenen Widersprüche ausräumt, dürfte als Fortschritt gelten. Es ist nicht irgendeine Widerspruchsfreiheit, sondern die Lösung dieses einen spezifisch vorliegenden Widerspruchs, die eine bessere Theorie auszeichnet und die als sinnvolles Ergebnis der Kritik zu verlangen ist. Denn auf die geübte Kritik folgt nicht nichts oder ein gänzlich neues Problem. Die Kritik mündet in einer präziseren Neufassung des alten Problems, die nach dem Scheitern der ersten Lösung genauer erkennen läßt, was problematisch, was lösungsbedürftig und wie es lösungsfähig ist. Andernfalls wäre nicht von Fortschritt zu reden; es wechselten nur die Probleme und irrelevante Vorschläge würden von zielloser Kritik abgelöst.

Da Popper den Widerspruch überhaupt perhorresziert, verkennt er die positive Funktion, die bestimmte Widersprüche als Anleitung des Fortschritts und als Bestimmung des Ergebnisses von Kritik in seinem eignen Modell einer vernünftigen Abfolge von Trial-and-error oder des geregelten Wechselspiels von Conjectures und Refutations tragen. Versuche und ihre Widerlegung behalten innere Beziehung aufeinander unter dem Vorzeichen von Widersprüchen, die als solche unmittelbar zur Beseitigung treiben, so daß die Logik des Erkenntnisfortschritts ohne den Fluchtpunkt im Begriff des Widerspruchs auch nicht verständlich wird.

Im gleichen Maße wie Popper die Funktion des Widerspruchs für sein eignes Erkenntnismodell unterbewertet, verzerrt er die dialektische Behandlung von Widersprüchen. Es ist unsinnig zu behaupten, daß die *dialektische Logik* an Widersprüchen in einer Art perverser Zuneigung festhalte und an ihrer Beseitigung gar nicht interessiert sei. Aus dem Zusammenhang der hegelschen Logik etwa ist kein Widerspruch bekannt, der fixiert und perenniert würde. Vielmehr implizieren Widersprüche, wenn sie einmal voll entwickelt sind, die Anweisung auf Überwindung, denn ihr Fortbestehen wäre unerträglich und stellte Theorie überhaupt in Frage. Hegel verlangt aus diesem Grunde sogar die planmäßige Zuspitzung aller Gegensätze und bloßen Unstimmigkeiten zur Extremform des Widerspruchs: nicht weil ihm an Widersprüchen als solchen läge, sondern weil erst das Stadium unerträglicher Widersprüchlichkeit die Überwindung zur notwendigen Konsequenz macht. In der Behandlung des Widerspruchs ist die hegelsche Logik mit Popper ganz einig. Dialektische Logik verhält sich nur nicht jungfräulich gegenüber Widersprüchen, nachdem sie deren Fruchtbarkeit erkannt hat.²²ᵃ

Wenn Popper sich weiterhin mit der Koketterie des Analytikers über die verwirrende Vieldeutigkeit des deutschen Wortes »aufheben« beklagt, so ist daran zu erinnern, daß dieses Wort ziemlich genau das Verfahren bezeichnet, dessen die Trial-and-error-Methode sich hinsichtlich des Widerspruchs selber bedient. Aufhebung von Widersprüchen heißt Beseitigung von Problemen unter Berücksichtigung ihrer positiven, erkenntnisfördernden Momente, d. h. unter Benutzung der in der Struktur des Widerspruchs gelegenen Hinweise auf die Richtung seiner Elimination.²³

22a S. dazu oben im Aufsatz *Logik und Kapital* den Abschnitt über das spekulative Prinzip des Widerspruchs.

23 Der weithin akzeptierte formallogische Nachweis (Topitsch 269 f.), daß aus widersprüchlichen Prämissen jede beliebige Aussage abgeleitet werden könne, woraus sich die Absurdität solcher Prämissen ergebe, kommt mir durch und durch sophistisch vor. Aus den von Popper beispielhaft genannten Sätzen: »die Sonne scheint jetzt« und »die Sonne scheint jetzt nicht«, würde kein vernünftiger Mensch zu schließen unternehmen, wie Popper fortfährt, daß Caesar ein Verräter oder kein Verräter war. Viel-

»There is little hope for Hegelian dialectics to find support in even the weakest of logic.«[24] Von dieser Überzeugung ist Popper nicht abgewichen, obwohl sie die irrige Annahme zur Voraussetzung hat, Hegels Dialektik suche Widersprüche unaufgelöst festzuhalten. Dem Zerrbild einer auf Widersprüche beharrenden Logik entspricht die verkürzte Selbstdarstellung der Trial-and-error-Methode, die nur das fleißige Beiseiteschaffen von Widersprüchen betont, ohne deren motivierende und weiterführende Rolle wirklich zu reflektieren. In beide Richtungen freilich hat Popper späterhin seine Methodologie ausgebaut. Die motivierende Rolle der Widersprüche hat er als Grund der Methode im Namen der *Tradition* und der *Situationslogik* anerkannt. Ihre weiterführende Rolle hat er im Zusammenhang mit seinem fortschrittsbezogenen Wahrheitsbegriff immerhin diskutiert, obwohl die Formel von der *Wahrheitsähnlichkeit* (verisimilitude) für den unendlichen Prozeß einer Annäherung an das Wahre der Sache nach ganz unbefriedigend bleibt.

Tradition und Fortschritt

Forschung beginnt mit Problemen, also beginnt sie nicht naiv. Denn daß etwas als problematisch erscheint und Erklärungsversuche provoziert, gründet auf *Voraussetzungen*. Unter anderen Voraussetzungen würde möglicherweise nicht dies, sondern jenes problematisch erscheinen, und die gegenwärtig drängenden Fragen würden als äußerste Selbstverständlichkeiten behandelt. Wenn aber das Auftauchen von Problemen mit gewissen Voraussetzungen innerlich zusammenhängt, so stehen in einer Problemsituation die Voraussetzungen zunächst nicht zur Diskussion, weil die aufgetauchte Schwierigkeit alle Aufmerksamkeit auf sich zieht. Die Lösungsversuche, die aufgebotenen Konjekturen und Hypothesen gelten daher dem Problem und nicht den Voraussetzungen, aufgrund deren es erst Problem wurde.

mehr würde er die Anweisung daraus ziehen, Genaueres über den Sonnenschein zu erfahren, wobei er die »Logik der Forschung« auf seiner Seite hätte.
24 Popper, *Are Contradictions Embracing?* In: *Mind* 52, 1943, 50.

Eine problemorientierte Forschungslogik hat allerdings jene Voraussetzungen aufzuklären, und sie tut dies mit Hilfe einer »rationalen Theorie der Tradition«.[25] »The fact that most of the sources of our knowledge are traditional condemns antitraditionalism as futile. But this fact must not be held to support a traditionalist attitude: every bit of our traditional knowledge is open to critical examination and may be overthrown. Nevertheless, without tradition, knowledge would be impossible. Knowledge cannot start from nothing – from a tabula rasa – nor yet from observations. The advance of knowledge consists, mainly, in the modification of earlier knowledge.«[26]

Die aufklärende Beachtung der Tradition hat also nichts gemein mit liebevoller Hege des Überlieferten. Da das Interesse an Traditionen sich an Problemen entzündet, denen solche Traditionen im Rücken liegen, erfolgt die Aufarbeitung des Hintergrunds bereits unter dem Vorzeichen des Bruches. Ein kritisches Verhalten gegenüber Tradition braucht streng genommen nicht mehr eingeschärft zu werden, da es in Problemsituationen bereits latent existiert.

Diese durchaus *hermeneutisch* anmutende Theorie von der Verwurzelung des Wissens in Traditionen, die sich sogar auf vorwissenschaftliche Weltanschauung und Mythen erstrecken, wird ergänzt durch eine Analyse dessen, was Popper die »Logik der Situation« nennt.[27] Die Logik der Situation, in der ein bestimmtes Problem auftaucht, enthält Aussagen über generelle Erwartungshorizonte, akzeptierte Erkenntnisse, etwa wissenschaftliche Gesetze, über vorangegangene Forschung und die herrschenden Fragestellungen. Sie betrifft also den Hintergrund, vor dem – und den theoretischen Bezugsrahmen, in dem – ein Problem seinen Ort findet. Mithin ist die Logik der Situation letztlich ein Gegenstand *historischen Verstehens*.[28]

Indes hat für Popper die historische Perspektive nur Sinn im

25 *CaR*, 120 ff.
26 A.a.O., 28.
27 *Offene Gesellschaft* II 122 f.
28 *CaR* 248, *On the Theory of Objective Mind*, a.a.O., 34 ff. (historical understanding).

Blick auf den Fortschritt des Wissens und dessen Erklärung. Hier stellt sich eine klare Alternative. »It is necessary for us to see that of the two main ways in which we may explain the growth of science, one is rather unimportant and the other is important. The first explains science by the accumulation of knowledge: it is like a growing library. [...] The other explains it by criticism: it grows by a method more revolutionary than accumulation – by a method which destroys, changes and alters.«[29]

Mit der Anerkennung der Bedeutung historischen Verstehens für die Wissenschaft und der Unterscheidung zweier Typen der Erklärung ihres Fortschritts halten wir bereits alle wesentlichen Elemente der Wissenschaftstheorie von Thomas S. Kuhn in Händen. Kuhns Buch über die *Struktur wissenschaftlicher Revolutionen*[30] enthält nämlich nicht nur eine historische Darstellung der tatsächlichen Entwicklung der Wissenschaften unter Berücksichtigung der Forscherpsychologie. Die historisch erhärtete Vorstellung eines revolutionären Wechsels von Paradigmen, die jeweils die Forschung einer ganzen Epoche tragen und leiten, hat auch für eine *Logik* der Forschung Gewicht.[31] Sie bringt Modifikationen in Poppers historisch ausgeweitetes Konzept, die nicht vernachlässigt werden dürfen.

Die entscheidende Frage ist wohl diejenige, warum Kuhn die von Popper herabgewürdigte Bedeutung still wachsender Wissenschaft nachdrücklich rehabilitiert. Was Popper eine Alternative der Interpretation von Wissenschaftsentwicklung schien, hält Kuhn als zwei einander abwechselnde historische Phasen auseinander und nimmt sie beide ernst. Neben die Epoche revolutionärer Umbrüche, wo Grundsatzfragen zur Entscheidung stehen, treten die langen Perioden der »normalen Wissenschaft«, die in vorgestecktem Rahmen ungestört ihre Detailprobleme löst. In beiden Phasen erfüllt der von Kuhn geprägte Begriff des *Paradigmas* eine unterschiedliche

29 *CaR* 129.
30 1962, dt. Übers. Frankfurt 1967.
31 Allerdings geht darüber seit Erscheinen von Kuhns Buch der Streit: Lakatos/Musgrave (Eds.), *Criticism and the Growth of Knowledge,* Cambridge 1970. – S. u.

Funktion. Die normale Wissenschaft arbeitet unter der Voraussetzung eines geltenden Paradigmas, das wissenschaftliche Grundanschauungen, eine Art umfassenden Weltbilds, anerkannte Forschungsergebnisse und akkreditierte Forschungspraktiken vereinigt. Das Paradigma bestimmt, was unangefochten gilt, welche Fragen offenstehen und wie sie zu lösen sind (puzzle-solving). Wo solche Paradigmen fraglich werden und der prinzipiellen Kritik unterliegen, kündigen sich wissenschaftliche Revolutionen an, die im Wechsel des Paradigmas enden. Den Wechsel denkt sich Kuhn wie einen plötzlichen Umschlag des gesamten Gesichtsbilds im Sinne der Gestaltpsychologie.[32] So wie das überholte Paradigma das Forschungsverhalten anleitete, so sorgt nun ein neues Paradigma für das Funktionieren der normalen Wissenschaft.

Das Paradigma bietet der Gemeinschaft der Forscher eine Art Lebenswelt,[33] in der sie sich selbstverständlich bewegen und arbeiten. Damit wäre auf historisch realistischere Weise die transzendentale Restproblematik gelöst, die Popper in Gestalt der Konstitutionsbedingungen für seine kritische Diskussionsgemeinschaft der Forscher verblieben war und die reichlich abstrakt zwischen den Positionen von »Rationalität« und »Irrationalität« verhandelt wurde.

Gleichzeitig aber enthält die Paradigmenlehre ein für die *Logik* der Forschung bedeutsames Moment, worin sich wohl der geheime Grund einer Rehabilitierung normaler Wissenschaft verbirgt, ohne daß Kuhn dies je formuliert hätte. Im Paradigma werden nämlich die Voraussetzungen und Hintergründe angesiedelt, die das Auftauchen von Problemen als Probleme überhaupt erst bestimmen und ineins damit das Forschungsverhalten anweisen, das zur Lösung solcher Probleme führt. Dieses konstitutive Moment der Voraussetzungen war in Poppers Auslegung der Trial-and-error-Methode zunächst vernachlässigt worden. Alles schien dort recht plausibel: man hatte eben Probleme, und man verfügte über die

32 A.a.O. 152 ff., 199. Vgl. schon N. R. Hanson, *Patterns of Discovery*, Cambridge 1958, Kap. 1.
33 Kuhn, *Struktur* ... 130, vgl. auch Postscript zur 2. Aufl. d. engl. Ausgabe 1970; sowie: *Logic of Discovery or Psychology of Research*. In: Lakatos/Musgrave a.a.O. 1.

Rationalität kritischer Hypothesenprüfung. Was ein Problem zu einem Problem macht und was entsprechende Lösungsvorschläge erdenken läßt, worauf die Selektionen der überhaupt diskutablen Konjekturen bzw. das Ausscheiden schlechthin beliebiger Einfälle gründet, auf welches Vorwissen also die in Gang kommende Diskussion bereits zurückgreift und welcher Kriterien der Prüfung und des Akzeptierens sie sich von vornherein versichert hält – diese Sphäre blieb bei Popper weitgehend im dunkeln. Die Paradigmenlehre Kuhns zieht sie ans Licht, untersucht sie genau und weist ihr den forschungslogisch bedeutsamen Platz an, der ihr gebührt.

Ein Einwand liegt nahe und ist von Anhängern Poppers auch sogleich vorgebracht worden. Die *Rehabilitierung der normalen Wissenschaft*, die unter einem gültigen Paradigma arbeitet, nehme der kritischen Einstellung die Spitze. Damit aber sei die Wissenschaft des einzigen Garanten der Rationalität beraubt, und der Fortschritt des Wissens verlöre die treibende Kraft. Kurz, normale Wissenschaft sei im harmlosen Falle Schlamperei und Mittelmaß, im schlimmsten Falle jedoch eine ernste Gefahr.[34]

In der Tat hat Kuhn die revolutionären Phasen der Krise und des Wechsels, wo ein ganzes Paradigma in Frage gestellt und schließlich verlassen wird, auf wenige Epochen zwischen langen Zeiten normal funktionierender Wissenschaft zusammengedrängt. Im Gegensatz zu Popper plädiert er nicht für die »permanente Revolution«.[35] Nun mag man über einschlägige Exempel aus der Wissenschaftsgeschichte streiten und die Paradebeispiele des Paradigmenwechsels für Ausnahmen oder für besonders prominente Regelfälle halten. Viel wird dabei von der Interpretation der historischen Dokumente im Lichte der jeweiligen Vormeinungen und Beweisziele abhängen. Wie dem auch sei, das wissenschaftsgeschicht-

34 S. die Aufsätze von Popper, *Normal Science and its Dangers,* sowie von J. Watkins, *Against normal Science,* in: Lakatos/Musgrave, *Criticism* . . . a.a.O.

35 Dieses vor allem mit Trotzkis Namen verbundene Wort bezeichnet übrigens im Politischen eine vergleichbare Kontroverse zwischen Gegnern und Verteidigern einer Konsolidierungszeit nach Revolutionen. (L. Trotzki, *Die permanente Revolution,* 1930, Nachdruck 1968).

liche Material kann kaum zwingende Beweise führen, sondern nur forschungslogische Thesen stützen.

Kuhns Selbstdarstellung schwankt in diesem Punkte, er zieht sich gern auf den faktensammelnden Historiker zurück, wo in Wahrheit eine These zur Logik der Forschung im Spiele ist. Die Rehabilitierung der normalen Wissenschaft hat nämlich zur Folge, daß der Sinn von Revolutionen nicht so sehr im Verwerfen eines untauglich gewordenen Paradigmas gesehen wird, sondern im *Eintauchen in ein neues*. Da Forschung ohne leitende Paradigmata nicht auskommt, liegt alles daran, brauchbare Bezugssysteme zur Verfügung zu haben.[36] Wo ein Bezugssystem nicht mehr ausreicht, weil es gewisse Probleme nicht zu lösen erlaubt, wird ein anderes nötig, das die leitende Funktion besser übernimmt, weil in ihm jene kritischen Fälle gedeckt sind und schließlich zu Aufgaben der normalen Wissenschaft herabsinken. Die Grenzen zwischen den Aufgaben des puzzle-solving der normalen Wissenschaft und den kritischen Anomalien, die Paradigmen ins Wanken bringen, sind also im Grunde fließend. Die Entscheidung darüber hängt von der Einstellung der Forschergemeinschaft in ihrer überwiegenden Mehrheit ab, so daß objektive Kriterien durch pragmatische Gesichtspunkte ersetzt werden.[37]

Was also die Funktion des Paradigmas als eines Bezugssystems für Forschung betrifft, so verdient keines den Vorrang vor einem andern. Paradigmen sind so lange gut, wie sie ihre Funktionen erfüllen. Sie unterscheiden sich nur gegeneinander, nicht aber gemessen an einem objektiven Maßstab. Das neue Paradigma definiert sich in bezug auf das überholte, ohne daß in der Reihe der Vorgänger und Nachfolger als solcher die Linie objektiver Steigerung oder beständiger Verbesserung oder zielstrebiger Annäherung an die Wahrheit zu erkennen wäre.

An dieser Stelle trennt sich Kuhn deutlich von Popper, und hier ist auch das forschungslogische Gewicht seiner Historio-

---

36 Die Interpretation Kuhns durch M. Masterman hebt daher mit Recht auf den instrumentellen Sinn des Paradigma ab (*The Nature of a Paradigm*. In: Lakatos/Musgrave, a.a.O.).

37 Kuhn, *Struktur* . . . 95, 110 ff., 194 ff.

graphie zu ermessen. Die Rehabilitierung der normalen Wissenschaft bedeutet den *Abschied* von der Konzeption des *Erkenntnisfortschritts* zur Wahrheit. Die grundlegende Rolle, die dem vorgängig leitenden Paradigma für die Forschung zugeschrieben wird, zwingt dazu, mit der Vorstellung zu brechen, daß möglichst viel Kritik immer besseres Wissen produziere. Der Kritizismus hatte auf nicht völlig geklärte Weise den Maßstab objektiver Erkenntnis mit dem Fortschrittsgedanken gekoppelt. Kuhns Deutung wissenschaftlicher Revolutionen zerstört die Erwartung einer unendlichen Annäherung an die Wahrheit durch Kritik von Theorien oder Wechsel von Paradigmen.

Kuhn analysiert Strukturen der historischen Bewegung des Wissens und erwägt höchstens in den nicht-teleologischen Termini der Evolutionslehre Darwins die Möglichkeit einer progressiven Tendenz in jener Bewegung.[38] Ob die Bewegung nicht nur immer Anderes erbringt, das allein relativ zueinander bewertet werden kann, ob vielmehr die Bewegung insgesamt in Richtung auf einen letzten Fluchtpunkt verläuft, ist an der Bewegung selber nicht mit Sicherheit abzulesen. Die historische Entwicklung der Wissenschaft kennt schrittweise Verbesserungen dergestalt, daß eine neue Theorie erklärungskräftiger, umfassender oder problemadäquater als eine vorangegangene Theorie genannt werden darf. Das ist aber etwas anderes als der Königsweg immer richtigerer Wirklichkeitserkenntnis im Sinne steigender Wahrheit.

Wahrheit als Prozeß?

Eine der Merkwürdigkeiten von Poppers Wissenschaftstheorie ist sein Wahrheitsbegriff. Zwar hat er nicht mehr viel gemein mit dem statischen System der physikalistischen Einheitswissenschaft, die in logischer Ordnung alle Aussagen von empirischem Gehalt umfaßt und so den »logischen Aufbau der Welt« rekonstruiert.

Wahrheit verkörpert sich nicht unmittelbar im wissenschaft-

38 A.a.O., 223 ff., s. a. Postscript a.a.O. 206, sowie in: Lakatos/Musgrave 20.

lichen Aussagensystem, zu dessen Erstellung die philosophische Wissenschaftstheorie Bauhilfe leistet. Wahrheit ist nur zu erreichen auf dem Wege kritischer Hypothesenprüfung in rationaler Diskussion, und angesichts dieses *dynamischen Prozesses* wandelt sich Wissenschaftstheorie zur Methodologie einer Logik der Forschung. Dennoch aber hält Popper gemeinsam mit den Positivisten am *Ideal objektiver Erkenntnis* als wissenschaftlicher Erfassung der Wirklichkeit fest.

Daraus entsteht die Paradoxie, daß wir alle Erkenntnis für vorläufig, kritikwürdig und überholbar halten nur deshalb, weil es gleichwohl objektiv gültige Erkenntnis geben muß. Wir wissen, daß wir nichts Endgültiges wissen, aber diese Gewißheit haben wir aufgrund eines Ideals von endgültigem Wissen. »Zwar geben wir zu: *Wir wissen nicht, sondern wir raten.* Und unser Raten ist geleitet von dem unwissenschaftlichen, metaphysischen (aber biologisch erklärbaren) Glauben, daß es Gesetzmäßigkeiten gibt, die wir entschleiern, entdecken können.«[39]

Die Paradoxie zeigt von außen eine gewisse Ähnlichkeit mit dem sokratischen Wissen vom Nichtwissen, worin man nur einer einzigen Sache gewiß ist, nämlich nichts Sicheres zu wissen, um daraus den steten Antrieb der Bemühung um Einsicht und um besseres Wissen abzuleiten. Plato entfaltete aus diesem Ansatz die Dialektik der Ideen, die ein höheres Wissen darstellen als die unsichere Sinnenerfahrung der gegebenen Wirklichkeit. Diese Konsequenz lag dem Ethos der Wirklichkeitserkenntnis natürlich fern, obwohl sich der späte Popper in der Lehre von der »dritten Welt« Platos Ideenreich ohne Zögern anschließt. Der Kritizismus freilich verstand unter Erkenntnis die Erfassung der objektiven Wirklichkeit durchaus im kantischen Sinne und mit der kantischen Einschränkung, das letzte Ziel der Erfassung der Wirklichkeit, nämlich die Wahrheit der Dinge an sich, nie erreichen zu können. Dieser Grundsatz führt allerdings weder zur Resignation, die auf alle Erwartung objektiver Erkenntnis Verzicht leistete, noch zu dem kantischen Versuch einer transzendentalen Legitimation derjenigen Erkenntnis, die wir aufgrund unserer Erfahrung von der Wirklichkeit faktisch

39 *LdF*, 223.

besitzen. Statt dessen wird das Ideal objektiver Erkenntnis zugleich mit dem Zweifel an seiner Erreichbarkeit hochgehalten, und beides steigert sich wechselseitig. Popper hat dafür einen eigentümlichen Begriff gefunden, der die Paradoxie allerdings nicht beseitigt: er spricht von *Wahrheitsähnlichkeit* (verisimilitude).[40] Die ›Wahrheitsähnlichkeit‹ soll zweierlei verbinden: den Wahrheitsanspruch objektiver Wirklichkeitserkenntnis im Sinne der klassischen Korrespondenztheorie und die Falsifikationsmethode des fortlaufenden Kritizismus.

Für die *Korrespondenztheorie* der Wahrheit beruft sich Popper auf Tarskis semantischen Wahrheitsbegriff.[41] Alfred Tarski[42] war in der Tat von der herkömmlichen Vorstellung ausgegangen, Wahrheit sei als Übereinstimmung von Sätzen und Fakten zu denken. Er hatte aber keinen Beitrag dazu geliefert, wie eine solche Übereinstimmung zu erklären sei, auf welchen Bedingungen ihr Zustandekommen beruhe und ob Wahrheit im Sinne der Korrespondenz mit Realität überhaupt möglich sei. Er hatte diese traditionsgeheiligte Konzeption vielmehr unterstellt, um sie semantisch zu definieren. Er schlägt vor, Wahrheit als eine Eigenschaft von Sätzen im Rahmen des Verhältnisses von Zeichen und Bezeichnetem zu verstehen. Eine semantische Definition lautet beispielsweise: Der Satz »Der Schnee ist weiß« ist dann und nur dann wahr, wenn der Schnee weiß ist. Darin steckt ein subtiler Eskapismus, denn die Definition geht bereits von wahren Sätzen aus und erspart sich so das Wahrheitsproblem selber. Wie es kommt, daß es Sätze gibt, die etwas aussagen, dem in der

---

40 *CaR*, 228 ff. Der Terminus ist gegen den Wahrscheinlichkeitsbegriff formuliert, mit dem ein abgeschwächtes Verifikationsprogramm arbeitet.
Es ist nützlich, an dieser Stelle daran zu erinnern, daß bereits Kant in seiner *Logik* (ed. Jäsche) von der Wahrscheinlichkeit (probabilitas) die bloße Scheinbarkeit (verisimilitudo) unterschied (Einleitung XX). Im Gegensatz zu Poppers Auffassung ist damit aber ein subjektives Fürwahrhalten aus unzureichenden Gründen gemeint.
41 *LdF* § 84 (Anm.), *CaR* 223 f.
42 *Der Wahrheitsbegriff in den formalisierten Sprachen*, Studia Philosophica 1, 1936; engl. Kurzfassung: *The Semantic Conception of Truth.* In: *Phil. a. Phenomenol. Research*, 4, 1943/4. Die ursprüngliche Arbeit ist in Übersetzung wieder zugänglich: A. T., *Logic, Semantics, Metamathematics*, Oxford 1956.

Wirklichkeit etwas entspricht, so daß ich sie auf diese Übereinstimmung hin ansehen kann und für den positiven Fall
dann den Satz als wahren klassifiziere, ist die Grundlage jenes
Definitionsvorschlags, nicht sein Gegenstand.

Da Popper aber am Problem der Gewinnung von Wahrheit
interessiert ist und eine Methode dafür zu besitzen meint,
muß es überraschen, daß ihm die Berufung auf Tarskis semantische Verdünnung des Wahrheitsproblems[43] gerade das
gute Gewissen verleiht, den Korrespondenzbegriff der Wahrheit zu benutzen. Denn offenkundig geht das Erkenntnis-
ideal objektiver Prüfbarkeit auf eine Korrespondenztheorie
der Wahrheit zurück, die nicht bloß semantisch umformuliert,
sondern methodologisch abgesichert wird.

Schwierigkeiten bereitet vor allem die Entlehnung der semantischen Korrespondenztheorie der Wahrheit angesichts
einer Definition des Wissens durch Fortschritt.[44] Man kann
das menschliche Wissen durch Fortschritt definieren, indem
man von der Grundthese der Vorläufigkeit unseres Wissens
ausgeht und jeden Fall als Verbesserung wertet, wo das jeweilige Wissen seiner Vorläufigkeit mit Gründen überführt,
d. h. falsifiziert wird. Die schrittweise Korrektur des Wissens
erfolgt theorieimmanent und relativ auf frühere Stadien. Das
Wissen wird besser, soweit überschießende Theorieansprüche
widerlegt sind. Ich weiß mehr, wenn ich weiß, daß etwas
nicht so ist, wie ich mir das dachte, weil eine Erklärung
scheitert oder eine Prognose sich nicht erfüllt.

Weiß ich aber deshalb schon, wie die Dinge sich in Wirklichkeit verhalten? Habe ich mit der Negation einer Theorie ein
Stück objektiver Realität in Händen? Was hat der Fortschritt
des Wissens, der theorieimmanent und relativ auf frühere
Stadien nur bestimmbar ist, mit der Korrespondenztheorie
der Wahrheit zu tun? Die Formel von der Wahrheitsähnlichkeit gibt auf diese Frage keine befriedigende Antwort. Die
Formel spricht nur die Prätention aus, der Fortschritt des
Wissens sei identisch mit der Annäherung an so etwas wie

43 S. zur Kritik auch E. Tugendhat, der »*Tarskis semantische Definition
der Wahrheit*« (*Phil. Rundschau* 8, 1960) nur noch philosophie-historisch
würdigen will.
44 *CaR* 215 u. ö.

die absolute Wahrheit. Das ergibt jedoch wiederum kaum Sinn, wenn Wahrheit Übereinstimmung mit Tatsachen meint. Denn Übereinstimmung ist nur nach Ja/Nein, nicht aber nach Graden entscheidbar. Entweder stimmt eines mit einem anderen überein, so daß ein Verhältnis der Entsprechung statthat, oder beide stimmen nicht überein und kein solches Verhältnis liegt vor. Sätze wie »Der Schnee ist weiß« können aber mit Tatsachen nicht »immer mehr« übereinstimmen, so daß sie sich auf eine Skala wachsender Annäherung an die absolute Wahrheit aufreihen lassen. Was sollte »die absolute Wahrheit« in diesen Fällen heißen, wenn nicht völlige Übereinstimmung? Wie sollte man dagegen dann weniger vollkommene Übereinstimmung abgrenzen, die doch irgendwie Übereinstimmung sein muß, wenn sie als Annäherung an die Wahrheit aufzufassen ist?

Durch *platonische* Begriffe dürfte sich der Terminus einer Wahrheitsähnlichkeit am allerwenigsten erläutern[45], will er durchgängig als Übereinstimmung mit den Tatsachen interpretiert werden. Die antike Dialektik denkt Wahrheit nicht als herstellbare Korrespondenz mit Realität, sondern als eine Verbesserung von Einsicht, die nur in dem Grade möglich ist, wie wir uns der Grenzen unseres Wissens bewußt werden. Das platonische Höhlengleichnis symbolisiert diesen Wahrheitsbegriff, der mit dem Aufstieg aus der Höhle zur Sonne wesentlich Aufklärung über die Möglichkeiten und Schranken unserer Erkenntnis selber bedeutet. Die »semantische« Fassung dieses Wahrheitsbegriffs findet sich in dem berühmten Exkurs in Platos *7. Brief*[46], der die Wahrheit der Sache selbst in bezug auf die Unangemessenheit aller Bezeichnungsformen definiert. Wahr heißt das, was in keiner symbolischen Darstellung voll erfaßt ist. Es läßt daher *keine* Maßstäbe der Korrespondenz zu und wird vielmehr nur zugänglich aufgrund der Überwindung einer entsprechenden Illusion. Der dialektische Wahrheitsbegriff lautet auf die Unangemessenheit aller möglichen Darstellungsweisen und die Vorläu-

45 *CaR* 400 f.; zit. Plato, *Timaios* 29 d.
46 342a–344c. – S. in diesem Zusammenhang auch meine Studie: *Zur platonischen Problematik von Logos und Schein.* In: *Abh. VIII. Dt. Kongr. f. Phil.* (Hrsg. Gadamer), München 1967.

figkeit all unseres Wissens. Er impliziert die Aufforderung zur Korrektur vermeintlicher Einsicht und belehrt über den Schein, daß im Wort schon Erkenntnis der Sache gegeben sei. Der Titel der Wahrheitsähnlichkeit, mit dem Plato an einigen Stellen der mythischen Verschleierung oder rhetorischen Ironie spielt,[47] ist also ein negativer Index und verweist eher auf die Abwesenheit von Wahrheit. Mit der Ähnlichkeit muß man sich begnügen, wo die Sache selbst nicht verfügbar ist. Popper liest ›Wahrheitsähnlichkeit‹ freilich im genau entgegengesetzten Sinne: nicht als Zweifel, sondern als Versicherung, der absoluten Wahrheit unmittelbar auf der Spur zu sein.

Es geht hier nicht darum, Popper auf Plato zu vereidigen, obwohl er selber die Assoziation vornimmt.[48] Die Zurückführung eines Autors auf einen andern behält stets etwas von trivialer Besserwisserei, und Popper würde im vorliegenden Falle zu Recht Verwahrung einlegen, hatte er doch aus seiner »Offenen Gesellschaft« einer liberalen Diskussionsgemeinschaft all ihre Feinde, Dialektiker und Historizisten, Plato voran exiliert. Es kann nur darum gehen, auf die Inkompatibilität der fortschrittlichen Konzeption wachsenden Wissens mit der Korrespondenztheorie der Wahrheit aufmerksam zu machen. Entweder wird Wissen durch Fortschritt definiert, oder es wird auf die Übereinstimmung mit objektiven Fakten verpflichtet. Fortschritt verläuft dynamisch und bewegt sich von einem Standpunkt des Wissens zum nächsten oder von Theorie zu Theorie, wobei ein Schritt relativ auf den andern Verbesserung durch Korrektur erbringt und der Prozeß als solcher Aufklärung des Wissens über sich impliziert. Übereinstimmung mit der Wirklichkeit entspricht dagegen einem statischen Modell, denn die objektive Realität wird nicht in Entwicklung befindlich gesehen. Jedenfalls enthält eine auf Objektivität bezogene Erkenntnislehre nicht ohne weiteres eine solche Implikation.

---

47 Neben der Stelle des *Timaios* vgl. die Gleichnisse im *Staat* 506e f., sowie *Phaidros* 274c, (über Rhetorik) 273d; *Phaidon* 99c ff., *Sophistes* 235d ff. (über wahrheitsähnliche und trügerische Darstellung) u. a. m.

48 S. übrigens den Zusatz über ›Verisimilitude‹ von 1968, der auf den Platonismus der »dritten Welt« verweist. (*CaR* 402.)

Zwar mag es Grade der Präzision und Ausdehnung innerhalb des Korrespondenzmodells geben, und insoweit sind Theorien unterscheidbar,[49] die Übereinstimmung mit Wirklichkeit beanspruchen. Es erscheint indes unverständlich, wie Korrespondenz selber progressiv bestimmt werden soll, so daß als Kriterium der Übereinstimmung mit den Fakten just die historische Bewegung des Wissens gälte. Die aus der falsifikatorischen Methodologie entwickelte Konzeption eines sich selber negativ korrigierenden und dadurch voranbringenden Wissens führt Popper zweifellos in die Nähe dialektischen Denkens. Mit der Vorstellung absoluter Wahrheit im Sinn der Korrespondenz hält er am Positivismus fest. Um der Haltbarkeit einer Fortschritt und objektive Wahrheit vereinenden Idee der »verisimilitude« willen sieht Popper sich sogar genötigt, unorthodox wenigstens ein Stückchen *Verifikation* einzuräumen.[50] Der Wahrheit kommt man nicht näher ausschließlich durch Verwerfung riskanter Hypothesen. Aus der Kritik müssen auch zumindest einige erfolgreiche Voraussagen resultieren, die sich darin positiv von ihren Vorgängern unterscheiden.

Methode der Methode

Wenn der Anspruch auf Wahrheit im Sinne einer Übereinstimmung mit den Tatsachen und ein Prinzip des Wissens, das in ständigem Fortschritt besteht, nicht wirklich zu vereinen sind, so folgen daraus einige für die Fortschrittsidee entscheidende Fragen. Der Fortschritt des Wissens muß dann unabhängig von jenem Wahrheitskriterium definiert werden. Was Fortschritt heißen soll, muß sich bestimmen lassen ohne Rückgriff auf eine Gegebenheit, die, wie die vollendete Übereinstimmung mit der Wirklichkeit, jenseits des Fortschreitens

49 Eine entsprechende Liste: *CaR* 232.
50 *CaR* 242 ff. Popper spricht von einem »whiff of verificationism« (248 A).
Mit Nachdruck plädiert Lakatos in dieser Richtung (*Popper zum Abgrenzungs- und Induktionsproblem.* In: H. Lenk, Hrsg., *Neue Aspekte der Wissenschaftstheorie*, 1971), wobei sich allerdings hinter dem scholastischen Distinktionsrausch, der Lakatos eignet, ein naiver Glaube an Tarski und die Wahrheitsähnlichkeit verbirgt.

selbst liegt und vom Progreß gerade angesteuert wird. Fortschritt muß eines solchen dogmatisch gesetzten Ziels entraten.[51] Was aber macht dann den Fortschritt noch zu einem Fortschritt, der sich von irgendeiner tendenzlosen Bewegung unterscheidet?

Die vorgeschlagene Trial-and-error-Methode muß nach Verlust eines absoluten Fluchtpunkts in Gestalt *der* Wahrheit ihren eigenen Ablauf selber steuern. Es ist eine immanente Logik der Schrittfolge von Versuch, Widerlegung und Neuansatz erforderlich, die nicht durch ein vorausgesetztes Telos der Wahrheit schlechthin ersetzt werden kann. Die Methode muß sich gleichsam um sich selbst kümmern.[52]

Die wissenschaftstheoretische Diskussion, die an die revidierte *Logik der Forschung* gemäß der Konzeption des mittleren Popper anschließt, hat sich durchaus in der genannten Richtung entwickelt. Die Methode hat ein Bewußtsein ihrer *Autonomie* erlangt und darin zugleich das Bedürfnis der *Selbstregelung* verspürt. Das Bedürfnis nach Selbstregelung kommt besonders in den verschiedenen methodologischen Entwürfen Feyerabends zum Ausdruck. Es besitzt Varianten in der strategischen Planung von Forschungsprogrammen, die Lakatos vorschwebt[53], und sogar in dem hegelianisierenden Gesamtprospekt einer Vernunftgeschichte der Menschheit, worein Toulmin alle Forschungslogik einzubetten unternimmt.[54] Schließlich treibt die Entfaltung der Methodenautonomie sowohl in die radikale Freisetzung von allen Ordnungsprinzipien, die Feyerabend in seiner jüngsten anarchistischen Phase

51 S. Kuhn, *Struktur wissenschaftlicher Revolutionen*, a.a.O., 223 f.; sowie in: Lakatos/Musgrave (Eds.), *Criticism . . .*, a.a.O., 20, 264 f.
52 Vgl. dazu die ahnungsvollen Bemerkungen des Physikers D. Bohm, *Truth and Understanding in Science*, in: M. Bunge (Ed.), *Critical Approach . . .*, a.a.O., 221.
53 I. Lakatos, *Falsification and the Methodology of Scientific Research Programmes*, in: Lakatos/Musgrave, a.a.O., sowie: *History of Science and its Rational Reconstruction*. In: Buck/Cohen (Eds.), *Boston Studies in the Phil. of Science* VIII, Dordrecht 1971.
54 St. Toulmin, *Human Understanding*, wovon bisher nur der erste Band erschien (Princeton 1972). Vorausgegangen war: *Foresight and Understanding. An enquiry into the aims of Science* (1961), dt. Übers. Frankfurt 1968 (edition suhrkamp 292). Vgl. besonders Kap. 6: *Die Evolution wissenschaftlicher Ideen*.

propagiert, als auch in den Platonismus einer selbstgenügsamen Ideenwelt, den der späte Popper »objektiven Geist« nennt.

Löst man die Methode von einer Korrespondenztheorie der Wahrheit, so wird die Rationalität des Verfahrens durch den Fortschritt als solchen zu kennzeichnen sein. Steigerung und Verbesserung des Wissens legitimieren die Methode und sind zugleich ihr Ergebnis. Da die Methode von keinem Ziel getragen wird, auf dessen Vernünftigkeit vertrauend sie geradezu operieren kann, muß sie auch die Möglichkeit des Fortgangs in methodische Regie nehmen. Es darf dem Wissen nicht genügen, sich einfach darauf zu verlassen, daß schon irgendein Fortschritt stattfinden werde. Veranstaltungen sind nötig, die möglichst viele, möglichst weitgreifende und möglichst riskante Hypothesen und Konjekturen generieren helfen, um auf diese Weise auch einer möglichst durchdringenden Kritik und möglichst erfolgreichen Widerlegung den Weg zu bereiten.

Paul Feyerabend[55] hat aufgrund solcher Überlegungen ein *Proliferationsprinzip*[56] eingeführt und es wie folgt erläutert. Poppers Kritizismus belehre darüber, daß die größte Gefahr für den Empirismus im Dogmatismus liege. Statt des starren Blicks auf die eine wahre Theorie sei mit mehreren alternativen Theorien zu arbeiten. Es gelte also, solche Theorien zahlreich zur Verfügung zu stellen. Zum freien Entwerfen von Alternativen muß das die Methode tragende, aber im kritischen Prüfungsprozeß von Hypothesen jeweils unthematische *Hintergrundwissen* mobilisiert werden.[57] Im Zusammenhang eines unvoreingenommenen Spiels mit dem Theorienpluralismus gelangt sogar die ehedem vielgeschmähte Metaphysik wieder zu Ehren.[58] Woher die hypothetisch in die

55 *How to be a good Empiricist – a Plea for Tolerance in Matters Epistemological* (1963, Delaware Seminar), abgedruckt in: Nidditch (Ed.), *The Philosophy of Science* (Oxford Readings) 1968, dt. Übers. bei L. Krüger (Hrsg.), *Erkenntnisprobleme der Naturwissenschaften,* Köln 1970. Daneben: *Problems of Empiricism.* In: Colodny (Ed.) *Beyond the Edge of Certainty,* Prentice Hall 1965.
56 Zur Sache s. bereits Popper, *Was ist Dialektik?* (a.a.O., 263).
57 Diese Notwendigkeit hatte auch Popper erkannt, *CaR* 238, 240, 243.
58 Vgl. J. Agassi, *Scientific Problems and their Roots in Metaphysics.*

Diskussion eingebrachte Theorie stammt, scheint weniger wichtig als ihre kritische Prüfung in der Diskussion der Forscher. Kritik ist die Instanz der Rationalität und nicht einwandfreie Herkunftsnachweise oder eifersüchtige Gebietsverteilung.

Offenkundig steht jedoch der methodologisch postulierte Pluralismus alternativer Theorien[59] zwei Grundbedingungen wissenschaftlicher Forschung und Diskussion entgegen: nämlich der *Konsistenz*bedingung und der Bedingung der *Sinninvarianz*. Die erste Bedingung besagt, daß jede neu in Vorschlag gebrachte Theorie entweder die im gleichen Felde bisher akzeptierte Theorie in sich enthalten oder zumindest ihr konsistent sein muß. Die zweite Bedingung besagt, daß gebräuchliche Terme auch in neuen Theorien ihren Sinn bewahren müssen, da eine stillschweigende Änderung des Sinns möglichen Fortschritt unentscheidbar machen würde. Feyerabend greift nun auf Kuhns Revolutionsmodell zurück und zeigt, daß in revolutionären Phasen der Wissenschaftsentwicklung weder die Konsistenz noch die Sinninvarianz streng gewahrt werden. Das wesentliche Argument gegen beide Bedingungen ist die relative *Theorieabhängigkeit* von Faktenbeobachtungen, die sich im Austausch von Paradigmen dokumentiert. Dabei ändern nämlich Terme ihren vermeintlich neutralen Sinn und der revolutionäre Wechsel von Paradigmen beugt sich keinem höheren Konsistenzprinzip. Demgegenüber geht die an Theorie gerichtete Konsistenzerwartung ebenso wie das Verbot der Sinnvarianz der Terme im Grunde von einer den Theorien unabhängig gegenüberstehenden Welt der Fakten als letztem Bezugspunkt aus. Gilt aber die These von der Theorieabhängigkeit der beobachteten Fakten[60], dann steht keine an sich seiende Gegebenheit zur Ver-

In: Bunge (Ed.) *FS Popper*, a.a.O. – M. Wartofsky, *Metaphysics as Heuristic for Science*. In: *Boston Studies in the Phil. of Science*, III 1967.
59 Um der »Proliferation« Struktur zu geben, hat L. Schäfer auf die transzendentale Dialektik Kants zurückgegriffen und entwickelt aus der Antinomienlehre zusammen mit der methodischen Funktion ›regulativer Ideen‹ einen interessanten Beitrag zur Diskussion um Popper, Feyerabend und Lakatos: *Zur ›regulativen Funktion‹ der kantischen Antinomien* (*Synthese* 23, 1971).
60 Hanson hatte Beobachtung von Tatsachen eine ›theory-laden activity‹

fügung, die dem Sinn theoretischer Ausdrücke Einheitlichkeit verleiht und Theorien untereinander konsistent hält. Aller Widerstreit spielt sich demnach zwischen Theorien ab, und kritische Diskussion hat hier ihren Platz.

Wenn nun die Diskussion den Zwang der Konsistenz von Theorien untereinander aufgibt und sich auch nicht länger an die Strenge semantischer Gleichförmigkeit gebunden fühlt, so bleibt ihr dennoch die Frage nicht erspart, nach welchen *Kriterien* in Diskussionen entschieden wird und welche Maßstäbe für Widerlegung von Hypothesen gelten.[61] Verzichtet man auf die trügerische Zuflucht bei »harten« Fakten, so wird man die Kriterien anderswo suchen müssen. Feyerabend bleibt die Antwort darauf zunächst schuldig. Statt dessen

genannt (*Patterns of Discovery*, a.a.O., s. a. *Observation and Explanation*, New York 1971). Die Kritik an der unorthodoxen Wissenschaftstheorie der Hanson, Feyerabend, Kuhn, die von Seiten eines strikten Empirismus verschiedentlich geübt wurde, kreist wesentlich um diesen Punkt: D. Shapere, *Meaning and Scientific Change*. In: Colodny (Ed.) *Mind and Cosmos*, Pittsburgh 1966; I. Scheffler, *Science and Subjectivity*, New York 1967; E. Nagel, *Theory and Observation*. In: Nagel et al., *Observation and Theory in Science*, Baltimore 1971. Unzureichend ist: K. Schaffner, *Outlines of a Logic of Comparative Theory Evaluation*. In: Stuewer (Ed.), *Minnesota Studies Phil. of Science* V, 1970.

Freilich wird das Problem der Theorieabhängigkeit von Fakten, d. h. der notwendigen Vorgängigkeit von Theorien vor Beobachtungen mitunter in der Diskussion verwechselt mit dem Phänomenalismusproblem aus alten Wiener Tagen. Vor allem Carnap hatte damals die Frage beschäftigt, wie Sätze der phänomenalistischen Erlebnissprache eines Subjekts übersetzbar seien in die physikalistische Dingsprache der intersubjektiv einheitlichen Wissenschaft. Er hatte die »subjektive« Beobachtung und den »objektiven« theoretischen Gegenstand durch die Behauptung der Isomorphie der entsprechenden Sprachen zusammengeführt (*Die physikalische Sprache als Universalsprache der Wissenschaft*, a.a.O.). Um diese Spannung handelt es sich jedoch nicht bei der ›theoriebeladenen‹ Beobachtung.

61 Vgl. Scheffler (a.a.O., 72 f.). – Im Ganzen gesehen stellt besonders Feyerabend für die konservative Fraktion der Wissenschaftstheorie eine Irritation dar, durch die sie argumentativ in die Defensive gerät, wie auch das sorgfältige Buch von Scheffler zeigt. Man begegnet ihm daher gern mit dem Verdacht der Frivolität, während etwa Toulmin gerade Feyerabends anarchistischen Aufstand gegen die etablierte Wissenschaftstheorie als ›most understandable reaction‹ (*Human Understanding* 481) wertet. Eine Antwort Feyerabends auf Scheffler: *Against Method*. In: Radner/Winokur (Eds.), *Minnesota Studies in the Phil. of Science*, IV 1970, § 11.

preist er mit der Emphase des liberalen Antidogmatikers die theoretische Befreiung als solche: Toleranz heißt das Palladium der Rationalität, und sie wird nebenbei auch noch den »guten Empiristen« machen.

Das Merkmal des *Empirismus* tritt allerdings hinter der Aufgabe der Selbstbefreiung rationaler Theorie deutlich zurück. Zusammenstöße zwischen Theorien und die offene Verletzung der Konsistenzbedingung sind wünschenswert im Interesse der Entwicklung und Verbesserung unseres Wissens überhaupt, weniger zum Zwecke der Falsifikation vermeintlicher Erkenntnis und der Entdeckung neuer Wahrheiten.[62] Die These vom kritischen Abbau dogmatischer Positionen als primärem Ziel der Fortentwicklung des Wissens legt den Vergleich mit *dialektischem* Denken von selbst nahe. Feyerabend erkennt die Parallele durchaus an und hält allein an der irrigen Einschränkung fest, die er von Poppers Analyse des dialektischen Widerspruchsprinzips übernimmt. Die Dialektiker seien auf dem richtigen Wege, wenn sie Fortschritt des Wissens als Selbstnegation früherer Stadien bestimmten, sie seien nur mit der Leugnung des Widerspruchsprinzips zu weit gegangen.

Selbstnegation müsse gelesen werden als bewußte Erfindung von Alternativen, methodische Benutzung der Inkonsistenz und Sinnvarianz sowie konsequentes Übergehen zwischen den Alternativen nach Maßgabe aufgedeckter Unangemessenheiten. In dem Prozeß werden frühere Stadien nicht völlig eliminiert, sondern aufgehoben (preserved), d. h. verwandelt und uminterpretiert entgegen der Forderung der Sinninvarianz. Wenn man »Aufhebung« so verstehe, entfalle das Bedürfnis nach einer eigenständigen »dialektischen Logik« und das Extrem der Leugnung des Widerspruchsprinzips erkläre sich als Resultat falscher Anhänglichkeit an die Forderung der Sinninvarianz.[63] Es erscheint daraufhin nicht ungerecht, Feyerabend ein gutes Verständnis dialektischer Me-

---

62 *Problems of Empiricism*, a.a.O., 247 f.
63 A.a.O., 247 f., 252, 218; vgl. weitere Bezugnahme auf Hegel und Dialektik: *Consolations for the Specialist.* In: Lakatos/Musgrave (a.a.O., 209, 213); *Against Method*, a.a.O., 21, 25, 30 ff., 89 f., 100 f., 104 f., 115. Hegels Erklärung des Theorienfortschritts aus der sukzessiven Entwick-

thode zu bestätigen, während die Karikatur des in Widersprüche verliebten Narren, dem diese nicht *als* Widersprüche gelten, die methodisch zur Beseitigung treiben, auf das Poppersche Konto der Profilierung durch Polemik geht.

Immerhin beantwortet die eher spielerische Assoziation an Dialektik nicht endgültig die Frage nach den *Kriterien* kritischer Diskussion und Entscheidung zwischen alternativen Theorien.[64] Die Schwierigkeit läßt sich anhand von Kuhns Paradigmenlehre nochmals erläutern. Es möge gelten, daß innerhalb eines Paradigma Problemstellung, Hypothesenbildung und Prüfungsverfahren geregelt sind. Die Standards der kritischen Diskussion sind im Zusammenhang eines Paradigma fraglos mitgeliefert. Was aber geschieht beim Paradigmenwechsel? Das neue Paradigma zeigt, wenn es erst eingeführt ist, wiederum alle Vorzüge, die das alte hinsichtlich der Forschungsanleitung und Bereitstellung von Maßstäben besaß. Wie unterscheiden sich dann zwei Paradigmen voneinander, auf welchem Hintergrund erscheint das eine besser als das andere, und wie sieht die Rationalität aus, die in den revolutionären Übergangsphasen herrscht? Die Kritik an einem Paradigma muß doch nach Maßstäben urteilen, die jenseits des kritisierten Paradigmas liegen und noch nicht von der Gültigkeit eines neuen gedeckt sind.[65] Gleichzeitig entbehrt die Kritik des Interregnums solcher Kriterien, die vom letzten Fluchtpunkt absoluter Wahrheit abhängen wie in Poppers Mythos der »verisimilitudo«.

Feyerabend hat im Anschluß an Kuhns Modell neuerdings eine Lösung versucht, die recht einfach scheint. Er nimmt die Folge normal arbeitender Wissenschaft unter einem geltenden Paradigma und die Revolution eines Paradigmenwechsels aus

lung der Idee zu sich selbst nennt Feyerabend im wesentlichen korrekt; man müsse nur die metaphysischen Prämissen streichen (*Comments,* in: Cohen/Wertofsky, Eds., *Boston Studies* II, 1965, 225.)

64 Immerhin sucht N. Koertge »the pattern of dialectical ascent« auch wissenschaftsgeschichtlich zu belegen (*Inter-theoretic Criticism and the Growth of Science.* In: *Boston Studies* VII, a.a.O., 165 ff.

65 Bloß terminologische Distinktionen wie: incommensurability – incomparability – incompatibility in Bezug auf die Paradigmen untereinander bringen die Frage nicht wirklich weiter. (Watkins und Kuhn. In: Lakatos/Musgrave, a.a.O., 34 ff., 266 ff.)

dem historischen Kontext heraus und erhebt beides zu gleichberechtigten Methodenprinzipien. Allerdings war Kuhn wissenschaftsgeschichtlich vorgegangen, er hatte aber mit der Rehabilitierung der normalen Wissenschaft eine wichtige methodologische Korrektur gegenüber Poppers barem Kritizismus im Auge: ohne den Hintergrund normaler Wissenschaft sind Revolutionen undenkbar.[66] Feyerabend löst dies Bedingungsverhältnis auf und läßt das normale Forschungsverhalten innerhalb unbestrittener Paradigmen sowie Revolutionsprozesse grundsätzlicher Kritik unter dem Titel methodologischer Prinzipien friedlich koexistieren und fruchtbar zusammenwirken. Das Festhalten am Paradigma zu Nutzen ungestörten wissenschaftlichen Weiterarbeitens gehorcht dem *Beharrlichkeitsprinzip* (principle of tenacity), die kritischen Grundsatzdiskussionen entsprechen dem bereits bekannten *Proliferationsprinzip*.[67] Eins schließt das andere nicht aus, beides ist möglich und soll sein. Einem »Hedonismus« wird das Wort geredet, der alles zuläßt und nichts verbietet.

Auflösung der Methodologie

Sicher stehen die zwei Prinzipien des Beharrens und der Neuerung als Methodengrundsätze zueinander in Widerspruch. Man kann nur das eine tun, wenn man das andere nicht tut. Nun soll man aber beides zugleich tun, ohne sich unwohl zu fühlen. Der zur Beseitigung anstachelnde Widerspruch weicht einem ungetrübten Hedonismus. Plötzlich scheint Feyerabend dem Zerrbild des Dialektikers zu entsprechen, der gegen logische Widersprüche unempfindlich ist und alles Beliebige erlaubt.

Feyerabend weiß sich derlei Einwänden zu entziehen, indem er die Methodologie *humanitären* Aspekten unterordnet. Statt einer Logik interessiert an der Forschung nun vornehm-

---

66 Kuhn, *Reflections on my Critics*. In: Lakatos/Musgrave, a.a.O., 242, 249.
67 Feyerabend, *Consolations . . .*, a.a.O., bes. 204 ff., 209 ff. *A Plea for Hedonism*, 228 f.

lich ihr »human character«.[68] Entschlossen zieht Feyerabend von da an gegen Methode überhaupt zu Felde,[69] denn das dem Methodenprinzip zugrunde liegende Ordnungsideal enthalte Momente des Zwangs und der Unterdrückung, die der menschlichen Freiheit zuwiderlaufen. Die Verbreitung des methodischen Denkens verbürgt demnach nicht Rationalität, wie es etwa das Programm von Paul Lorenzen für alle Bereiche der Philosophie in Aussicht stellt,[70] sondern stärkt Feyerabend zufolge autoritäre und irrationale Positionen. Das oberste Ziel heißt nun Wohlergehen des Individuums, und der Rationalitätsbegriff ist daran zu messen statt an einem abstrakten Konzept von Wahrheit. Das Richtmaß des *Fortschritts* im Wissen wird sukzessive durch eine Beurteilung des *Erfolgs* ersetzt.[71] Der Liberalismus kehrt an seine utilitaristischen Ursprünge zurück: Mill verdrängt Popper.[72]

In dieser Umgebung spielt Hegel, den Feyerabend ausgiebig und mit Lust an der Provokation zitiert, eine etwas zweideutige Rolle. Dialektik eignet sich auch in ihren materialistischen Varianten keineswegs als Berufungsinstanz für Feyerabends Maxime ›anything goes‹.[73] Hegel hat nirgends der regellosen Vielfalt und dem uneingeschränkten Belieben bloß als solchem das Wort geredet. Eher hätte Dialektik eine Funktion, wenn sie im Sinne der hegelschen Logik methodisch verstanden und auf die Autonomie einer Selbstregulation von Methode hin befragt würde.

Man mag wohl Hegels Diagnose über das »Bedürfnis der Philosophie« zitieren: »Je fester und glänzender das Gebäu-

---

68 Ebd., vgl. *Against Method.* In: *Minnesota Studies* IV, a.a.O., 26 ff., 76, 90.

69 Zuletzt: *Von der beschränkten Gültigkeit methodologischer Regeln.* In: *Neue Hefte f. Phil.,* 2/3, 1972.

70 Lorenzen, *Methodisches Denken,* Frankfurt 1968; s. dazu im vorliegenden Bande *Über die wissenschaftstheoretische Rolle der Hermeneutik,* Abs. V.

Eine kritische Anmerkung Feyerabends zu Lorenzen: *Neue Hefte f. Phil.* 145.

71 A.a.O., 168 ff., *Against Method* 25.

72 *Against Method,* a.a.O., 27 ff., 110.

73 A.a.O., 26. Feyerabend spielt mit Gegengiften, was die selbstironische Umtaufung des methodologischen Anarchismus in »Dadaismus« unterstreicht (104).

de des Verstandes ist, desto unruhiger wird das Bestreben des Lebens, das in ihm als Teil befangen ist, aus ihm sich heraus in die Freiheit zu ziehen.«[74] Aber die Folgerung, die man mitlesen muß, lautet, daß jene Befreiung nur »als Vernunft« gelingt, insofern die Gesetze des Verstandes *begriffen* werden. Unzweifelhaft kommt darin das methodische Selbstverständnis der Dialektik zum Ausdruck.[75] Die Vernunft verabschiedet nicht einfach die Gesetze des Verstandes, sondern macht deren Einseitigkeit kraft des in ihnen enthaltenen Moments der Rationalität klar. Es gilt also, die Rationalität kontinuierlich weiterzuentwickeln über bestimmte Stadien ihrer Fixierung hinaus, sie selbst gegen ihre Beschränkung zu verteidigen und die Schlüssigkeit der Fortentwicklung allgemein einsichtig zu machen. Die negative Kritik knüpft direkt an das Positive im Kritisierten an, um im Namen der gemeinsamen Rationalität Anerkennung zu suchen. Denn von der eignen Vernünftigkeit kann Dialektik nur in dem Grade überzeugen, wie sie sich bei ihrem Vorgehen auf Rationalität verpflichtet hält und nachvollziehbar bleibt.

Die beiden eingangs genannten Merkmale des *Methodischen,* Rationalität und Nachvollziehbarkeit, müssen auch für Dialektik Gültigkeit besitzen. Der Titel der Vernunft, auf den sie bei ihrem kritischen Geschäft Anspruch erhebt, besagt im Grunde nicht mehr, als daß sie selbst den Bedingungen des Methodischen konsequenter und radikaler genügt als alle Positionen, die sich von ihr kritisieren lassen. Indem die Kritik auf den Mangel an Rationalität und auf den bornierten Dogmatismus zielt, bestätigt sie *in actu* die Methodenforderung und verlängert sie über solche Positionen hinaus, die sich im endgültigen Besitz der Wahrheit wähnen. Die »Überlegenheit« der Dialektik fällt ihr nicht vom Himmel zu und

74 *Against Method* schließt ein wenig pathetisch mit dem Zitat (92, auch 31): Hegel, *Differenz des Fichteschen und Schellingschen System der Philosophie* (1801), Hamburg 1962, 13. Vgl. dazu oben: *Problemgeschichte und systematischer Sinn der Phänomenologie Hegels,* bes. Abschn. 2 u. 3.
75 S. den Hinweis, daß das »Denken aus dem Verstande [. .] zur Logik herauskommen [müsse], welche die Vernunft in sich begreifen soll«. (a.a.O., 19).

wird ihr nicht zuteil kraft esoterischem Dekret. Sie bewährt sich auf methodischem Wege.

Feyerabend benutzt allein die *negativ-kritische* Seite der Dialektik, die auf Verwirrung und Auflösung fixer Positionen geht, und wendet sie fruchtbar gegen dogmatische Methodologie und das versteinerte Lehrgebäude der akademischen Wissenschaftstheorie. Er übersieht das methodische Moment im dialektischen Denken selber, das an Rationalität festhält, um aus der Kritik nachvollziehbare Konsequenzen zu folgern und aus der Auflösung bessere Einsicht zu gewinnen. Er endet daher in einem ästhetisch genossenen Anarchismus, im hedonistischen Selbstgefühl des ›anything goes‹. Die einzig erkennbare Struktur, die bei dem Methoden-Autodafé übrigbleibt, ist eine vage Perspektive auf Wissenschaft als »historischen Prozeß«, in der man jeden Fortschritt, jede neue, den Status quo aufkündigende Hypothese zunächst auch als einen »Schritt zurück« begreifen könne.[76]

Der Auflösung der Methodologie ins Beliebige entspricht auf eine überraschende Weise die Aufhebung der Methodologie in ein sublimes Ideenreich, die Popper gleichzeitig betreibt. Er folgt dabei einem Postulat Gottlob Freges, der gefordert hatte[77]: »Die Gedanken sind weder Dinge der Außenwelt noch Vorstellungen. Ein drittes Reich muß anerkannt werden.« Die Annahme eines dritten Reichs steht im Dienste der Reinigung der Logik von Psychologie, ein Bestreben übrigens, worin Frege sich mit Husserls *Logischen Untersuchungen* einig wußte. Popper greift Freges Entwurf eines neben der physischen Dingwelt und der psychischen Subjektwelt selbständigen, rein logischen Reiches der Gedanken, der wissenschaftlichen Erkenntnisse, der Probleme und ihrer Lösungen auf und verlagert in diese dritte Sphäre das thematische Erbe seiner *Logik der Forschung*. Eigenwillig tauft er die für sich seiende Ideenwelt platonischer Observanz auf den hegelschen Namen eines »objektiven Geistes«.[78]

76 *Von der beschränkten Gültigkeit . . .*, a.a.O., 153 ff., 161-6.
77 *Der Gedanke. Eine logische Untersuchung* (1918). In: G. F., *Logische Untersuchungen* (Hrsg. G. Patzig), Göttingen 1966, 43. Popper zitiert nur Freges Abhandlung *Über Sinn und Bedeutung*.
78 Vgl. die im Erscheinen begriffene Sammlung seiner Arbeiten *On the Theory of Objective Mind* (London 1973).

Die platonisierende Entrückung beläßt die Sphäre des *objektiven Geistes* weitgehend unstrukturiert. Hier findet sich alles beieinander, das nicht in die beiden andern Welten gehört: Gedanken, Rechenaufgaben, wissenschaftliche Probleme und ihre Kritik, die Gehalte der Tradition und in gewissem Sinne auch die Sprache. Was haben nun die Elemente der dritten Welt miteinander zu tun, wie verhalten sie sich zueinander, was gibt der Sphäre Einheit, was Struktur? Popper steht im Grunde vor derselben Frage, vor der Plato sich ehedem sah, als er eine Ideenwelt konstituiert hatte und nun Ordnung in den Komplex der Ideen bringen mußte.

Bekanntlich hat die Frage, was reine Ideen miteinander zu tun haben, wie sie sich zu einer Einheit zusammenschließen und wie sie sich voneinander noch unterscheiden lassen, zur Entwicklung einer methodischen Dialektik geführt, wie sie im *Staat* und in den Spätdialogen Platos höchst spekulativ exponiert wird. Hegel hat die dialektisch-methodische Lösung der Strukturprobleme einer Sphäre der reinen Gedanken übernommen und in seiner *Logik* genau und umfassend durchgeführt. Der anti-hegelianische Affekt ineins mit dem horror contradictionis, den der späte Popper bei aller freimütigen Metaphysik dritter Welten dem guten Gewissen des alten Empirikers schuldig zu sein glaubt, macht ihn gegen die Analogie blind.[79] Das ändert freilich nichts an der zweifelsfreien Evidenz, daß die immanenten Strukturprobleme einer dritten Welt dem dialektischen Modell analog sind, wenngleich die möglichen Lösungen einer dialektischen Logik nicht durch Plato oder Hegel erschöpft sein müssen.

Popper findet einen Ausweg, den man im Einklang mit dem Autor ›hermeneutisch‹ wird nennen müssen.[80] Er faßt in Erinnerung an seine frühere ›rationale Theorie der Tradition‹ den objektiven Geist historisch auf und ist auch darin wider Willen mit Hegel[81] einig. Das historische Feld des objektiven

79 Ähnlich auch in: *Epistemology without a knowing Subject*, a.a.O., 350 f.
80 *On the Theory* ... 30. Gekürzte dt. Version: *Eine objektive Theorie historischen Verstehens*, in: *Schweizer Monatshefte 50*, 1970. S. a. *Epistemology without* ... 370.
81 Statt des Beelzebub werden seine Adepten Dilthey und Collingwood erwähnt.

Geistes öffnet sich nun einer iterativen Anwendung der kritizistischen Methode. Das Verstehen historischer Problemsituationen, wissenschaftlicher Lösungsvorschläge und rationaler Kritik setzt die Vertrautheit mit aktueller Problembehandlung gemäß der Abfolge von Trial-and-error voraus und wiederholt eben dies Verfahren sodann auf der Metaebene des Verstehens der Wissenschaftsgeschichte.[82]

Die *iterative* Anwendung des Kritizismus bedarf zu ihrer Legitimation der Unterstellung, daß die historischen Erkenntnisvorgänge streng nach der Methode von Trial-and-error abgelaufen sind. Genau das wird aber bestritten, zuletzt mit Vehemenz von Feyerabend. Handelt es sich doch nicht mehr um eine normative Logik der Forschung, die anweist, wie man verfahren soll, wenn man rational sein will, sondern um eine Untersuchung vergangener faktischer Verfahrensweisen der Wissenschaftler. Der Platonismus der Ideenwelt erleichtert jene Annahme. Der traditionsbedingte Zeithintergrund wissenschaftlicher Fragestellung der Vergangenheit tritt überhaupt nur in bezug auf die dokumentarisch belegte Thematisierung und die wissenschaftsgeschichtlich übermittelten Antworten in den Blick. Da die historische Realität in Wahrheit bereits ausgefiltert ist und die früheren Problemsituationen ideal sublimiert erscheinen, stößt die Rekonstruktion nach rein kritizistischer Methode auch auf keine Widerstände. Die fraglichen Strukturprobleme innerhalb der dritten Welt lösen sich demnach in die Doppelung zweier Ebenen auf, die sich durch die Iteration des Kritizismus voneinander unterscheiden, wobei die erste Ebene historischer Forschung derart idealisiert wird, daß die Anwendung derselben Methode auf der Metaebene historischen Verstehens umstandslos funktioniert. An diesem Bilde der dritten Welt wird von Wissenschaftshistorikern zu Recht die Vernachlässigung tatsächlicher Forschungspraxis bemängelt.

Wir sehen demnach zwei Formen der Auflösung von Methodologie vor uns: die anarchistische und die platonisierende. In beiden Fällen erfolgt die Auflösung in Richtung auf *Historie*. Der Anarchismus stützt sein Rezept der Beliebigkeit

82 *On the Theory . . .*, 38 ff.

durch Verweis auf die historische Realität von Forschungsprozessen. Die der wissenschaftlichen Arbeit entrückte Metaphysik der dritten Welt schließt Probleme und Lösungen zur
Koexistenz reiner Gedanken zusammen, deren Einheit sich
historisch auslegt und in idealer Hermeneutik nur mehr verstanden wird. Die einleuchtende Konsequenz aus dieser Lage
der Dinge hat zuletzt Stephen Toulmin gezogen, indem er
den Rückstoß der Methodologie auf Historie zum Anlaß
einer systematischen Überwindung der Schranken beider genommen hat.[83]

Das Reservat der Rationalität in Logik und Methodologie
allein, der gegenüber alle historischen Momente irrational erscheinen müssen, sucht Toulmin zu durchbrechen, um Rationalität im historischen Rahmen der Entwicklung ›intellek-
tueller Unternehmungen‹ der Menschen überhaupt zu interpretieren. Rationalität wird weder durch statisch absolute
Systeme noch durch revolutionäre Extremfälle definiert. Sie
bestimmt sich vielmehr in bezug auf die jeweilige Zeit, Pro-
blemlagen und geltende Standards der Kritik.[84] Ein solcher
Entwurf einer »Kritik der kollektiven Vernunft«[85] nähert
sich deutlich und mit vollem Bewußtsein dem hegelschen
Bilde des objektiven Geistes. Der Entwurf einer Historisierung des Rationalitätsbegriffs unter Beibehaltung seiner wissenschaftstheoretischen Bedeutsamkeit schließt denn auch mit
einem Kapitel *Die List der Vernunft*.[86] Gibt man Idealisierung und absolute Methodologie auf, so ist man auf dem Boden historischer Erfahrung trotz aller rationalen Anstrengung nie der Vernünftigkeit des Ergebnisses gewiß und muß
gleichwohl darauf vertrauen, daß dieselbe sich über unsere
Köpfe hinweg einstellen werde.

83 *Human Understanding* I, Princeton 1972.
84 A.a.O., 84.
85 Vorwort.
86 Hegelzitat: 501. Ähnlich Feyerabend, in: *Criticism* . . ., 210, 215; und:
Neue Hefte f. Phil., 153.

Eine riskante Konjektur

Ich möchte zum Schluß eine Frage aufwerfen, die ich nicht zu beantworten vermag. Sie scheint aber als Alternative zum anarchistischen Lustprinzip, zur platonisierenden Hermeneutik und zur hegelschen List der Vernunft erwägenswert. Sie führt noch einmal zurück zu dem Punkt, wo die Methode sich selbst Problem geworden ist. Nach dem Zweifel am naiv empiristischen Korrespondenzbegriff der Wahrheit, der *die* Realität in dem *einen* korrekten Aussagensystem der Wissenschaft wiedererkennen will, und nachdem der Versuch gescheitert ist, unter dem Titel einer ›verisimilitudo‹ die absolute Wahrheit als letzten Fluchtpunkt des wissenschaftlichen Fortschritts zu retten, hat nunmehr die Methode ihre Rationalität selber zu verantworten. Eine Art Methode der Methode muß dafür sorgen, daß die kritische Bewegung des Wissens rational bleibt, ohne einen Wahrheitsbegriff zu Hilfe zu nehmen, der auf Übereinstimmung mit der Wirklichkeit hinausläuft. Diese Schwierigkeit muß auf der Basis von Methodenüberlegungen zu analysieren sein ohne Ausgriff auf Geschichtskonzeptionen, die ein ganzes Spektrum besonderer Probleme eindringen lassen.

Die Beschwörung kritischen Bewußtseins allein macht noch keine Methode, und die unspezifische Absichtserklärung für rationales Verhalten erwirbt ihr noch keinen Rechtstitel. Die Methode des Trial-and-error, das geregelte Wechselspiel zwischen Problemen, die auf dem Hintergrund gegebener Traditionen zu situieren sind, und Lösungsversuchen, die einschlägig darauf antworten, sowie der Bestimmtheit, mit der solche Konjekturen als unzulänglich zurückgewiesen werden, muß ihrerseits rational und nachvollziehbar angeben können, warum so zu verfahren vernünftig sei. Die empfohlene Methode muß *autonom* werden.

Als einen Vorschlag *autonom gewordener Methode,* den man zur Kenntnis nehmen kann, möchte ich die *dialektische Logik Hegels* auffassen. Hegel selber hat methodisches Vorgehen für die Grundbedingung von Rationalität erachtet[87] und

---

87 Einen anregenden Versuch rationaler Interpretation der Dialektik hat H. F. Fulda unternommen, indem er auf dem Hintergrund einer allge-

einer Philosophie zur Pflicht gemacht, die sich von erbaulichem Reden und leeren Phantasien unterscheiden will. Die Methode des reinen Denkens[88] kann jedoch nicht in der unbesehenen Übernahme fremder Modelle erworben werden, wie sie etwa in den Erfahrungswissenschaften oder der Mathematik vorliegen. Deren Unzulänglichkeit oder Voraussetzungshaftigkeit hat Philosophie vielmehr zu kritisieren. Die Methode dialektischer Logik muß demgegenüber autonom sein, und Autonomie bedeutet, in keiner unbewältigten Differenz mehr zu verharren, nirgendwoher etwas Fremdes entleihen zu müssen und von nichts anderem abzuhängen.

Die Autonomie gilt Hegel als Index der *Absolutheit* jener Methode. Aufgrund seiner Systemkonzeption war er genötigt, den Absolutheitsanspruch zu erheben, und er hat ihn durch den metaphysischen Begriff des Geistes zu substantiieren gesucht. Begründet wird die Absolutheit indes durch das Autonomwerden der Methode, und nicht verdankt die Logik umgekehrt ihre methodische Autonomie einer von außen herantretenden Versicherung der Absolutheit. Es ist dieser Begründungszusammenhang, der es erlaubt, im Rahmen der Methodenerörterung den Absolutheitsanspruch mitsamt der ihn tragenden Systemkonzeption zu verabschieden und allein auf die Rationalität autonom gewordener Methode zu blikken, ohne daß man Gefahr läuft, derart aus dem Werk Hegels ein passendes Stück beliebig und gar gegen die Intention des Autors herauszubrechen.

Ihre Autonomie erweist die Methode, indem sie sich durch eine Struktur bestimmt, deren Bestimmtheit ihrerseits durch *nichts anderes* mehr bestimmt ist.[89] Was die Methode zur

meinen Bedeutungstheorie und mit den Mitteln analytischer Semantik die Operationen der Logik Hegels interpretiert, gewisser Hypertrophien der hegelschen Selbstdarstellung durchaus nicht schonend. Fulda arbeitet mit einem Modell sukzessiver Bestimmung von Vagheit, während er den Widerspruchsbegriff und das damit verbundene Methodenprinzip weitgehend abblendet. Auf diese Weise bekommt sein Versuch eine gewisse Ähnlichkeit mit der aristotelischen »Sprachanalyse« des Typs πολλαχῶς λέγεται (*Unzulängliche Bemerkungen zur Dialektik*. In: O. Pöggeler, Hrsg., *Hegel-Bilanz 1971, Stud. z. Phil. u. Lit. d. 19. Jh.*, Frankfurt 1973).

88 *Logik* I, 6 f., 34 f. Vgl. *Phänomenologie des Geistes* (ed. Hoffmeister), Vorrede 35-40.

89 *Logik* II, 486. – Feyerabend sieht das deutlich: *Philosophy of Science,*

Methode macht, hängt also nicht ab von einer Gegebenheit, einem gesetzten Erkenntnisziel oder einem dogmatischen Wahrheitsbegriff, denen das Verfahren schlicht unterworfen wäre, ohne sich darauf nochmals anwenden zu lassen. Wenn in solcher Autonomie dennoch eine Struktur erkennbar bleiben und die Methode nicht ins unbestimmte Nichts zusammenfallen soll, so kann dies nur in der Selbstregelung der Methode durch die Methode geschehen. Hegel spricht von einem »sich selbst konstruierenden Wege«, wo der methodische Gang nicht nur Mittel, sondern auch Gegenstand der Methode ist. Die Äußerlichkeit der Methode gegenüber ihrem Gegenstande verschwindet. Die starre Opposition von theoretischer Form und gegebenem Inhalt, die in der unüberbrückbaren Differenz von kritischen Erkenntnisprozessen und angestrebter Wahrheit zum Ausdruck kommt, vermittelt sich zur Einheit des Fortschritts des Wissens. Diese Einheit ist keine friedliche Harmonie, worin alle Unterschiede verschwimmen. Sie lebt vielmehr aus dem *Widerspruch,* der die methodische Anlage der dialektischen Logik und darin zugleich deren Autonomie begründet.

Der konkrete Prozeß der Anwendung jener Methode beginnt mit dem Aufdecken eines Widerspruchs zwischen zwei theoretischen Elementen. Es wird eine Relation festgestellt, die in der Leugnung jeder Relation besteht; besser gesagt, diese besondere Relation wird methodisch erst hergestellt, denn die Feststellung der Unmöglichkeit jeder Relation zwischen zwei Widersprechenden arbeitet schon mit dem Hinblick auf Relation, die hier eben geleugnet ist. Bringt man aber nicht so etwas wie Relation in den Blick, so wird man gar keinen Widerspruch bemerken, sondern hält nur zwei untereinander gänzlich unbezogene Gegebenheiten in der Hand. Enthält die Diagnose eines Widerspruchs in sich den Hinblick einer gemeinsamen Relation, so erweist sich das Haben dieser Relation rein auf Kosten ihrer Leugnung als theoretisch unerträglicher Zustand, und daraus folgt die Anweisung auf Überwindung des Widerspruchs oder Herstellung jener geleugneten Relation. Die Relation kann nur durch Beseitigung der Mo-

a Subject with a great Past. In: *Stuewer* (Ed.), *Minnesota Stud. Phil. of Science* V, 1970, 176 f.

mente hergestellt werden, die den widersprüchlichen Zustand für eine stimmige Theorie unerträglich sein ließe. Denn nur in der Verwirrung der Theorie zeigte sich der Widerspruch als die Relation der Relationsverweigerung. Die Theorie, die dies störte, muß demnach geändert werden, und zwar in der ganz bestimmten Weise der Beseitigung der Störung.

Überwindung des Widerspruchs heißt also Entwurf einer neuen Theorie nach Maßgabe jener Unzulänglichkeit, die die alte Theorie Widerspruch empfinden ließ. Bedeutete doch der Widerspruch einen unerträglichen Zustand, dessen Unerträglichkeit durch den Theorieanspruch auf konsistenten Zusammenhang definiert war, während sein Auftreten indizierte, daß die vorliegende Theorie ihrem eignen Anspruch nicht genügt. Die Konsistenzforderung ist im Widerspruch verletzt, aber so, daß sie die Regeneration auf einer neuen Ebene in Aussicht stellt. Die Erneuerung der Konsistenz wiederholt nicht ungerührt ein altes Muster, mit ihr verändert sich in gewissem Sinne der Theoriebegriff selber. Die neue Theorie stellt nämlich keineswegs eine andere Theorie dar, in der zufälligerweise jener Widerspruch nicht auftritt, sondern ist gegenüber der vorangegangenen als die bessere Theorie bestimmt, d. h. die Theorie, die ihrem eignen Anspruch eher gerecht wird. Die neue Theorie ist *besser hinsichtlich des Theoriestatus*.

Da jedoch ein absoluter Maßstab für den vollkommenen Theoriestatus – und das wäre eine allen weiteren Widerspruch ausschließende Gestalt von Theorie – nicht existiert, vielmehr immer neue Widersprüche auftauchen, um die gegebene Theorie ihrer Unzulänglichkeit zu überführen, bleibt die Verbesserung nur relativ und bemißt sich allein in bezug auf vorangegangene Stadien der Theorie. Auf diese Weise läßt sich ohne Ausgriff auf ein Konzept absoluter Wahrheit die Rationalität im Sinne des Fortschritts des Wissens definieren und jedem Nachvollzug offenhalten. Die zwei Bedingungen des Methodischen sind somit erfüllt und zugleich autonom gemacht. Denn die Struktur, der die Methode entspricht, setzt nichts von ihr Unterschiedenes mehr voraus, gegen das sie sich konturiert oder von dem sie abhängt. Die Struktur erneuert sich schrittweise selber. Sie leitet das Vorgehen im einzelnen an und gibt eine Berufungsinstanz jener Methodenanwendung ab, ohne für sich selbst der Methodenforderung von Rationalität und Nachvollziehbarkeit zu entraten. Darin läge eine Möglichkeit, die Trial-and-error-Methode schlüssig zu interpretieren und vom Mythos der Wahrheitsähnlichkeit zu befreien. Offen ist dabei die Frage, wie ›Wahrheit‹ unter diesen Bedingungen zu bestimmen ist.

Ob nämlich eine methodisch beim Wort genommene Dialektik eine Alternative zur methodologischen Resignation des ›anything goes‹ oder zur Kristallisation dritter Welten darstellt, bleibt im Ernste zu prüfen. An dieser Stelle sollte in einer kontroversen Situation der Methodologie zu einer neuen Überlegung angeregt werden. Hochriskante Konjekturen gehen, wie man weiß, sicherer Widerlegung entgegen. Popper hält dafür den Trost bereit, daß sie im Untergang gleichwohl eine gewisse Rationalität auf ihrer Seite wissen dürfen.

Nachweise

Problemgeschichte und systematischer Sinn der ›Phänomenologie‹ Hegels, zuerst erschienen in: *Hegel-Studien* 5, 1969.

Logik und Kapital. Zur Methode einer ›Kritik der politischen Ökonomie‹, entstanden im Anschluß an ein Heidelberger Seminar im Wintersemester 1971/72. Allen Beteiligten weiß der Autor Dank.

Über die wissenschaftstheoretische Rolle der Hermeneutik. Ausarbeitung einer Diskussionsvorlage für eine Tagung über Hermeneutik und Wissenschaft, die im Oktober 1971 in Loccum stattfand.

Wissenschaftstheorie und Systembegriff. Zur Position von N. Luhmann und deren Herkunft. Das Manuskript lag Vorträgen an der Ruhr-Universität Bochum sowie vor dem X. Deutschen Kongreß für Philosophie in Kiel 1972 zugrunde.

Dialektische Elemente einer Forschungslogik. Erste Überlegungen zum Verhältnis von Popper und Hegel wurden bereits auf dem Bostoner Symposium für Wissenschaftstheorie im Dezember 1970 referiert und erscheinen unter dem Titel *On Hegel's Significance for the Social Sciences* in den Akten (*Boston Studies in the Philosophy of Science*, ed. M. Wartofsky, Dordrecht 1973). Der vorliegende Essay verdankt manche Anregung einem wissenschaftstheoretischen Kolloquium am Philosophischen Seminar der Universität Frankfurt im Sommer 1972.

263 Gershom Scholem, Judaica 2. *Essays*
264 Paul Celan, Ausgewählte Gedichte
265 Jürgen Habermas, Philosophisch-politische Profile
266 Wieslaw Brudziński, Die rote Katz. *Aphorismen*
267 Marcel Proust, Eine Liebe zu Swann
269 H. C. Artmann, Von denen Husaren
270 Hans Erich Nossack, Dem unbekannten Sieger. *Roman*
271 Jean-Pierre Jouve, Paulina 1880. *Roman*
272 Thomas Bernhard, Midland in Stilfs. *Erzählungen*
273 Yasushi Inoue, Der Stierkampf. *Roman*
274 Juri Kasakow, Larifari. *Erzählungen*
275 Robert Minder, Wozu Literatur? *Reden und Essays*
276 Nelly Sachs, Verzauberung. *Szenische Dichtungen*
277 Samuel Beckett, Premier amour. Erste Liebe
278 Gertrude Stein, Erzählen. *Vier Reden*
279 Ezra Pound, Wort und Weise – motz el son. *Essays*
280 James Joyce, Briefe an Nora
281 Wolfgang Hildesheimer, Zeiten in Cornwall
282 Andrej Platanov, Die Baugrube. *Erzählung*
283 Jaroslav Hašek, Partei des maßvollen Fortschritts. *Satiren*
284 Hans Mayer, Brecht in der Geschichte. *Drei Versuche*
285 Ödön von Horváth, Von Spießern, Kleinbürgern und Angestellten
286 André Maurois, Auf den Spuren von Marcel Proust
287 Bertolt Brecht, Über Klassiker. *Betrachungen*
288 Jiří Kolář, Das sprechende Bild
289 Alfred Döblin, Die beiden Freundinnen und ihr Giftmord
290 Alexander Block, Der Sturz des Zarenreichs
292 Ludwig Hohl, Nächtlicher Weg. *Erzählungen*
293 Djuna Barnes, Nachtgewächs. *Roman*
294 Paul Valéry, Windstriche
295 Bernard Shaw, Die heilige Johanna
296 Hermann Kasack, Die Stadt hinter dem Strom
297 Peter Weiss, Hölderlin. *Stück in zwei Akten*
298 Henri Michaux, Turbulenz im Unendlichen
299 Boris Pasternak, Initialen der Leidenschaft. *Gedichte*
300 Hermann Hesse, Mein Glaube. *Eine Dokumentation*
301 Italo Svevo, Ein Mann wird älter
302 Siegfried Kracauer, Über die Freundschaft. *Essay*

303 Samuel Beckett, Le dépeupleur. Der Verwaiser
305 Ramón José Sender, Der König und die Königin
306 Hermann Broch, James Joyce und die Gegenwart. *Essay*
307 Sigmund Freud, Briefe
309 Bernard Shaw, Handbuch des Revolutionärs
310 Adolf Nowaczyński, Der schwarze Kauz
311 Donald Barthelme, City Life
312 Günter Eich, Gesammelte Maulwürfe
313 James Joyce, Kritische Schriften
314 Oscar Wilde, Das Bildnis des Dorian Gray
315 Tschingis Aitmatow, Dshamilja
316 Ödön von Horváth, Kasimir und Karoline
317 Thomas Bernhard, Der Ignorant und der Wahnsinnige
318 Princesse Bibesco, Begegnungen mit Marcel Proust
319 John Millington Synge, Die Aran-Inseln
320 Bernard Shaw, Der Aufstand gegen die Ehe
321 Henry James, Die Tortur
322 Edward Bond, Lear
323 Ludwig Hohl, Vom Erreichbaren und vom Unerreichbaren
324 Alexander Solschenizyn, Matrjonas Hof
325 Jerzy Andrzejewski, Appellation
326 Pio Baroja, Shanti Andía, der Ruhelose
327 Samuel Beckett, Mercier und Camier
328 Mircea Eliade, Auf der Mântuleasa-Straße
329 Hermann Hesse, Kurgast
330 Peter Szondi, Celan-Studien
331 Hans Erich Nossack, Spätestens im November
332 Weniamin Alexandrowitsch Kawerin, Das Ende einer Bande
333 Gershom Scholem, Judaica 3
334 Ricarda Huch, Michael Bakunin und die Anarchie
335 Bertolt Brecht, Svendborger Gedichte
336 Francis Ponge, Im Namen der Dinge
337 Bernard Shaw, Wagner-Brevier
338 James Joyce, Stephen der Held
339 Zbigniew Herbert, Im Vaterland der Mythen
341 Nathalie Sarraute, Tropismen
342 Hermann Hesse, Stufen
343 Rainer Maria Rilke, Malte Laurids Brigge
344 Hermann Hesse, Glück
345 Peter Huchel, Gedichte
346 Adolf Portman, Vom Lebendigen
347 Ingeborg Bachmann, Gier

348 Knut Hamsun, Mysterien
349 Boris Pasternak, Schwarzer Pokal
350 James Joyce, Ein Porträt des Künstlers
351 Franz Kafka, Die Verwandlung
352 Hans-Georg Gadamer, Wer bin Ich und wer bist Du
353 Hermann Hesse, Eigensinn
354 Wladimir W. Majakowskij, Ich
356 Werner Kraft, Spiegelung der Jugend
357 Edouard Roditi, Dialoge über Kunst
359 Bernard Shaw, Der Kaiser von Amerika
360 Bohumil Hrabal, Moritaten und Legenden
361 Ödön von Horváth, Glaube Liebe Hoffnung
362 Jean Piaget, Weisheit und Illusionen der Philosophie
363 Richard Hughes, Ein Sturmwind auf Jamaika
365 Wolfgang Hildesheimer, Tynset
366 Stanislaw Lem, Robotermärchen
367 Hans Mayer, Goethe
368 Günter Eich, Gedichte
369 Hermann Hesse, Iris
370 Paul Valéry, Eupalinos
371 Paul Ludwig Landsberg, Die Erfahrung des Todes
372 Rainer Maria Rilke, Der Brief des jungen Arbeiters
373 Albert Camus, Ziel eines Lebens
375 Marieluise Fleißer, Ein Pfund Orangen
376 Thomas Bernhard, Die Jagdgesellschaft
377 Bruno Schulz, Die Zimtläden
378 Roland Barthes, Die Lust am Text
379 Joachim Ritter, Subjektivität
381 Stephan Hermlin, Der Leutnant Yorck von Wartenburg
382 Erhart Kästner, Zeltbuch von Tumilat
383 Yasunari Kawabata, Träume im Kristall
384 Zbigniew Herbert, Inschrift
385 Hermann Broch, Hofmannsthal und seine Zeit
386 Joseph Conrad, Jugend
388 Ernst Bloch, Erbschaft dieser Zeit
389 Thomas Mann, Leiden und Größe der Meister
390 Viktor Šklovskij, Sentimentale Reise
391 Max Horkheimer, Die gesellschaftliche Funktion der Philosophie
392 Heinrich Mann, Die kleine Stadt
393 Wolfgang Koeppen, Tauben im Gras
394 Cesare Pavese, Das Handwerk des Lebens
395 Theodor W. Adorno, Noten zur Literatur IV

edition suhrkamp

455 Ernst Bloch, Pädagogica
456 Wilhelm Alff, Der Begriff Faschismus und andere Aufsätze zur Zeitgeschichte
457 Juan Maestre Alfonso, Guatemala
458 Alfred Behrens, Gesellschaftsausweis. SocialScienceFiction
459 Goethe u. a., Torquato Tasso. Regiebuch der Bremer Inszenierung
461 Edward Bond, Gerettet. Die Hochzeit des Papstes. *Zwei Stücke*
462 Peter Ronild, Die Körper. *Roman*
463 Hans Mayer, Der Repräsentant und der Märtyrer. Konstellationen der Literatur
464 Michael Kidron, Rüstung und wirtschaftliches Wachstum. Ein Essay über den westlichen Kapitalismus nach 1945
465 Bertolt Brecht, Über Politik auf dem Theater
466 Dietlind Eckensberger, Sozialisationsbedingungen der öffentlichen Erziehung
467 Doris von Freyberg / Thomas von Freyberg, Zur Kritik der Sexualerziehung
468 Walter Benjamin, Drei Hörmodelle
469 Theodor W. Adorno, Kritik. Kleine Schriften zur Gesellschaft
470 Gert Loschütz, Gegenstände. *Gedichte und Prosa*
471 Hans Scheugl / Ernst Schmidt jr., Eine Subgeschichte des Films, 2 Bde.
472 Wlodzimierz Brus, Funktionsprobleme der sozialistischen Wirtschaft
473 Franz Xaver Kroetz, Heimarbeit / Hartnäckig / Männersache. *Drei Stücke*
474 Vlado Kristl, Sekundenfilme
476 Neues Hörspiel. Essays, Analysen, Gespräche. Herausgegeben von Klaus Schöning
477 Tom Hayden, Der Prozeß von Chicago
478 Kritische Friedensforschung. Herausgegeben von Dieter Senghaas
479 Erika Runge, Reise nach Rostock, DDR
480 Joachim Hirsch / Stephan Leibfried, Materialien zur Wissenschafts- und Bildungspolitik
481 Jürgen Habermas, Zur Logik der Sozialwissenschaften. Materialien
482 Noam Chomsky, Die Verantwortlichkeit der Intellektuellen
483 Hellmut Becker, Bildungsforschung und Bildungsplanung
484 Heine Schoof, Erklärung
485 Bertolt Brecht, Über Realismus

487 Eberhard Schmidt, Ordnungsfaktor oder Gegenmacht.
    Die politische Rolle der Gewerkschaften
488 Über Wolfgang Hildesheimer. Herausgegeben von Dierk Rodewald
489 Hans Günter Michelsen, Drei Hörspiele
490 Bertolt Brecht, Trommeln in der Nacht. *Komödie*
491 Eva Hesse, Beckett. Eliot. Pound. *Drei Textanalysen*
492 Gunnar Myrdal, Aufsätze und Reden
494 Orlando Araujo, Venezuela
495 Über Paul Celan. Herausgegeben von Dietlind Meinecke
496 Walter Schäfer / Wolfgang Edelstein / Gerold Becker, Probleme der
    Schule im gesellschaftlichen Wandel. Das Beispiel Odenwaldschule
497 David Cooper, Psychiatrie und Anti-Psychiatrie
498 Dieter Senghaas, Rüstung und Militarismus
499 Ronald D. Laing / H. Phillipson / R. A. Lee, Interpersonelle Wahrneh-
    mung
502 Wolfgang Emmerich, Zur Kritik der Volkstumsideologie
503 Anouar Abdel-Malek, Ägypten: Militärgesellschaft. Das Armeeregime,
    die Linke und der soziale Wandel unter Nasser
504 G. F. Jonke, Glashausbesichtigung
506 Heberto Padilla, Außerhalb des Spiels. *Gedichte*
507 Manuela du Bois-Reymond, Strategien kompensatorischer Erziehung
508 Gunnar Myrdal, Objektivität in der Sozialforschung
509 Peter Handke, Der Ritt über den Bodensee
510 Dieter Henrich, Hegel im Kontext
511 Lehrlingsprotokolle. Herausgegeben von Klaus Tscheliesnig.
    Vorwort von Günter Wallraff
512 Ror Wolf, mein famili. Mit Collagen des Autors
513 Wolfgang Fritz Haug, Kritik der Warenästhetik
514 Gefesselte Jugend. Fürsorgeerziehung im Kapitalismus
515 Fritz J. Raddatz, Verwerfungen
516 Wolfgang Lefèvre, Zum historischen Charakter und zur historischen
    Funktion der Methode bürgerlicher Soziologie
517 Bertolt Brecht, Die Mutter. Regiebuch der Schaubühnen-Inszenierung.
    Herausgegeben von Volker Canaris
518 Über Peter Handke. Herausgegeben von Michael Scharang
519 Ulrich Oevermann, Sprache und soziale Herkunft
520 Melchior Schedler, Kindertheater
521 Ernest Mandel, Der Spätkapitalismus
522 Urs Jaeggi, Literatur und Politik
523 Ulrich Rödel, Forschungsprioritäten und technologische Entwicklung
524 Melanie Jaric, Geh mir aus der Sonne. *Prosa*
525 Peter Bürger, Studien zur französischen Frühaufklärung

526 Herbert Brödl, fingerabdrücke. Schrottplatztexte
527 Über Karl Krolow. Herausgegeben von Walter Helmut Fritz
528 Ursula Schumm-Garling, Herrschaft in der industriellen Arbeits-
     organisation
529 Hans Jörg Sandkühler, Praxis und Geschichtsbewußtsein
530 Eduard Parow, Psychotisches Verhalten
531 Dieter Kühn, Grenzen des Widerstands
533 Materialien zu Ödön von Horváths ›Geschichten aus dem Wienerwald‹
534 Ernst Bloch, Vom Hasard zur Katastrophe. Politische Aufsätze
     1934–1939
535 Heinz-Joachim Heydorn, Zu einer Neufassung des Bildungsbegriffs
536 Brigitte Eckstein, Hochschuldidaktik
537 Franco Basaglia, Die abweichende Mehrheit
538 Klaus Horn, Gruppendynamik und der ›subjektive Faktor‹
539 Gastarbeiter. Herausgegeben von Ernst Klee
540 Thomas Krämer-Badoni / Herbert Grymer / Marianne Rodenstein,
     Zur sozio-ökonomischen Bedeutung des Automobils
541 Über H. C. Artmann. Herausgegeben von Gerald Bisinger
542 Arnold Wesker, Die Küche
543 Detlef Kantowsky, Indien
544 Peter Hacks, Das Poetische
546 Frauen gegen den § 218. 18 Protokolle, aufgezeichnet von
     Alice Schwarzer
547 Wlodzimierz Brus, Wirtschaftsplanung. Für ein Konzept der
     politischen Ökonomie
548 Otto Kirchheimer, Funktionen des Staats und der Verfassung
549 Claus Offe, Strukturprobleme des kapitalistischen Staates
550 Manfred Clemenz, Zur Entstehung des Faschismus
551 Herbert Achternbusch, L'Etat c'est moi
552 Über Jürgen Becker
553 Hans Magnus Enzensberger, Das Verhör von Habana
555 Alfred Sohn-Rethel, Geistige und körperliche Arbeit
556 Becker / Jungblut, Strategien der Bildungsproduktion
557 Karsten Witte, Theorie des Kinos
558 Herbert Brödl, Der kluge Waffenfabrikant und die dummen
     Revolutionäre
559 Über Ror Wolf. Herausgegeben von Lothar Baier
560 Rainer Werner Fassbinder, Antiteater 2
561 Branko Horvat, Jugosl. Gesellschaft
562 Margaret Wirth, Kapitalismustheorie in der DDR
563 Imperialismus und strukturelle Gewalt. Herausgegeben von Dieter
     Senghaas

565 Agnes Heller, Marxistische Theorie der Werte
566/67 William Hinton, Fanshen
568 Henri Lefebvre, Soziologie nach Marx
569 Imanuel Geiss, Geschichte und Geschichtswissenschaft
570 Werner Hecht, Sieben Studien über Brecht
571 Materialien zu Hermann Brochs »Die Schlafwandler«
572 Alfred Lorenzer, Gegenstand der Psychoanalyse
573 Friedhelm Nyssen u. a., Polytechnik in der Bundesrepublik
    Deutschland
574 Ronald D. Laing / David G. Cooper, Vernunft und Gewalt
575 Determinanten der westdeutschen Restauration 1945–1949
576 Sylvia Streeck, Wolfgang Streeck, Parteiensystem und Status quo
577 Prosper Lissagaray, Geschichte der Commune von 1871
580 Dorothea Röhr, Prostitution
581 Gisela Brandt, Johanna Kootz, Gisela Steppke, Zur Frauenfrage im
    Kapitalismus
582 Jurij M. Lotmann, Struktur d. künstl. Textes
583 Gerd Loschütz, Sofern die Verhältnisse es zulassen
584 Über Ödön von Horváth
585 Ernst Bloch, Das antizipierende Bewußtsein
586 Franz Xaver Kroetz, Neue Stücke
587 Johann Most, Kapital und Arbeit. Herausgegeben von
    Hans Magnus Enzensberger
588 Henryk Grynberg, Der jüdische Krieg
589 Gesellschaftsstrukturen. Herausgegeben von Oskar Negt und
    Klaus Meschkat
590 Theodor W. Adorno, Zur Metakritik der Erkenntnistheorie
591 Herbert Marcuse, Konterrevolution und Revolte
592 Autonomie der Kunst
593 Probleme der internationalen Beziehungen. Herausgegeben von
    Ekkehart Krippendorff
594 Materialien zum Leben und Schreiben der Marieluise Fleißer
595/596 Ernest Mandel, Marxistische Wirtschaftstheorie
597 Rüdiger Bubner, Dialektik und Wissenschaft
598 Technologie und Kapital. Herausgegeben von Richard Vahrenkamp
599 Karl Otto Hondrich, Theorie der Herrschaft
600 Wislawa Szymborska, Salz
601 Norbert Weber, Über die Ungleichheit der Bildungschancen in der BRD
602 Armando Córdova, Heterogenität
603 Bertolt Brecht, Der Tui-Roman
604 Bertolt Brecht, Schweyk (im zweiten Weltkrieg). Editiert und kommen-
    tiert von Herbert Knust

606 Henner Hess / Achim Mechler, Ghetto ohne Mauern

607 Wolfgang F. Haug, Bestimmte Negation

608 Hartmut Neuendorff, Der Begriff d. Interesses

610 Tankred Dorst, Eiszeit

611 Materialien zu Horváths »Kasimir und Karoline«. Herausgegeben von Traugott Krischke

612 Stanislaw Ossowski, Die Besonderheiten der Sozialwissenschaften

613 Marguerite Sechehaye, Tagebuch einer Schizophrenen

614 Walter Euchner, Egoismus und Gemeinwohl

617 Probleme einer materialistischen Staatstheorie. Herausgegeben von Joachim Hirsch

618 Jacques Hochmann, Thesen zu einer Gemeindepsychiatrie

619 Manfred Riedel, System und Geschichte

620 Peter Szondi, Über eine freie Universität

621 Gaston Salvatore, Büchners Tod

622 Gert Ueding, Glanzvolles Elend

623 Jürgen Habermas, Legitimationsprobleme im Spätkapitalismus

624 Heinz Schlaffer, Der Bürger als Held

625 Claudia von Braunmühl, Kalter Krieg und friedliche Koexistenz

626 Ulrich K. Preuß, Legalität und Pluralismus

627 Marina Neumann-Schönwetter, Psychosexuelle Entwicklung und Schizophrenie

628 Lutz Winckler, Kulturwarenproduktion

629 Karin Struck, Klassenliebe

630 Alfred Sohn-Rethel, Ökonomie und Klassenstruktur des deutschen Faschismus

631 Bassam Tibi, Militär und Sozialismus in der Dritten Welt

632 Aspekte der Marxschen Theorie 1

633 Aspekte der Marxschen Theorie II

635 Manfred Jendryschik, Frost und Feuer, ein Protokoll und andere Erzählungen

636 Paul A. Baran, Paul M. Sweezy, Monopolkapital. Ein Essay über die amerikanische Wirtschafts- und Gesellschaftsordnung

637 Alice Schwarzer, Frauenarbeit – Frauenbefreiung

638 Architektur und Kapitalverwertung

639 Oskar Negt, Alexander Kluge, Öffentlichkeit und Erfahrung

640 Probleme des Sozialismus und der Übergangsgesellschaften. Herausgeben von Peter Hennicke

641 Paavo Haavikko, Gedichte

642 Martin Walser, Wie und wovon handelt Literatur

643 Arzt und Patient in der Industriegesellschaft. Herausgegeben von Otto Döhner

644 Rolf Tiedemann, Studien z. Philosophie Walter Benjamins

646 H. J. Schmitt, Expressionismus-Debatte

647 Über Peter Huchel

649 Renate Damus, Entscheidungsstrukturen und Funktionsprobleme in der DDR-Wirtschaft

650 Hans Ulrich Wehler, Geschichte als Historische Sozialwissenschaft

652 Peripherer Kapitalismus. Herausgegeben von Dieter Senghaas

659 Heinar Kipphardt, Stücke I

660 Peter v. Oertzen, Die soziale Funktion des staatsrechtlichen Positivismus

661 Kritische Friedenserziehung

662 Thesen zur deutschen Sozial- und Wirtschaftsgeschichte 1933 bis 1938

663 Gerd Hortleder, Ingenieure in der Industriegesellschaft

664 Hans Setzer, Wahlsystem und Parteienentwicklung in England

665 Alexander Kluge, Lernprozesse mit tödlichem Ausgang

670 Peter Bulthaup, Zur gesellschaftlichen Funktion der Naturwissenschaften

671 Materialien zu Horváths ›Glaube Liebe Hoffnung‹. Herausgegeben von Traugott Krischke

672 Reform des Literaturunterrichts. Eine Zwischenbilanz. Herausgegeben von H. Brackert und W. Raitz

674 Monopol und Staat

675 Autorenkollektiv Textinterpretation und Unterrichtspraxis, Projektarbeit als Lernprozeß

676 George Lichtheim, Das Konzept der Ideologie

677 Heinar Kipphardt, Stücke II

678 Erving Goffman, Asyle

679 Dieter Prokop, Massenkultur und Spontaneität

681 M. Dubois-Reymond / B. Söll, Neuköllner Schulbuch, 2 Bände

682 Dieter Hoffmann-Axthelm, Theorie der künstlerischen Arbeit

683 Dieter Kühn, Unternehmen Rammbock

688 Evsej G. Liberman, Methoden der Wirtschaftslenkung im Sozialismus

689 Martin Walser, Die Gallistl'sche Krankheit

696 Hans Magnus Enzensberger, Palaver

699 Wolfgang Lempert, Berufliche Bildung als Beitrag zur gesellschaftlichen Demokratisierung

707 Franz Xaver Kroetz, Oberösterreich, Dolomitenstadt Lienz, Maria Magdalena, Münchner Kindl

712 Hartwig Berger, Untersuchungsmethoden und soziale Wirklichkeit

722 Jürgen Becker, Umgebungen

728 Beulah Parker, Meine Sprache bin ich

740 Bertolt Brecht, Das Verhör des Lukullus. Hörspiel

Alphabetisches Verzeichnis der edition suhrkamp

Abdel-Malek, Ägypten 503
Abendroth, Sozialgeschichte 106
Achternbusch, Löwengebrüll 439
Achternbusch, L'Etat c'est moi 551
Adam, Südafrika 343
Adorno, Drei Studien zu Hegel 38
Adorno, Eingriffe 10
Adorno, Impromptus 267
Adorno, Kritik 469
Adorno, Jargon der Eigentlichkeit 91
Adorno, Moments musicaux 54
Adorno, Ohne Leitbild 201
Adorno, Stichworte 347
Adorno, Zur Metakritik der
    Erkenntnistheorie 590
Über Theodor W. Adorno 429
Aggression und Anpassung 282
Ajgi, Beginn der Lichtung 448
Alff, Der Begriff Faschismus 465
Alfonso, Guatemala 457
Andersch, Die Blindheit 133
Antworten auf H. Marcuse 263
Araujo, Venezuela 494
Architektur als Ideologie 243
Architektur und Kapitalverwertung 638
Artmann, Frankenstein/Fleiß 320
Über Artmann 541
Arzt und Patient in der Industriegesell-
    schaft, hrsg. von O. Döhner 643
Aspekte der Marxschen Theorie 1 632
Aspekte der Marxschen Theorie II 633
Aue, Blaiberg 423
Augstein, Meinungen 214
Autonomie der Kunst 592
Autorenkollektiv   Textinterpretation,
    Projektarbeit als Lernprozeß 675
Baczko, Weltanschauung 306
Baran, Unterdrückung 179
Baran, Zur politisch. Ökonomie 277
Baran/Sweezy, Monopolkapital 636
Barthelme, Dr. Caligari 371
Barthes, Mythen des Alltags 92
Barthes, Kritik und Wahrheit 218
Barthes, Literatur 303
Basaglia, Die abweichende Mehr-
    heit 537
Basso, Theorie d. polit. Konflikts 308
Baudelaire, Tableaux Parisiens 34
Baumgart, Literatur f. Zeitgen. 186

Becker, H. Bildungsforschung 483
Becker, H. / Jungblut, Strategien der
    Bildungsproduktion 556
Becker, Felder 61
Becker, Ränder 351
Becker, Umgebungen 722
Über Jürgen Becker 552
Beckett, Aus einem Werk 145
Beckett, Fin de partie · Endspiel 96
Materialien zum ›Endspiel‹ 286
Beckett, Das letzte Band 389
Beckett, Warten auf Godot 3
Behrens, Gesellschaftsausweis 458
Beiträge zur Erkenntnistheorie 349
Benjamin, Hörmodelle 468
Benjamin, Das Kunstwerk 28
Benjamin, Über Kinder 391
Benjamin, Kritik der Gewalt 103
Benjamin, Städtebilder 17
Benjamin, Versuche über Brecht 172
Über Walter Benjamin 250
Bentmann/Müller, Villa 396
Berger, Untersuchungsmethoden 712
Bergman, Wilde Erdbeeren 79
Bernhard, Amras 142
Bernhard, Fest für Boris 440
Bernhard, Prosa 213
Bernhard, Ungenach 279
Bernhard, Watten 353
Über Thomas Bernhard 401
Bertaux, Hölderlin 344
Birnbaum, Die Krise der industriellen
    Gesellschaft 386
Black Power 438
Bloch, Ch. Die SA 434
Bloch, Avicenna 22
Bloch, Das antizipierende
    Bewußtsein 585
Bloch, Christian Thomasius 193
Bloch, Durch die Wüste 74
Bloch, Hegel 413
Bloch, Pädagogica 455
Bloch, Tübinger Einleitung I 11
Bloch, Tübinger Einleitung II 58
Bloch, Über Karl Marx 291
Bloch, Vom Hasard zur Kata-
    strophe 534
Bloch, Widerstand und Friede 257
Über Ernst Bloch 251

Block, Ausgewählte Aufsätze 71
Blumenberg, Wende 138
Boavida, Angola 366
Bødker, Zustand Harley 309
Böhme, Soz.- u. Wirtschaftsgesch. 253
Bond, Gerettet. Hochzeit 461
Bond, Schmaler Weg 366
Brandt u. a., Zur Frauenfrage im Kapitalismus 581
Brandys, Granada 167
Braun, Gedichte 397
v. Braunmühl, Kalter Krieg u. friedliche Koexistenz 625
Brecht, Antigone/Materialien 134
Brecht, Arturo Ui 144
Brecht, Ausgewählte Gedichte 86
Brecht, Baal 170
Brecht, Baal der asoziale 248
Brecht, Brotladen 339
Brecht, Das Verhör des Lukullus 740
Brecht, Der gute Mensch 73
Materialien zu ›Der gute Mensch‹ 247
Brecht, Der Tui-Roman 603
Brecht, Die Dreigroschenoper 229
Brecht, Die heilige Johanna 113
Brecht, Die heilige Johanna / Fragmente und Varianten 427
Brecht, Die Maßnahme 415
Brecht, Die Tage der Commune 169
Brecht, Furcht und Elend 392
Brecht, Gedichte aus Stücken 9
Brecht, Herr Puntila 105
Brecht, Im Dickicht 246
Brecht, Jasager – Neinsager 171
Brecht, Julius Caesar 332
Brecht, Kaukasischer Kreidekreis 31
Materialien zum ›Kreidekreis‹ 155
Brecht, Kuhle Wampe 362
Brecht, Leben des Galilei 1
Materialien zu Brechts ›Galilei‹ 44
Brecht, Leben Eduards II. 245
Brecht, Mahagonny 21
Brecht, Mann ist Mann 259
Brecht, Mutter Courage 49
Materialien zu Brechts ›Courage‹ 50
Materialien zu ›Die Mutter‹ 305
Brecht, Die Mutter. Regiebuch 517
Brecht, Realismus 485
Brecht, Schauspieler 384
Brecht, Schweyk 132
Brecht, Schweyk im zweiten Weltkrieg 604
Brecht, Simone Machard 369
Brecht, Politik 442

Brecht, Theater 377
Brecht, Trommeln in der Nacht 490
Brecht, Über Lyrik 70
Broch, Universitätsreform 301
Materialien zu Hermann Brochs »Die Schlafwandler« 571
Brödl, Der kluge Waffenfabrikant 558
Brödl, fingerabdrücke 526
Brooks, Paradoxie im Gedicht 124
Brudziński, Katzenjammer 162
Brus, Funktionsprobleme 472
Brus, Wirtschaftsplanung 547
Bubner, Dialektik u. Wissenschaft 597
Bürger, Franz. Frühaufklärung 525
Bulthaup, Zur gesellschaftlichen Funktion der Naturwissenschaften 670
Burke, Dichtung 153
Burke, Rhetorik 231
Cabral de Melo Neto, Gedichte 295
Carr, Neue Gesellschaft 281
Celan, Ausgewählte Gedichte 262
Über Paul Celan 495
Chomsky, Verantwortlichkeit 482
Clemenz, Zur Entstehung des Faschismus 550
Cooper, Psychiatrie 497
Córdova/Michelena, Lateinam. 311
Córdova, Heterogenität 602
Cosić, Wie unsere Klaviere 289
Creeley, Gedichte 227
Crnčević, Staatsexamen 192
Crnjanski, Ithaka 208
Dalmas, schreiben 104
Damus, Entscheidungsstrukturen 649
Davičo, Gedichte 136
Deutsche und Juden 196
Determinanten der westdeutschen Restauration 1945–1949 575
Di Benedetto, Stille 242
Die Expressionismus-Debatte, herausgeben von H.-J. Schmitt 646
Dobb, Organis. Kapitalismus 166
Dorst, Eiszeit 610
Dorst, Toller 294
du Bois-Reymond, Strategien kompens. Erziehung 507
Dunn, Battersea 254
Duras, Ganze Tage in Bäumen 80
Duras, Hiroshima mon amour 26
Eckensberger, Sozialisationsbedingungen 466
Eckstein, Hochschuldidaktik 536
Eich, Abgelegene Gehöfte 288
Eich, Botschaften des Regens 48

Eich, Mädchen aus Viterbo 60
Eich, Setúbal. Lazertis 5
Eich, Unter Wasser 89
Über Günter Eich 402
Eichenbaum, Aufsätze 119
Eliot, Die Cocktail Party 98
Eliot, Der Familientag 152
Eliot, Mord im Dom 8
Eliot, Staatsmann 69
Eliot, Was ist ein Klassiker? 33
Emmerich, Volkstumsideologie 502
Enzensberger, Blindenschrift 217
Enzensberger, Deutschland 203
Enzensberger, Einzelheiten I 63
Enzensberger, Einzelheiten II 87
Enzensberger, Gedichte 20
Enzensberger, Landessprache 304
Enzensberger, Das Verhör von
   Habana 553
Enzensberger, Palaver 696
Über H. M. Enzensberger 403
Eschenburg, Über Autorität 129
Euchner, Egoismus u. Gemeinwohl 614
Existentialismus und Marxismus 116
Fanon, Algerische Revolution 337
Fassbinder, Antiteater 443
Fassbinder, Antiteater 2 560
Filho, Corpo vivo 158
Fleischer, Marxismus 323
Fleißer, Materialien 594
Folgen einer Theorie 226
Formalismus 191
Foucault, Psychologie 272
Frauen gegen den § 218 546
Frauenarbeit – Frauenbefreiung 637
Franzen, Aufklärungen 66
Freeman/Cameron/McGhie, Schizo-
   phrenie 346
Freyberg, Sexualerziehung 467
Frisch, Ausgewählte Prosa 36
Frisch, Biedermann 41
Frisch, Chinesische Mauer 65
Frisch, Don Juan 4
Frisch, Stücke 154
Frisch, Graf Öderland 32
Frisch, Öffentlichkeit 209
Frisch, Zürich – Transit 161
Über Max Frisch 404
Fromm, Sozialpsychologie 425
Gäng/Reiche, Revolution 228
Gastarbeiter 539
Gefesselte Jugend 514
Geiss, Studien über Geschichte 569
Germanistik 204

Goeschel/Heyer/Schmidbauer,
   Soziologie d. Polizei 1 380
Goethe, Tasso. Regiebuch 459
Grass, Hochwasser 40
Gravenhorst, Soz. Kontrolle 368
Grote, Alles ist schön 274
Gründgens, Theater 46
Grynberg, Der jüdische Krieg 588
Guérin, Am. Arbeiterbewegung 372
Guérin, Anarchismus 240
Guggenheimer, Alles Theater 150
Goffman, Asyle 678
Haavikko, Jahre 115
Haavikko, Gedichte 641
Habermas, Logik d. Soz. Wissensch. 481
Habermas, Protestbewegung 354
Habermas, Technik und Wissenschaft
   287
Habermas, Legitimationsprobleme im
   Spätkapitalismus 623
Hacks, Das Poetische 544
Hacks, Stück nach Stücken 122
Hacks, Zwei Bearbeitungen 47
Hamelink, Horror vacui 221
Handke, Die Innenwelt 307
Handke, Kaspar 322
Handke, Publikumsbeschimpfung 177
Handke, Wind und Meer 431
Handke, Ritt üb. d. Bodensee 509
Über Peter Handke 518
Hannover, Rosa Luxemburg 233
Hartig/Kurz, Sprache 453
Haug, Antifaschismus 236
Haug, Kritik d. Warenästhetik 513
Haug, Bestimmte Negation 607
Hayden, Prozeß von Chicago 477
Hecht, Sieben Studien über Brecht 570
Philosophie Hegels 441
Heller, Nietzsche 67
Heller, Studien zur Literatur 42
Heller, Hypothese zu einer marxisti-
   schen Werttheorie 565
Henrich, Hegel 510
Hennig, Thesen zur dt. Sozial- und Wirt-
   schaftsgeschichte 662
Hennicke, Probleme des Sozialismus
   640
Herbert, Ein Barbar 1 111
Herbert, Ein Barbar 2 365
Herbert, Gedichte 88
Hess/Mechler, Ghetto ohne Mauern 606
E. Hesse, Beckett. Eliot. Pound 491
Hesse, Geheimnisse 52
Hesse, Späte Prosa 2

Hesse, Tractat vom Steppenwolf 84
Heydorn, Neufassung des Bildungs-
  begriffs 535
Hildesheimer, Das Opfer Helena 118
Hildesheimer, Interpretationen 297
Hildesheimer, Mozart/Beckett 190
Hildesheimer, Nachtstück 23
Hildesheimer, Walsers Raben 77
Über Wolfgang Hildesheimer 488
Hinton, Fanshen 566/67
Hirsch, Wiss.-tech. Fortschritt 437
Hirsch/Leibfried, Bildungspolitik 480
Hochman/Sonntag, Camilo Torres 363
Hobsbawm, Industrie 1 315
Hobsbawm, Industrie 2 316
Hochmann, Thesen zu einer Gemeinde-
  psychiatrie 618
Hofmann, Abschied 399
Hofmann, Stalinismus 222
Hofmann, Universität, Ideologie 261
Hofmann-Axthelm, Theorie der künstle-
  rischen Arbeit 682
Höllerer, Gedichte 83
Hondrich, Theorie der Herrschaft 599
Horlemann/Gäng, Vietnam 173
Horlemann, Konterrevolution 255
Horn, Dressur oder Erziehung 199
Horn, Gruppendynamik 538
Hortleder, Ingenieur 394
Hortleder, Ingenieure in der Industriege-
  sellschaft 663
Materialien zu Ödön von Horváth 436
Materialien zu Ödön v. Horváths ›Ge-
  schichten aus dem Wiener Wald‹ 533
Materialien zu Horváths ›Glaube Liebe
  Hoffnung‹ 361
Materialien zu Horváths ›Kasimir und
  Karoline‹ 611
Über Ödön von Horváth 584
Horvat, B., Die jugosl. Gesellschaft 561
Hrabal, Die Bafler 180
Hrabal, Tanzstunden 126
Hrabal, Zuglauf überwacht 256
Über Peter Huchel 647
Hüfner, Straßentheater 424
Huffschmid, Politik des Kapitals 313
Huppert, Majakowskij 182
Hyry, Erzählungen 137
Imperialismus und strukturelle Gewalt.
  Herausgg. von Dieter Senghaas 563
Institutionen in prim. Gesellsch. 195
Jaeggi, Literatur u. Politik 522
Jakobson, Kindersprache 330
Janker, Aufenthalte 198

Jaric, Geh mir aus der Sonne 524
Jauß, Literaturgeschichte 418
Jedlička, Unterwegs 328
Jendryschik, Frost und Feuer 635
Jensen, Epp 206
Johnson, Das dritte Buch 100
Johnson, Karsch 59
Über Uwe Johnson 405
Jonke, Glashausbesichtigung 504
Jonke, Leuchttürme 452
Joyce, Dubliner Tagebuch 216
Materialien zu Joyces Dubliner 357
Jugendkriminalität 325
Juhász, Gedichte 168
Kalivoda, Marxismus 373
Kantowsky, Indien 543
Kasack, Das unbekannte Ziel 35
Kaschnitz, Beschreibung 188
Kidron, Rüstung und wirtschaftl.
  Wachstum 464
Kipphardt, Hund des Generals 14
Kipphardt, Joel Brand 139
Kipphardt, Oppenheimer 64
Kipphardt, Die Soldaten 273
Kipphardt, Stücke I 659
Kipphardt, Stücke II 677
Kirchheimer, Polit. Herrschaft 220
Kirchheimer, Politik u. Verfassung 95
Kirchheimer, Funktionen des
  Staats 548
Kleemann, Studentenopposition 381
Kluge, Lernprozesse mit tödlichem Aus-
  gang 665
Kolko, Besitz und Macht 239
Kovač, Schwester Elida 238
Kracauer, Straßen von Berlin 72
Krämer-Badoni/Grymer/Rodenstein,
  Bedeutung des Automobils 540
Krasiński, Karren 388
Kritische Friedensforschung 478
Kritische Friedenserziehung 661
Kristl, Sekundenfilme 474
KRIWET, Apollo Amerika 410
Kroetz, Drei Stücke 473
Kroetz, Neue Stücke 586
Kroetz, Oberösterreich 707
Krolow, Ausgewählte Gedichte 24
Krolow, Landschaften für mich 146
Krolow, Schattengefecht 78
Über Karl Krolow 527
Kruuse, Oradour 327
Kuckuk, Räterepublik Bremen 367
Kuda, Arbeiterkontrolle 412
Kühn, Grenzen des Widerstands 531

Kühn, Unternehmen Rammbock 683
Kühnl/Rilling/Sager,Die NPD 318
Lagercrantz, Nelly Sachs 212
Laing, Phänomenologie 314
Laing/Cooper, Vernunft und Gewalt
Laing/Phillipson/Lee, Interpers. Wahr-
  nehmung 499
Lange, Gräfin 360
Lange, Hundsprozeß/Herakles 260
Lange, Marski 107
Lefebvre, Marxismus 99
Lefebvre, Materialismus 160
Lefebvre, Soziologie nach Marx 568
Lefèvre W. Hist. Charakter bürgerl.
  Soziologie 516
Lehrlingsprotokolle 511
Leibfried, Angepaßte Universität 265
Lempert, Berufliche Bildung 699
Lempert, Leistungsprinzip 451
Lenin 383
Lévi-Strauss, Totemismus 128
Liberman, Methoden der Wirtschaftslen-
  kung im Sozialismus 688
Lichtheim, Konzept der Ideologie 676
Liebel/Wellendorf, Schülerselbst-
  befreiung 336
Linhartová, Diskurs 200
Linhartová, Geschichten 141
Linhartová, Haus weit 416
Lissagaray, Pariser Commune 577
Loewenstein, Antisemitismus 241
Lorenzer, Kritik 393
Lorenzer, Gegenstand der Psychoana-
  lyse 572
Loschütz, Gegenstände 470
Loschütz, Sofern die Verhältnisse es
  zulassen 583
Lotman, Struktur des künstlerischen
  Textes 582
Majakowskij, Verse 62
Malecki, Spielräume 333
Malerba, Schlange 312
Mandel, Marxistische Wirtschaftstheorie
  Band 1 und 2 595/96
Mandel, Der Spätkapitalismus 521
Mándy, Erzählungen 176
Marcuse, Befreiung 329
Marcuse, Konterrevolution u. Revolte
  591
Marcuse, Kultur u. Gesellschaft I 101
Marcuse, Kultur u. Gesellschaft II 135
Marcuse, Theorie d. Gesellschaft 300
Marković, Dialektik der Praxis 285
Marx und die Revolution 430

Mayer, Anmerkungen zu Brecht 143
Mayer, Anmerkungen zu Wagner 189
Mayer, Das Geschehen 342
Mayer, Radikalismus, Sozialismus 310
Mayer, Repräsentant 463
Mayer, Über Peter Huchel 647
Mayoux, Über Beckett 157
Meier, ›Demokratie‹ 387
Merleau-Ponty, Humanismus I 147
Merleau-Ponty, Humanismus II 148
Michaels, Loszittern 409
Michel, Sprachlose Intelligenz 270
Michelsen, Drei Akte. Helm 140
Michelsen, Drei Hörspiele 489
Michelsen, Stienz. Lappschiess 39
Michiels, Das Buch Alpha 121
Michiels, Orchis militaris 364
Minder, ›Hölderlin‹ 275
Kritik der Mitbestimmung 358
Mitscherlich, Krankheit I 164
Mitscherlich, Krankheit II 237
Mitscherlich, Unwirtlichkeit 123
Materialien zu Marieluise Fleißer 594
Moore, Geschichte der Gewalt 187
Monopol und Staat herausgg. v. Rolf
  Ebbighausen 674
Moral und Gesellschaft 290
Moser, Repress. Krim.psychiatrie 419
Moser/Künzel, Gespräche mit Ein-
  geschlossenen 375
Most, Kapital und Arbeit 587
Müller, Philoktet. Herakles 5 163
Mueller, Wolf/Halbdeutsch 382
Münchner Räterepublik 178
Mukařovský, Ästhetik 428
Mukařovský, Poetik 230
Myrdal, Aufsätze u. Reden 492
Myrdal, Objektivität 508
Napoleoni, Ökonom. Theorien 244
Nápravník, Gedichte 376
Negt, Öffentlichkeit und
  Erfahrung 639
Negt, Gesellschaftsstrukturen 589
Neumann-Schönwetter, Psychosexuelle
  Entwicklung 627
Neuendorff, Begriff des Interesses 608
Nezval, Gedichte 235
Neues Hörspiel 476
Nossack,
  Das Mal u. a. Erzählungen 97
Nossack, Das Testament 117
Nossack, Der Neugierige 45
Nossack, Der Untergang 19
Nossack, Literatur 156

Nossack, Pseudoautobiograph.
  Glossen 445
Über Hans Erich Nossack 406
Kritik der Notstandsgesetze 321
Nowakowski, Kopf 225
Nyssen, Polytechnik in der BRD 573
Obaldia, Wind in den Zweigen 159
v. Oertzen, Die soziale Funktion 660
Oevermann, Sprache und soziale Herkunft 519
Oglesby/Shaull, Am. Ideologie 314
Offe, Strukturprobleme 549
Olson, Gedichte 112
Ossowski, Besonderheiten der Sozialwissenschaften 612
Ostaijen, Grotesken 202
Padilla, Außerhalb des Spiels 506
Parker, Meine Sprache 728
Parow, Psychotisches Verhalten 530
Pavlović, Gedichte 268
Penzoldt, Zugänge 6
Peripherer Kapitalismus, herausgg. von Dieter Senghaas 652
Pinget, Monsieur Mortin 185
Plädoyer f. d. Abschaff. d. § 175 175
Ponge, Texte zur Kunst 223
Poss, Zwei Hühner 395
Preuß, Studentenschaft 317
Preuß, Legalität und Pluralismus 626
Price, Ein langes Leben 120
Probleme der intern. Beziehungen 593
Probleme des Sozialismus und der Übergangsgesellschaften 640
Probleme einer materialistischen Staatstheorie, herausgg. von J. Hirsch 617
Prokop, Massenkultur u. Spontaneität 679
Pross, Bildungschancen 319
Pross/Boetticher, Manager 450
Proust, Tage des Lesens 37
Psychoanalyse als Sozialwiss. 454
Queneau, Mein Freund Pierrot 76
Queneau, Zazie in der Metro 29
Raddatz, Verwerfungen 515
Rajewsky, Arbeitskampfrecht 361
Recklinghausen, James Joyce 283
Reform des Literaturunterrichts, herausgg. H. Brackert/W. Raitz 672
Reinshagen, Doppelkopf. Marilyn Monroe 486
Reymond, Neuköllner Schulbuch, 2 Bände 681
Riedel, Hegels Rechtsphilosophie 355
Riedel, System und Geschichte 619

Riesman, Freud 110
Rigauer, Sport und Arbeit 348
Ritter, Hegel 114
Rivera, Peru 421
Robinson, Ökonomie 293
Rödel, Forschungsprioritäten 523
Roehler, Ein angeschw. Mann 165
Röhr, Prostitution 580
Romanowiczowa, Der Zug 93
Ronild, Die Körper 462
Rosenberg, Sozialgeschichte 340
Rózewicz, Schild a. Spinngeweb 194
Runge, Bottroper Protokolle 271
Runge, Frauen 359
Runge, Reise nach Rostock 479
Russell, Probleme d. Philosophie 207
Russell, Wege zur Freiheit 447
Sachs, Ausgewählte Gedichte 18
Sachs, Das Leiden Israels 51
Salvatore, Büchners Tod 621
Sandkühler, Praxis 529
Sanguineti, Capriccio italiano 284
Sarduy, Bewegungen 266
Sarraute, Schweigen. Lüge 299
Schäfer/Edelstein/Becker, Probleme der Schule 496
Schäfer/Nedelmann, CDU-Staat 370
Schedler, Kindertheater 520
Scheugl/Schmidt jr., Eine Subgeschichte des Films, 2 Bände 471
Schiller/Heyme, Wallenstein 390
Schklowskij, Schriften zum Film 174
Schklowskij, Zoo 130
Schlaffer, Der Bürger als Held 624
Schmidt, Ordnungsfaktor 487
Schneider/Kuda, Arbeiterräte 296
Schnurre, Kassiber/Neue Gedichte 94
Scholem, Judentum 414
Schoof, Erklärung 484
Schram, Die perm. Revolution 151
Schumm-Garling, Herrschaft in der industriellen Arbeitsorganisation 528
Schütze, Rekonstrukt. d. Freiheit 298
Sechehaye, Tagebuch einer Schizophrenen 613
Senghaas, Rüstung und Militarismus 498
Setzer, Wahlsystem in England 664
Shaw, Caesar und Cleopatra 102
Shaw, Die heilige Johanna 127
Shaw, Der Katechismus 75
Skinas, Fälle 338
Sohn-Rethel, Geistige und körperliche Arbeit 555

Sohn-Rethel, Ökonomie und Klassenstruktur des deutschen Faschismus 630
Sonnemann, Institutionalismus 280
Sozialwissenschaften 411
Kritik der Soziologie 324
Sternberger, Bürger 224
Kritik der Strafrechtsreform 264
Streeck, Parteisystem und Status quo 576
Strindberg, Ein Traumspiel 25
Struck, Klassenliebe 629
Stütz, Berufspädagogik 398
Sweezy, Theor. d. kap. Entwcklg. 433
Sweezy/Huberman, Sozialismus in Kuba 426
Szondi, Über freie Universität 620
Szondi, Hölderlin-Studien 379
Szondi, Theorie des mod. Dramas 27
Szymborska, Salz 600
Tardieu, Museum 131
Technologie und Kapital 598
Teige, Liquidierung 278
Theologie der Revolution 258
Theorie des Kinos 557
Theorie und Praxis des Streiks 385
Tibi, Militär und Sozialismus in der Dritten Welt 631
Tiedemann, Studien zur Philosophie Walter Benjamins 644
Kritik der reinen Toleranz 181
Toulmin, Voraussicht 292
Tschech. Schriftstellerkongreß 326
Tumler, Abschied 57
Tumler, Volterra 108
Tynjanow, Literar. Kunstmittel 197
Ueding, Glanzvolles Elend 622
Válek, Gedichte 334
Verhinderte Demokratie 302
Vossler, Revolution von 1848 210
Vranicki, Mensch und Geschichte 356
Vyskočil, Knochen 211
Waldmann, Atlantis 15
Walser, Abstecher. Zimmerschl. 205
Walser, Heimatkunde 269
Walser, Der Schwarze Schwan 90
Walser, Die Gallistl'sche Krankheit 689

Walser, Eiche und Angora 16
Walser, Ein Flugzeug 30
Walser, Kinderspiel 400
Walser, Leseerfahrung 109
Walser, Lügengeschichten 81
Walser, Überlebensgroß Krott 55
Walser, Wie und wovon handelt Literatur 642
Über Martin Walser 407
Weber, Über die Ungleichheit der Bildungschancen in der BRD 601
Wehler, Geschichte als Historische Sozialwissenschaft 650
Weiss, Abschied von den Eltern 85
Weiss, Fluchtpunkt 125
Weiss, Gespräch 7
Weiss, Jean Paul Marat 68
Materialien zu ›Marat/Sade‹ 232
Weiss, Nacht/Mockinpott 345
Weiss, Rapporte 276
Weiss, Rapporte 2 444
Weiss, Schatten des Körpers 53
Über Peter Weiss 408
Wekwerth, Notate 219
Wellek, Konfrontationen 82
Wellmer, Gesellschaftstheorie 335
Wesker, Die Freunde 420
Wesker, Die Küche 542
Wesker, Trilogie 215
Winckler, Studie 417
Winckler, Kulturwarenproduktion 628
Wirth, Kapitalismustheorie in der DDR 562
Witte, Theorie des Kinos 557
Wispelaere, So hat es begonnen 149
Wittgenstein, Tractatus 12
Über Ludwig Wittgenstein 252
Wolf, Danke schön 331
Wolf, Fortsetzung des Berichts 378
Wolf, mein famili 512
Wolf, Pilzer und Pelzer 234
Über Ror Wolf 559
Wolff, Liberalismus 352
Wosnessenskij, Dreieckige Birne 43
Wünsche, Der Unbelehrbare 56
Wünsche, Jerusalem 183
Zahn, Amerikan. Zeitgenossen 184